大阪大学社学共創叢書 1

街に拓く大学

―― 大阪大学の社学共創 ――

interweave

永田靖・佐伯康考 編

大阪大学出版会

まえがき　―社会と繋がっていくために―

永田　靖

大阪大学は、社会に開かれた、いつも社会とともにある大学を標榜して参りました。懐徳堂、そして適塾という一八世紀、一九世紀の近世江戸期に生まれたいわゆる私塾を精神的な源流にしていることでもそれは明らかです。二〇〇二年に創設された大阪大学総合学術博物館、二〇〇八年に誕生した大阪大学21世紀懐徳堂、また二〇一一年に組織された適塾記念センター、その翌年に生まれた大阪大学アーカイブズなど、近年では社会連携、社会貢献を主なミッションとする組織が次々と創設されて、大阪大学の社会との結びつきを強めてきました。現在これらの組織は一つにまとまり、より効率的に、より深みのある社会との共創関係の構築を目指しております。

さらに大阪大学では二〇一八年一月に新たに共創機構を立ち上げました。大学として社会との共創を今まで以上に活発にし、多いに成果をあげて、さらに多くのイノベーションを起こしていくことを目的としています。大阪大学では産学連携という主として産業界と連携する研究活動を、極めて活発に進めてきており、その数々のイノベーションの成果によって大阪大学を国内外でトップクラスの大学に押し上げていることは、すでによく知られていることだと思います。またこれらの組織ばかりではなく、研究科や研究所などの各部局でも、また個々の教員やそれぞれの研究室においても極めて積極的に社会との連携活動が展開されています。それらは大阪大学の特色の一つにもなっており、二〇一七年の日経グローカル誌による「大学の地域貢献度ランキング」において、全国の国公私立大学の中で大阪大学が第一位となったことは、そのような社会との結びつきの中で強力に研究教育を展開してきた一つの表れだろうと思います。共創機構はこのような大阪大学の多岐にわたる、水準の異なる世界や社会との共創をより現代的に、そしてまた基金や同窓会組織とも連携しながら、より強く推進していくためのものとして創設されました。

私たちは、このような大阪大学の様々な形での社会との結びつき、関係、協力、連携、そして共創を進めていますが、それが実際にどのようなもので、どういう思想に裏付けられ、どういう成果を残してきているのか、実際のところあまり説明はしてきませんでした。大学の研究や教育については、21世紀懐徳堂などの努力もあり、徐々に社会に分かりやすい形で公開されてきたように思われますが、社会との繋がりのあり方については、あまり意識的に説明はして参りませんでした。本書は、大阪大学出版会から刊行する、そのためのシリーズ書籍の第一巻となります。

本書では、このような極めて多岐にわたる大阪大学の社会との繋がりの中で、とりわけ一般市民との繋がりをベースに、主として文化・芸術・歴史・対話などを通じて展開してきた幾つかの部署の近年の仕事を振り返り、その仕事の背景にあるものや、問題点、またこれからの展望を市民に向けて発信することを目的としています。

まず第1章では大阪大学の中期目標や大阪大学グラウンドプラン、大阪大学憲章、大学史など重要な施策や方針、また記録の中に読み取れる大阪大学の姿を浮き彫りにしています。ここでは「地域に生き世界に伸びる」という大阪大学のモットーがどのような背景で生まれ、どのような将来を見据えているのかが説明されています。ここでは、この両者、つまり「地域に生きる」ということと「世界に伸びる」ということの間には、接続詞や句読点がなく、両者は連続してあることの意味合いを今更のように確認しています。つまり両者の二つが大阪大学のモットーなのではなく、両者が連続していることに大阪大学のこれからの姿を見て取っています。ここでは本書を貫く一つの序章のようなものとしてお示ししています。

第2章では適塾記念センターの仕事について説明しています。適塾記念センターは先述したように、二〇一一年に創設されましたが、適塾と大阪大学との関係は実はもう少し前、国の史跡の指定を受けた「緒方洪庵旧宅および塾」を一九四二年に大阪帝国大学に寄贈されたことに始まります。もちろんさらに遡れば、適塾や除痘館などが有形無形に繋がって大阪仮病院、大阪医学校となり、大阪帝国大学医学部となって今日の大阪大学へと発展して行きます。これらの経緯についても第2章に詳しく述べられてありますので、ご参照を頂ければと思います。この章ではそのような適塾記念センターの仕事、つまり適塾の管理、保全に加えて、適塾資料の収集、整理や研究、また洪庵や適塾関係者の顕彰、適塾記念会の運営、大阪学やオランダ学の研究、それらと関係する各種のアウトリーチ活動や広報活動などの極めて広範な活動について説明されています。適塾記念センターのこれらの活動は大阪大学の社会貢献活動としても古いものの一つであり、また同時に我々教職員にとって大学としてのアイデンティティの在りかであることが明らかにされています。

第3章では、21世紀懐徳堂の仕事について説明しています。懐徳堂については、現在文学研究科において主として運営に協力しております懐徳堂記念会があります。この21世紀懐徳堂は、この懐徳堂記念会とは異なる組織で、懐徳堂の精神を大阪大学に定着させようとの趣旨で創設されたものです。ここでは、一八世紀大坂において市民によって言わば自発的に創設され、誰でも身分に関係なくそこで学ぶことができたという懐徳堂の精神を21世紀において再び展開すべく創設されました。そのため、ここでは大学の教員や研究室、また研究科などの各部局の研究を広く社会にアウトリーチし、市民社会の期待を受け止める大学全体の窓口として仕事をして参りました。この章では大阪大学にとって極めて大切な部署であるこの21世紀懐徳堂の仕事の、この一〇年間を振り返り、その課題を明確にするとともに、これからの展望を説明しています。

第4章は文学研究科の中の臨床哲学の研究室（教室）からの寄稿を頂いています。文学研究科では各研究室で様々な社会貢献の活動をしていますが、この臨床哲学の研究室はそれらの中でも特筆すべき存在です。この研究室はより広くは「哲学講座」に位置づけられていましたが、普通文学研究科の哲学講座といえば、難解な哲学書に埋もれて研究や議論に明け暮れる様子を連想しますが、ここではそうではなく、哲学は社会とどのように向き合うことができるのかをテーマに、哲学が極めて実践的に展開されています。これは一九九〇年代半ばに、鷲田清一元総長が提唱されたもので、前後して大阪大学でもコミュニケーションデザイン・センターが設立され、組織としての展開が始まりました。この組織は現在は再編されてCOデザインセンターとなっていますが、この臨床哲学の考え方を受け継いでいます。この章ではこの研究室の重要な取り組みについて、お二人の先生方の異なるアプローチから立体的に説明がされており、大阪大学全体の社会との結びつきを考える上でも多いに示唆的なものとなっています。

第5章は大阪大学でもっとも特色ある組織の一つである総合学術博物館の仕事について説明しています。大学の博物館として新しいあり方を探求すべく、これまでの展覧会や社会貢献活動の仕事を振り返りつつ、これからを展望しています。博物館の主たるミッションは大学の研究資料の保存管理や成果の公開にあるのは言うまでもありません。しかし近年は博物館や美術館に様々な教育活動や文化活動を求める趨勢が強まっており、知識や情報の一方向的な伝授だけではなく、市民の期待により一層応えながら双方向的な活動を展開することが必要と考えられています。総合学術博物館では以前より社会に開かれた博物館を標榜し、様々な教育普及活動を展開して、社会との関わり方の提案をして参りました。ここではその一端を説明していますが、このような考え方は、大学博物館だけのものではなく、広く大学の研究教育活動にとっても、社会との繋がりを考察し実行する上で一つのモデルになるのだと自負しています。

第6章では、これも大阪大学のもっとも充実した社会貢献活動の一つである京阪なにわ橋駅コンコースで展開する「アートエリアＢ１」の活動について説明しています。この場所は、京阪電鉄、ダンスボックス、そして大阪大学の三者による協定によって運営されているもので、すでに大阪大学の社学共創の成功している事例と考えられます。ここではシンポジウム、パフォーマンス、カフェ活動など数多くのイベントが常に展開されています。中之島地区は大阪大学の発祥の地でもあり、そこでは「中之島センター」という一つの拠点を大学として展開していますが、このアートエリアＢ１もまた中之島地区にあって、大阪大学の強力な社会活動の展開拠点と言えます。ここでの活動は全国的にも知られており、他大学の社会活動のモデルとも見なされることもあるほどで、大学としても誇りにしているものの一つです。ここで展開されている近年の活動を中心に、これからの大学と社会の関係のあり方について展望しています。

第７章は、文学研究科が進めていた社会貢献活動の一つを説明しています。つまり文学研究科が実施していた人材育成型の芸術祭プログラムについて、その先導的なあり方を紹介するものです。これは二〇一三年からの三年間のプログラムで、総合学術博物館も共催しています。近隣の自治体の芸術系諸機関と連携することで、参加した受講生が自ら芸術祭を企画運営するというものです。市民参加の演劇、海外アーティストの招へい、滞在制作、演奏会や絵画展、そしてドキュメンテーションなど数多くのレクチャー、ワークショップやシンポジウムなどが地域社会と連携しつつ展開されました。この芸術祭は大学において行う文化芸術活動のモデルとして高い評価を得てきました。このプログラム終了後には、先述の総合学術博物館において新たに別のプログラムとして開始し、本年度が三年目を迎えているのもその表れと思います。これはまた新しいタイプの社会人教育プログラムとしても構想され、これからの本学の活動の参考にもなるものと考えられます。

第８章は、締めくくりとして大阪大学の社会との繋がり方を総論的に考察したものです。現在、日本の大学の多くは社会との共創を標榜し、共創の名を冠する学部やセンターが少なからず創設されています。大阪大学でも先述したように共創機構という大きな組織が始まっています。しかしこれらの共創の学部や組織は一体誰と、一体何のために繋がろうとするのでしょうか。世界的な趨勢のＳＤＧｓ解決への貢献や持続可能で社会包摂の行き届いた社会を作るためであることは間違いがないでしょう。それらはそれぞれのステークホルダーと密な関係を維持する以外には前には進まないだろうと考えられます。ここではおそらく他者、他者とは摩擦を生じさせる何者を含むものであり、そしてその摩擦こそ共創の源泉であるという重要な視点が示唆されています。最初から共創があるのではなく、摩擦の生じたところにこそ共創が実っていくという逆説を示しています。

以上、簡単に紹介してきた本書の各章は、それぞれにおいて現在の大阪大学の展開している社会との繋がり方について深い考察に誘ってくれます。その上で、さてこれから私たち大学は社会と何をしていけばよいのでしょうか。ただシンポジウムや公開講座をやっていけばいいというものではないことだけは理解できます。大学が社会とともに発想を転換し、新しい取り組みを企てていくことが求められているこの現代に、大学は社会とどう繋がっていけばいいのでしょうか。

現在世界中の大学がその社会の中での存在意義を有効に示すために全力を注いでいます。地域社会にどのように関与するのかの方法論を文化や芸術によって示すこと、地域社会の文化的アイデンティティ構築のためにものの見方を提供すること、短期的なものに終わるのではなく長期的視野にたって社会と繋がろうとすること、それらのためには大学はその知を大学内にだけ留めているのではなく、つまり内向的な大学であるのではなく、開かれた外向的な大学のあり方を模索することが必要です。そのためには、大学の知を社会へと転換していくことが必須であり、開かれた自由な場を大学が提供し続けることが必要でしょう。そこでは地域社会はそもそも他者を含む多様性そのものであるという理解、そしてそれらとの摩擦と対話がその前提にあるべきなのはいうまでもないでしょう。

大学は社会と何をしていけばいいのでしょうか。その答えのすべてが本書の中にはあるのではないにせよ、少なくとも本書の数多くの事例や考察がそのためのよい導き手となってくれると思います。本書が、大学と社会との共創を誠実に考えようとする皆さんにとって、幾ばくかの参考にでもなればこれ以上の喜びはありません。

目次

第二部　人々と生きる

第三部　社会と育む

第一部

地域とつながる

第1章　地域に生き世界に伸びる

―一九八〇年代に構想された大阪大学の将来像―

菅　真城

1　国立大学法人大阪大学の中期目標

大阪大学のモットーとされている「地域に生き世界に伸びる」の意味するところについて考察するのが本章の課題である。

現在（第三期、平成二八年度～平成三三年度）の国立大学法人大阪大学の中期目標（平成二八年三月一日文部科学大臣提示）の「（前文）大学の基本的な目標」には以下の記述がみられる。

「地域に生き世界に伸びる」をモットーとする本学は、国立大学法人としての社会的な責任を自覚し、さらに大阪の市民の力によって生まれた創建の経緯を踏まえつつ、国内外の市民や行政、経済、産業界などの幅広いパートナーと手を携え、社会とともに歩む大学でありたい。さらに本学は、持続的に発展し活力ある社会を創出するための変革を担う人材の育成や新たな価値の創成といった、グローバル社会が求める負託に応えていくものである。

このように、「地域に生き世界に伸びる」は大阪大学のモットーとして中期目標に明記されている。大阪大学とは、「地域に生き世界に伸びる」「社会とともに歩む大学」なのである。「共創」という言葉こそ使われていないが、この中期目標からは「社学共創」の精神が読み取れる。そのキーワードが「地域に生き世界に伸びる」なのであるが、その意味するところを正確に理解するには、「大阪の市民の力によって生まれた創建の経緯を踏まえつつ」とあるように、大阪大学創設の経緯について理解しておく必要がある。そこで、節を改め、大阪大学の創設について考察することにする。

2 大阪帝国大学の創設

大阪大学は、一九三一（昭和六）年五月一日に大阪帝国大学として発足した。八番目（内地六番目）の帝国大学であり、その学部は理学部、医学部の二つであった。理学部は新設の学部であったが、医学部は大阪府立大阪医科大学の官立移管によって成立した。大阪医科大学の歴史は、一八六九（明治二）年の仮病院・医学校まで遡る。一九三三年には、官立大阪工業大学が移管され、工学部が成立した。総合大学とはいえ、理科系のみの大学であり、文科系の学部が設置されるのは戦後一九四八年になってのことであった。

一九三〇年五月に柴田善三郎大阪府知事が政府に提出した上申書には、以下の件がある。

大阪ハ其ノ蔵スル経済力ト地ノ利ニヨリ、工業都市トシテ発展著シキモノアリ。今ヤ我国工業ノ中枢タリト雖モ、将来ニ亘リテ是レガ根抵ヲ培ヒ基礎ヲ確立スルハ、実ニ我国工業永延ノ進歩ヲ策スル所以ナリ。而シテ工業進歩ノ根抵ハ是レヲ基礎的純正理化学ノ力ニ俟タザルベカラザルニ未ダ其ノ機関ヲ有セザルハ、我大阪ノ文教上、産業上ノ一大欠陥ナリト云ハザルベカラズ。今ヤ産業ノ合理化ヲ図ラザルベカラザルノ秋、速ニ理化学ノ蘊奥ヲ究ムベキ大学理学部ヲ設置シ以テ工業界ノ啓発革新ヲ図ルハ刻下ノ急務ナリト信ズ。

このように、創設時の大阪帝国大学、特に理学部には、大阪工業界の発展のための基礎的純正理化学の研究が求められていたのであった。帝国大学とはいえ、その創設経費のみならず設立後三年間の運営費は地元が負担した。大阪帝国大学は、大阪府民と経済界に支えられ、地域社会と密接に関係して成立した大学だったのである（菅　二〇一三、二六一―二六二頁）。

このように、地域の人々のおかげで後発帝国大学として創設された大阪帝国大学であるが、そこでは世界最先端の研究が行われた。一例をあげるなら、湯川秀樹のノーベル物理学賞受賞論文は、大阪帝国大学理学部講師時代の業績である。大阪帝国大学理学部は長岡半太郎初代総長の構想の下、俊英が集められた。高杉英一は、この理学部創設の過程は、伝統として今に引き継がれていると感じている。そして、「大阪大学の研究の考え方、「基本」「ときめき」「責任」、また方法である「インターフェイス」「ネットワーク」も、今にして生まれたのではなく、創設時の実践を受け継いできたのである」と指摘している（高杉　二〇〇九a、八五頁）。「地域に生き世界に伸びる」も大阪大学創設以来の伝統を示す言葉ということができるであろう。

3　「地域に生き世界に伸びる」の出現―一九八〇年代の将来計画―

では、「地域に生き世界に伸びる」という言葉自体はいつから使われているのであろうか。そして、この言葉は、どのような文脈のなかで登場するのであろうか。

「地域に生き世界に伸びる」の初出は、一九八一年一一月の将来計画懇談会教育・研究体制専門委員会の中間答申『地域に生き世界に伸びる―教育・研究体制の将来計画―（アンケート調査まとめ）』である。[1]将来計画懇談会は、一九八〇年七月一六日に発足し、本学の将来計画について検討してきた。座長は山村雄一総長であった。この将来計画懇談会には、キャンパス拡張整備専門委員会、地域協力専門委員会、教育・研究体制専門委員会の三つの専門委員会が置かれた。

教育・研究体制専門委員会（委員長　和田博医学部教授）は、討議にあたって、本学教官の教育・研究体制についての意向を確かめることこそが先決と考え、教授助教授及び専任講師を対象としてアンケート調査を行った。これに対して、一五六編の回答が寄せられた。この結果をまとめて多少の注釈をつけたのがこの中間答申である。中間答申では、アンケートを以下の一〇項目に分類して分析している。1．大学の理念　2．国際交流　3．一般教育および教養部の問題　4．基礎科学　5．生物科学　6．人間・文化・社会の科学　7．情報化社会と大学　8．エネルギー問題　9．保健と医療　10．社会との交流。

このうち、渡辺太郎委員（経済学部教授）が執筆した「1．大学の理念」の副題が「地域に生き世界に伸びる」である。そして、本文中には以下の記述がある。これが「地域に生き世界に伸びる」の初出である。

寄せられた回答はいずれも、すばらしい着想にあふれている。委員会としては、それらを生かしていくよう努力しなければならない。しかし、大阪大学の将来を考えるに当たっては、なお検討すべき残された問題がいくつかある。

第一に、素材がどんなによくても、それを集めただけでは、絵にならない、いい絵を描くには全体を統一するモチーフがはっきりしていなければならない。大阪大学の将来像を描く際のモチーフは何か。

それを定めるのが大仕事である。

回答者が大阪大学の将来について何を期待しているかを推察すると、一つには、国際的に活躍すること、そしてもう一つには、地域との関係を大切にすることであるように見受けられる。これを標語的に表現すると「地域に生き世界に伸びる」ということになろうか。

その後、教育・研究体制専門委員会は、一九八三年七月に『教育・研究体制の将来計画について』を答申した。そして同年一二月には教育・研究体制専門委員会答申をもって将来計画懇談会の答申とされた。

教育・研究体制専門委員会は、この答申をまとめるにあたって、大学紛争、大学五〇周年をめぐる問題意識、キャンパス問題を背景としてあげている。先に述べたアンケート調査は、このような問題に関する答えを探る作業の一つであった。大学の歴史と現状を踏まえて教員の提言をまとめる作業を行った点が重要である。その結果、一九八〇年代の大阪大学の将来像のキーワードが「地域に生き世界に伸びる」である。そして、「地域に生き世界に伸びる」については、以下の解釈を加えている。

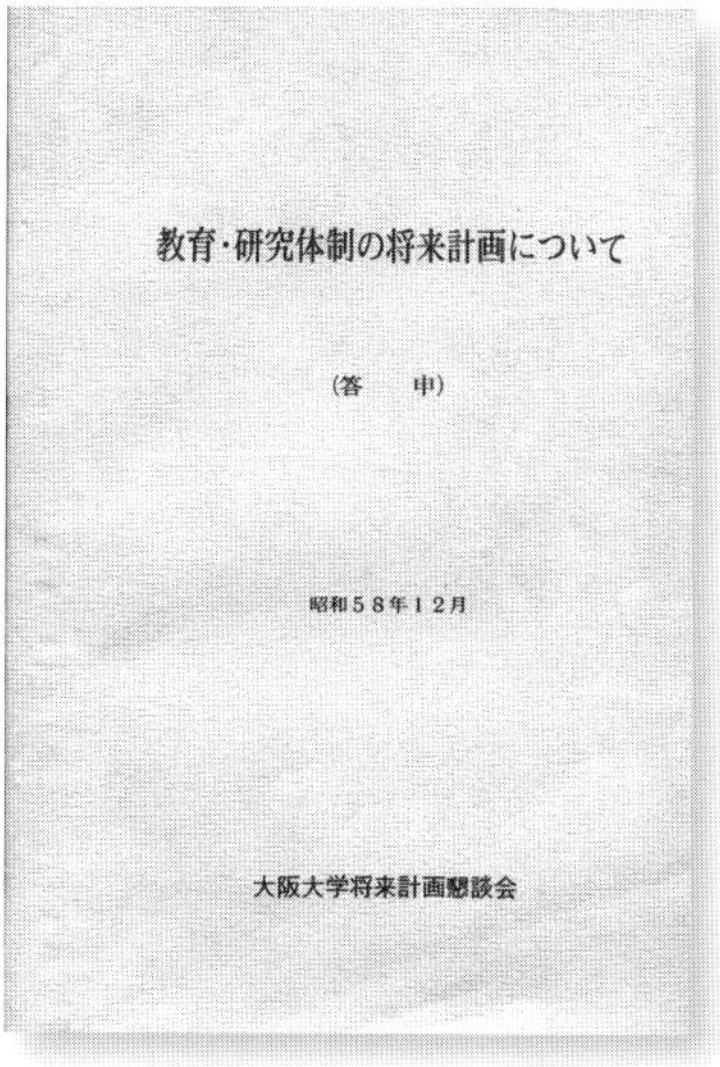
教育・研究体制の将来計画について

（答　申）

昭和５８年１２月

大阪大学将来計画懇談会

図1―1　『教育・研究体制の将来計画について』（1983年）

何よりもまず大阪大学は大阪という地域に存在する大学で

ある。大阪大学が将来さらに大きく発展するためには、この制約を乗り越える場合も想定されようが、同時に大学はその地域の人々によって親しまれ、地域に深く根を下ろすことによって、はじめて活力ある大学として発展する可能性を秘めていることを忘れてはならない。本来大学にとって地域とは、その大学の所在地を中心として同心円的ないしは重層的な拡がりを持つものである。大学がその内部で、また、その地域内で人間関係を深め、さらに国内及び国外の大学や研究機関と教育研究上の交流を活発に行うとき、地域との結びつきと、世界への発展とが連動して大学が飛躍的に発展しうることは明らかであろう。本委員会がその中間答申において掲げた「地域に生き世界に伸びる」というスローガンは、このような問題意識に根ざしている。そしてそれはまた前述の大学の使命から考えても当然の目標の一つとみてよいであろう。

ただし、以下の留保も加えている。

　歴史の流れとともに、大学が探求すべき真理は多様な姿をとって立ち現れる。したがって、大阪大学は四囲の状況の変化をたえず先取りして、それに柔軟に対応していかねばならない。新しい酒は古い皮袋に盛ってはならない。しかし、対応の仕方は変って《（ママ）》も、「地域に生き世界に伸びる」という、基本姿勢は貫かれることが期待される。

　もっとも、「地域に生きる」とはどういうことか、「世界に伸びる」とはどういうことか異論が百出しよう。本答申でも一つの解釈を示した。しかし、それはあくまでも解釈の一つであって、確立された解釈ではない。委員のあいだでも解釈にはそれぞれ微妙な違いがある。それはそれでよいであろう。解釈を無理に統一する必要はない。学問分野や研究方法が違えば、解釈に差が出てくるのも当然かもしれない。要は「地域に生き世界に伸びる」ことによって、大阪大学では教育と研究に活力が与えられることを教職員が自覚し、その方向に努力することである。

こうして、将来計画懇談会教育・研究体制専門委員会によって生み出された「地域に生き世界に伸びる」は、その後の大阪大学に脈々と受け継がれていくことになる。それは、大阪大学固有の歴史に根ざした言葉であったためということができるであろう。その様相については、節を改めて考察したい。

4　受け継がれる「地域に生き世界に伸びる」

大阪大学五十年史

将来計画懇談会教育・研究体制専門委員会が一九八一年一一月に「地域に生き世界に伸びる」を生み出した後、どのように受容されたかは、現在残されている資料からは実のところよく分からない。

一九八三年三月に刊行された『大阪大学五十年史　部局史』（大阪大学五十年史編集実行委員会編集、大阪大学発行）の「序文」に山村雄一総長は以下の文章を寄せている。

五〇年に及ぶ我が大阪大学の歴史と伝統の上に、さらにその継承と創造的発展につとめ、広く国民の要請に応え、国際的に高く評価される大学をつくりあげたいものである。また、大阪大学の特質である「地域に生き世界に伸びる」大学としての発展をのぞみたいものである。

この文章から、「地域に生き世界に伸びる」は、将来計画懇談会教育・研究体制専門委員会中間答申後、将来計画懇談会答申に至るまでにも、大阪大学内において受容されていたことがうかがえる。

そして、「地域に生き世界に伸びる」を最初に評価したのは、一九八五年に刊行された『大阪大学五十年史　通史』（大阪大学五十年史編集実行委員会編、大阪大学発行）であったと思われる。同書の「序文」に山村雄一総長は以下の文章を寄せている。

> 本学の歴史を一言に表現すれば「地域に生き世界に伸びる」ということになるであろう。関西の中核都市として、町民の独立独歩の精神に支えられて成長してきた大阪という地域と深いかかわりあいを持ち、その強力な支持を背景として本学は他の国立大学には見られない独自の発展を遂げてきた。本来学術と文化は国際的に評価されなければならない。本学はこれまでもそうであったように、将来にむかって国際化という言葉が不必要になるほど世界中に広くて深い国際交流を行な《(ママ)》うとともに、国際的に最も高く評価される大学に成長することが望まれる。

そして、『大阪大学五十年史　通史』本文のなかでは、「大阪大学の将来像」の節において「地域に生き世界に伸びる」を立項して、以下の叙述をしている。

> 本学の将来はこのような歴史的背景を基に、何者にも拘束されることのない自由で闊達な町民的発想と感覚を失うことなく、地域社会と根強くかかわり合いを持ちながら、国際的に高く評価される大学を築き上げることでなければならない。この場合地域性と国際性とは別個のものとしてとらえることなく、両者を融合止揚させたものとして大学の発展をはかりたいものである。本学に設置された将来計画懇談

会は、このような大学の基本姿勢を「地域に生き世界に伸びる」というキャッチ・フレーズとして表現している。誠に的を射たものといえよう。

大学の「正史」ともいえる『五十年史』において、「地域に生き世界に伸びる」という言葉が取り上げられ、それが高く評価されたことは、以後大きな影響があったのではないかと考えられる。

記念誌

大阪大学では、『大阪大学五十年史』以降、本格的な年史編纂は行われていない。しかし、創立六〇周年、七〇周年には、写真を中心とする記念誌が編纂されている。これらにも「地域に生き世界に伸びる」は登場する。

創立六〇周年にあたっては、『OSAKA UNIVERSITY 60』（大阪大学紹介誌編集実行委員会企画・編集、大阪大学発行、一九九一年）が刊行された。同書の「序文」で、熊谷信昭総長は以下のように述べている。

大阪大学は、その活力溢れる教育・研究活動によって地域社会に貢献すると共に、世界・人類に寄与したいと考えている。我々が「地域に生き　世界に伸びる」を本学の理念として掲げている所以である。

創立七〇周年にあたっては、『大阪大学創立70周年記念写真集』（大阪大学創立七〇周年記念出版実行委員会編集、大阪大学発行、二〇〇一年）が刊行された。同書巻頭の「総長の言葉」で、岸本忠三総長は以下のように述べている。

大阪大学としてのこの歴史は決して長いものではありません。しかし、一九三一年に当時の大阪府市民と大阪経済界の強い支援と財政的援助を得て大阪帝国大学として発足した本学には、江戸時代に大阪庶民の手によって設立され維持された懐徳堂や緒方洪庵の適塾にみられた自由闊達な知的探求の精神がおのずから強く受け継がれており、「地域に生き　世界に伸びる」をモットーに、常に進取の気風を重んじて社会に貢献し、揺るぎない評価と地位を築いてまいりました。

この岸本の言葉には、江戸時代の懐徳堂・適塾と「地域に生き世界に伸びる」を結びつける発想がみられる。現在の大阪大学では、懐徳堂・適塾を大阪大学の精神的源流とみる見方が定着しているが、懐徳堂・適塾と大阪大学との関係をどうみるかは時代により変遷している。詳しくは、（菅　二〇一三）を参照していただきたいが、懐徳堂・適塾を大阪大学総体の精神的源流とする歴史観が形成されたのは、一九八五年に刊行された『大阪大学五十年史　通史』以降のことである。岸本の「総長の言葉」には、このような時代背景がある。

自己点検・評価報告書

一九九一（平成三）年に文部省令大学設置基準が改正され、「自己点検・評価」が努力義務規定として盛り込まれた。これを受けて大阪大学では、一九九三年、一九九六年、一九九九年に自己点検・評価報告書が刊行された。『大阪大学白書・1993』（大阪大学自己評価委員会編集、大阪大学発行、一九九三年）、『大阪大学・1996』（大阪大学自己評価委員会編集、大阪大学発行、一九九六年）、『大阪大学・1999』（大阪大学自己評価委員会編集、大阪大学発行、一九九九年）がそれであるが、三冊とも副題は「地域に生き世界に伸びる」である。一九九〇年代には、「地域に生き世界に伸びる」が大阪大学を象徴する言葉として完全に定着していたことが読み取れる。

大阪大学憲章

二〇〇四年四月の国立大学法人化を前に、二〇〇三年三月には大阪大学憲章が制定された。この憲章は、1. 世界水準の研究の遂行、2. 高度な教育の推進、3. 社会への貢献、4. 学問の独立性と市民性、5. 基礎的研究の尊重、6. 実学の重視、7. 総合性の強化、8. 改革の伝統の継承、9. 人権の擁護、10. 対話の促進、11. 自律性の堅持、の一一項目からなっている。その前文には、以下の記述がある。

大阪大学は、開学以来の国立大学という組織を離れて、国立大学法人として新たに出発する。かねて大阪の地に根づいていた懐徳堂・適塾以来の市民精神を受け継ぎつつ、「地域に生き世界に伸びる」ことをモットーとして、それぞれの時代の社会の課題に応えてきた。歴史の大きな転換点をむかえつつあるいま、大阪大学が国立大学法人として新たな出発をするこの機に臨み、将来の豊かな発展を期して、あらためて自らの基本理念を以下のとおり宣言し、大阪大学の全構成員の指針とする。

ここでも「地域に生き世界に伸びる」が大阪大学の歴史を踏まえた「モットー」として登場している。そして、3. 社会への貢献　の項目では、以下のように述べられている。

大阪大学は、教育研究活動を通じて、「地域に生き世界に伸びる」をモットーとして、社会の安寧と福祉、世界平和、人類と自然環境の調和に貢献する。

ここで述べられていることを現在風に解釈するならば、「社学共創」ということになるであろう。

大阪大学グラウンドプラン

二〇〇八年に「大阪大学の新世紀―大阪大学グラウンドプラン―」がつくられた。ここでも「地域に生き世界に伸びる」というモットーが登場する。

「社会に開かれた学府」としての大阪大学は、「地域に生き世界に伸びる」というモットーのもと、次の三つの使命を果たしてゆく。

1　創発的研究と基盤的研究を両翼とするハイレベルな研究を推進することで国際的なプレゼンスを高めるとともに、企業・行政と強く連携しながら同時代の社会が抱え込んでいる諸問題に真摯に取り組むなかで、社会からの厚い信頼を得るよう努力する。

2　研ぎ澄まされた専門性の教育を深化するとともに、広い視野と豊かな教養をもち、確かな社会的判断のできる「賢明な」研究者・職業人を育てるためのいわゆる教養教育に、低学年から大学院にいたるまで一貫して力を入れる。

3　大学から多様な文化を発信・媒介するなかで、地域の文化機関、国際的な文化機関としての大学の役割を積極的に担ってゆく。

このグラウンドプランに対する高杉英一の解説を引用しておこう（高杉　二〇〇九b、三―四頁）。

グラウンドプラン（ground plan）は〝基本構想〟といった意味のもので、グランドプラン（grand plan）とは異なっている。大阪大学はさまざまな計画をえがき実行するための土台としての大阪大学の〝過去〟

（歴史）をふまえて基本構想をつくったのである。〝現在〟を直視し、〝未来〟へ向かって進んで行く際の指針となるべきものである。

中期目標

第三期中期目標に「地域に生き世界に伸びる」が登場することは、本章冒頭で紹介した。「地域に生き世界に伸びる」が中期目標に登場するのは第三期のみではない。第一期から一貫しているのである。

・第一期中期目標（平成一六年度〜平成二一年度）

（前文）大学の基本的な目標

懐徳堂と適塾の学風を継承し、自由闊達で批判的な精神をもって真理と合理性を追究することにより、大阪大学を知の創造の場として世界第一流の大学とすることを目標とする。

創学以来の「研究第一主義」をモットーとし、第一線の研究成果と実証精神をもって教育を行う。学問と研究を前にしては、優れたものを進んで認め、分野間の障壁をなくし、教員と学生の立場を越えて、対話と討論を重ね、より一層の高みを目指す。

得られた教育研究の成果を世界的基準によって判断し、社会にその価値を問い、利用に供する。大学を社会に開き地域に貢献するとともに、自由と人権を尊重し、国際的学術交流を通じて世界の国々に貢献する。

このようにして、教育・研究・社会貢献を通して国民と社会の信託に応えることにより、大阪大学の「地域に生き 世界に伸びる」という理念を実現する。

●第二期中期目標（平成二二年度〜平成二七年度）

（前文）大学の基本的な目標

大阪大学は、その精神的源流である適塾と懐徳堂の学風を継承しつつ、合理的な学知と豊かな教養を究めることを通じて、世界に冠たる知の創造と継承の場となることを目指す。

そのために、研究における「基本」と「ときめき」と「責任」を強く意識しながら、基礎研究に深く根を下ろし、かつ学知の新しい地平を切りひらく先端的な研究をさらに推進することによって、世界最高レベルの研究拠点大学として、その国際的なプレゼンスを示す。また、これら第一線の研究成果に基づき、研ぎ澄まされた専門性の教育を深化させるとともに、学生の「教養」と「デザイン力」と「国際性」を涵養することによって、広い視野と豊かな教養をもち、確かな社会的判断に基づいて行動することのできる研究者・社会人を育成する。

このような研究と教育の成果を広く企業や社会に問い、その活用に供することにより、地域の学術・文化機関、国際的な学術機関としての大学の役割を積極的に担う。そして、大学という、教育・研究を通じて優れた人材を育成する機関への社会の信託に厚く応えることにより、「地域に生き世界に伸びる」という大阪大学の理念を実現する。

このように、「地域に生き世界に伸びる」は大阪大学の「理念」あるいは「モットー」として、中期目標に一貫して使用されているのである。国立大学法人化を前に策定された大阪大学憲章が反映されているといえるであろう。

5　まとめ

「地域に生き世界に伸びる」という言葉は、一九八一年に大阪大学将来計画懇談会教育・研究体制小委員会によって生み出された。それは、大阪大学の歴史と現状を踏まえ、当時の専任教員へのアンケート分析の結果による大阪大学の将来像であった。

教育・研究体制小委員会は、この言葉の解釈は多様であってよいと述べていたが、筆者には以下のように感じられる。大阪大学は地域の人々の尽力によって誕生した。そのような大阪大学にとって、地域に生きるとは、大学をつくってくれた地域の人々への恩返しである。社会連携、「社学共創」である。しかし、大学は地域社会に閉ざされたものではない。世界に伸びる教育研究活動を行わなければならない。そして、「地域に生き」と「世界に生きる」は不即不離の関係にある。

本章で考察してきたように、「地域に生き世界に伸びる」は大阪大学の理念、モットーとして、一九八〇年代以降一貫して使われてきた。そこにみられるのは、大学創設以来の社会との「共創」である。そしてそれは、大学の歴史に根ざして、構成員（教員）自らが作り上げた言葉なのであった。

なお、今回改めて「地域に生き世界に伸びる」の初出を確認したところ、「地域に生き世界に伸びる」と連続していた。「地域に生き」と「世界に生きる」の間に、「、」や「・」が打たれることはない。[2] これは、「地域に生き」と「世界に生きる」は分断されたものではなく、両者が連続・一体化して大阪大学の将来像を示していると考えられる。

注

〈1〉この中間答申は、将来計画懇談会『教育・研究体制の将来計画について（答申）』（一九八三年一二月）に参考資料として掲載されている。本章の記述ではこれを用いた。

〈2〉「地域に生き　世界に伸びる」と、「地域に生き」と「世界に伸びる」の間にスペースを入れて表記される場合はみられた。

〔参考文献〕

大阪大学五十年史編集実行委員会編（一九八三）『大阪大学五十年史　部局史』、大阪大学

大阪大学五十年史編集実行委員会編（一九八五）『大阪大学五十年史　通史』、大阪大学

大阪大学紹介誌編集実行委員会企画・編集（一九九一）『OSAKA UNIVERSITY 60』、大阪大学

大阪大学創立七〇周年記念出版実行委員会編集（二〇〇一）『大阪大学創立70周年記念写真集』、大阪大学

菅真城（二〇一三）「建学の精神と大学史編纂・大学アーカイブズ」『大学アーカイブズの世界』、大阪大学出版会

高杉英一（二〇〇九ａ）「大阪帝国大学の創設と理学部の新設」高杉英一・阿部武司・菅真城編『大阪大学の歴史』、大阪大学出版会

高杉英一（二〇〇九ｂ）「大阪大学の歴史を学ぶ人へ」高杉英一・阿部武司・菅真城編『大阪大学の歴史』、大阪大学出版会

〈https://www.osaka-u.ac.jp/ja/guide/information/joho/mokuhyo.html〉

〈https://www.osaka-u.ac.jp/ja/guide/about/kenshou.html〉

〈https://www.osaka-u.ac.jp/ja/news/topics/2009/01/20090120〉

第2章　適塾を媒介とする社会貢献活動

―適塾記念会から適塾記念センター、そして社学共創本部として―

松永和浩

はじめに

日本第二の都市として経済的繁栄を誇った大阪は近年、地盤沈下が叫ばれて久しい。本社機能を東京に移した大阪創業の大企業は少なくなく、東京への一極集中を相対的に手助けし、大阪は東京に大きく水をあけられてしまった。しかしかつては、大阪市が東京市を人口で上回った大正末～昭和初期の大大阪時代があり、さらにさかのぼると江戸時代には世界有数の一大消費都市となった江戸を、商業都市として流通・経済・産業から支えた。太閤検地によって導入された石高制を継承した江戸幕府の幕藩体制の下、各藩は年貢収入を換金し、特産品を売却するために大都市に蔵屋敷を構えた。なかでも大坂は、最多の百を超える蔵屋敷が中之島を中心に建ち並ぶ、物資集散地であった。米をはじめとする蔵物は大坂の豪商が蔵元・掛屋となって取り扱い、堂島の米市場は全国の米価の基準となった。大きな気候変動さえなければ生産高が安定的に見込める米の性質から、大坂商人は米を担保にした米切手や帳合米取引を案出し、さらには世界に先駆けて先物取引を生み出した。大坂・京都を含めた上方は伝統的に産業が盛んであり、様々な生産物を江戸へ供給した。上方から江戸に送られる物資は「下り物」と呼ばれ、商品価値の低い粗悪品は「下らない」と蔑まれ、その

［上］図2－1　適塾　大阪市中央区北浜3丁目

［下］図2－2　緒方洪庵肖像　五姓田義松画　明治34年（1901）大阪大学適塾記念センター所蔵（緒方裁吉氏旧蔵）

語源となった。

このように発展した江戸時代の大坂（いわゆる大坂三郷）の姿を留める建造物は、大塩平八郎の乱や大阪大空襲のためにほとんど残っていない。近世都市・大坂の都市計画の中核となった大阪城天守閣ですら、一九三一（昭和六）年に再建された鉄筋コンクリート製である。蔵屋敷の建物で現存するのは唯一、天王寺公園に移築された黒田藩（福岡）蔵屋敷の長屋門のみに過ぎない。だが創建当時から現在まで、金融経済の中心地・北浜の一角を占め続ける建物がある。それが現存唯一の蘭学塾遺構であり、大坂最古級の町屋建築の適塾である。

適々斎塾（適塾、適々塾）とは蘭学者・緒方洪庵が一八三八（天保九）年に開いた蘭学塾で、幕末・明治にかけて日本の近代化に貢献した人材を輩出したことで知られる。適塾は列島各地から入門者を集め、門人帳である「姓名録」には六三六名の署名があり、ここに掲載されない者も含めるとおよそ千人以上が適塾で学んだとされる。一八四五（弘化二）年には手狭となったため、瓦町から現在地の過書町（現・大阪市中央区北浜三丁目）に移転した。一九四二（昭和一七）年には緒方家から国に寄附され、現在まで大阪大学が適塾建物の維持・管理を担っている。さらに大阪大学では、大阪が誇る歴史文化遺産である適塾を活かし、社会貢献活動に早くから取り組んできた。そこで本章では、大阪大学を中心とする適塾を媒介とした社会貢献活動を振り返り、今後の社学共創のあり方を模索してみたい。

1　適塾と大阪大学

適塾と緒方洪庵

適塾を開いた緒方洪庵は一八一〇（文化七）年に備中国足守藩（現・岡山市北区足守）藩士の三男として生まれた。しかし幼少期から体が弱く、早くから蘭医学を志した。大坂では中天游、江戸では坪井信道・宇田川玄真（榛斎）といった当時を代表する蘭学者に師事し、長崎遊学を経て大坂で適塾を開いた。その後の洪庵は塾生の教育のかたわら、医業と研究に励んだ。医業では臨床医として診療活動を続けながら、除痘館を開いて西日本を中心とする種痘（天然痘のワクチン接種）の普及に大きく貢献した。研究では日本語で書かれた最初の病理学書である『病学通論』（一八四九年）を執筆し、ベルリン大学教授フーフェラントの臨床医学書を『扶氏経験遺訓』（一八五七〜六一年）として翻訳するなど、当時最新の西洋医学を紹介して医療の近代化に寄与した。またこの原書の末尾にある「医者の義務」を「扶氏医戒之略」として一二箇条に抄訳し、高潔な倫理観の涵養にも努めた。一八五八（安政五）年に大坂でコレラが大流行した際には、蘭書から症状や対処法を五、六日

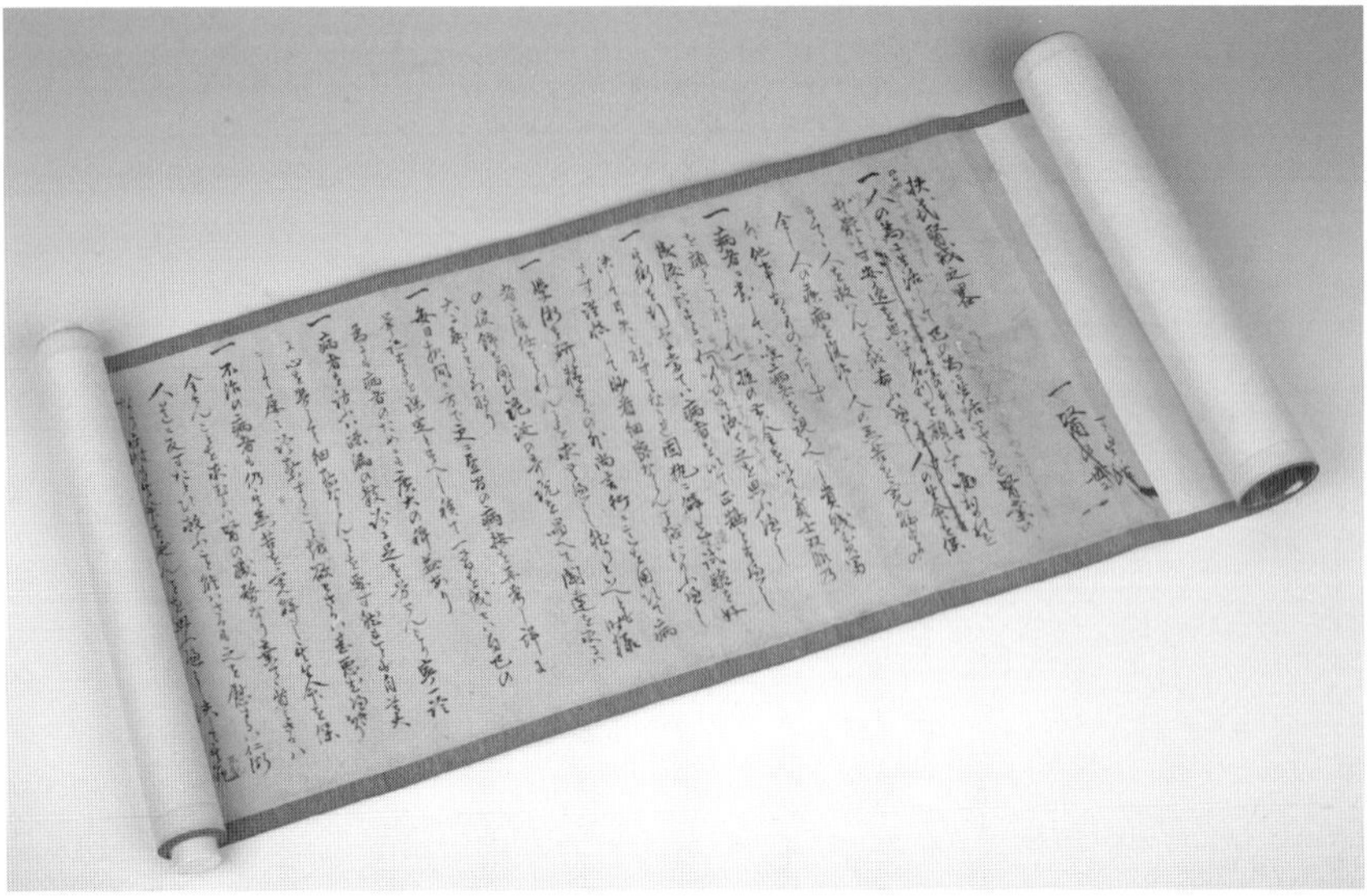

図2—3　扶氏医戒之略　緒方洪庵抄訳　安政4年（1857）
大阪大学適塾記念センター所蔵（緒方惟之氏旧蔵）

でまとめた『虎狼痢治準』を緊急出版し、近隣の医者に無償配布した。医師としての洪庵は、富や名声を求めず、真摯に患者と向き合って治療に専念し、社会奉仕の精神を実践した。

教育では自ら講義することは稀だったが、その学識と人柄から尊崇を集め、塾生たちは自由闊達な雰囲気のなかで切磋琢磨した。塾生たちは月六回の会読（蘭書の読解）に備えて自学自習に努め、当時最良の蘭和辞書「ヅーフ・ハルマ」を備えたヅーフ部屋には一晩中明かりが灯っていたという。適塾での目標はオランダ語の習得にあり、その後は各自の使命や興味関心に従って、医学・化学・兵学等の道に進んだ（長与専斎『松香私志』）。そのため適塾からは多士済々の人材が巣立っていった。

福沢諭吉（一八三四～一九〇一）は英語にも習熟して近代思想を翻訳・紹介した啓蒙家であり、『時事新報』を主宰するジャーナリストであり、慶應義塾を創設した教育者であった。橋本左内（一八二四～五九）は福井藩主・松平慶永（春嶽）の幕政改革に重用され、いち早く開国論を唱えたが、安政の大獄により処刑された。長与専斎（一八三八～一九〇二）は初代内務省衛生局長として、近代日本の衛生行政や医療制度の基礎を築いた。佐野常民（一八二二～一九〇二）は佐賀藩の海軍創設に主導的役割を果たし、西南戦争（一八七七年）をきっかけに博愛社（のちの日本赤十字社）を創始した。戦場で敵味方の区別なく医療活動を行う赤十字精神を日本で初めて実践したとされるのが、戊辰戦争（一八六八～六九年）で旧幕府方として最後まで従軍した高松凌雲（一八三六～一九一六）である。同じく旧幕府方では、幕府の歩兵奉行として兵制改革に携わった大鳥圭介（一八三三～一九一一）が陸軍奉行となり、のちに明治政府に出仕して産業・科学技術・外交等で幅広く活躍した。新政府軍では、長州藩の軍制改革を担った大村益次郎（一八二五～六九）が江戸城無血開城後の掃討戦の指揮を執り、戦後は兵部大輔として国民皆兵の近代的兵制の確立に筋道をつけた。その他、五稜郭を設計した武田斐三郎（一八二七～八〇）、釜石に日本初の高炉（現・新日鉄住金釜石製鉄所）を建設し近代製鉄業の基礎を築いた大島高任（一八二六～一九〇一）、日本に統計学をもたらし国勢調査の実施に尽力した杉亨二（一八二八～一九一七）、明治政府の外交官として日清修好条規締結等を担った花房義質（一八四二～一九一七）、アドレナリンの発見者で理化学研究所の設立を提唱した高峰譲吉（一八五四～一九二二）、江戸の西洋医学所で洪庵に師事し日本初の医学博士となった東京大学医学部初代綜理・池田謙斎（一八四一～一九一八）等、多方面で活躍した。また有名ではないものの、各地の地域医療の発展に寄与した医療関係者も多く輩出している。

晩年の洪庵は大坂に骨を埋める気でいたが、その意に反して幕府奥医師・西洋医学所頭取として江戸に招かれることとなった。幕府の公務は心身ともに負担だったようで、赴任から一年も満たない一八六三（文久三）年六月、洪庵は突如血を吐き急逝した。その間、適塾を預かったのは四女・八千代の夫で養子の拙斎であり、嗣子の惟準も適塾での教育に当たった。適塾の活動は一八八六（明治一九）年まで確認されている。

適塾から大阪大学へ

「大大阪」と呼ばれた大正末年から昭和初年頃、大阪に帝国大学の設置を求める市民の声が高まった。しかし近隣には京都帝国大学があり、震災恐慌・金融恐慌・世界恐慌と打ち続く不況も手伝って、政府の腰は重かった。そこで大阪府や大阪財界が設立資金を拠出する条件で、一九三一（昭和六）年に大阪大学の前身となる大阪帝国大学が創設された。理・医二学部での発足で、理学部は私設の塩見理化学研究所、医学部は府立大阪医科大学を移管しての誕生であった。その二年後には大阪工業大学を吸収し、工学部が加わった。一九四二年には旧適塾の建物が緒方家から国に寄附され、大阪帝国大学の所管となった。戦後の新制大学移行により文系学部が新設されると、大阪大空襲の被害を免れた重建懐徳堂の蔵書も寄贈を受けた（懐徳堂文庫）。一九八五年に刊行された『大阪大学五十年史』は、近世大坂の学問所であった適塾と懐徳堂を大阪大学の「精神的原点」「精神的淵源」と位置付け、二〇〇九年刊行の『大阪大学の歴史』では「精神的源流」と表現している。

昭和を代表する歴史小説家の司馬遼太郎（一九二三〜九六。大阪大学外国語学部の前身・大阪外国語学校卒）は、適塾出身の兵学者・大村益次郎を主人公とする『花神』（一九七二年）冒頭において、大阪大学を次のように紹介した。

「適塾」

という、むかし大坂の北船場にあった蘭医学の私塾が、因縁からいえば国立大阪大学の前身ということになっている。宗教にとって教祖が必要であるように、私学にとってもすぐれた校祖があるほうがのぞましいという説があるが、その点でいえば、大阪大学は政府がつくった大学ながら、私学だけがもちうる校祖をもっているという、いわば奇妙な因縁をせおっている。

江戸期もおわりにちかいころ、大坂で、

「過書町の先生」

といわれた町の蘭方医緒方洪庵が、ここでいう校祖である。

すなわち、大阪大学は国立大学でありながら、校祖を有する点で希有だという。洪庵が開いた適塾を大阪大学の前身と見なしている。

ただし適塾と大阪大学を単純に結びつけることは、実のところ妥当ではない。歴史的事実は、少々複雑な経緯をたどっている。そこで適塾・洪庵と大阪大学との歴史的なつながりを、ここで改めて確認しておきたい。

一八六八（明治元）年一二月、大阪府が設立し、大阪府兵局が直接管轄する大阪仮病院が開設された。医師方の六名中五名には、適塾から独立して緒方南塾と呼ばれた独笑軒塾を主宰する緒方郁蔵（洪庵義弟）以下、適塾出身者が配置された。さらに翌年二月頃、大阪府によって一般病院および医学教育の教場として仮病院・医学校が大福寺に改めて開設された。病院長は緒方惟準で、オランダ人医師ボードインが教鞭をとり、府兵局管下の仮病院医師と緒方拙斎が参画した。同年七月には鈴木町代官屋敷跡に大阪府病院が竣工して仮病院を廃止し、一一月には大阪医学校が開設され大阪府病院は大阪医学校病院となった。一八八〇年には大阪公立病院（前年に大阪府病院から改称）から教授局が分離され、府立大阪医学校となった。その後、府立大阪医学校は大阪医学校（一八八八年）、大阪府立医学校（一九〇一年）、大阪府立高等医学校（一九〇三年）、府立大阪医科大学（一九一五年）との変遷をたどり、府立大阪医科大学が一九三一（昭和六）年に大阪帝国大学医学部となったことは前述の通りである。このように近代大阪の医学教育は、これら公立の医学校が中心を担ってきており、適塾はその揺籃の役割を果たしたといえる。だが組織的な系譜として、適塾から連綿と大

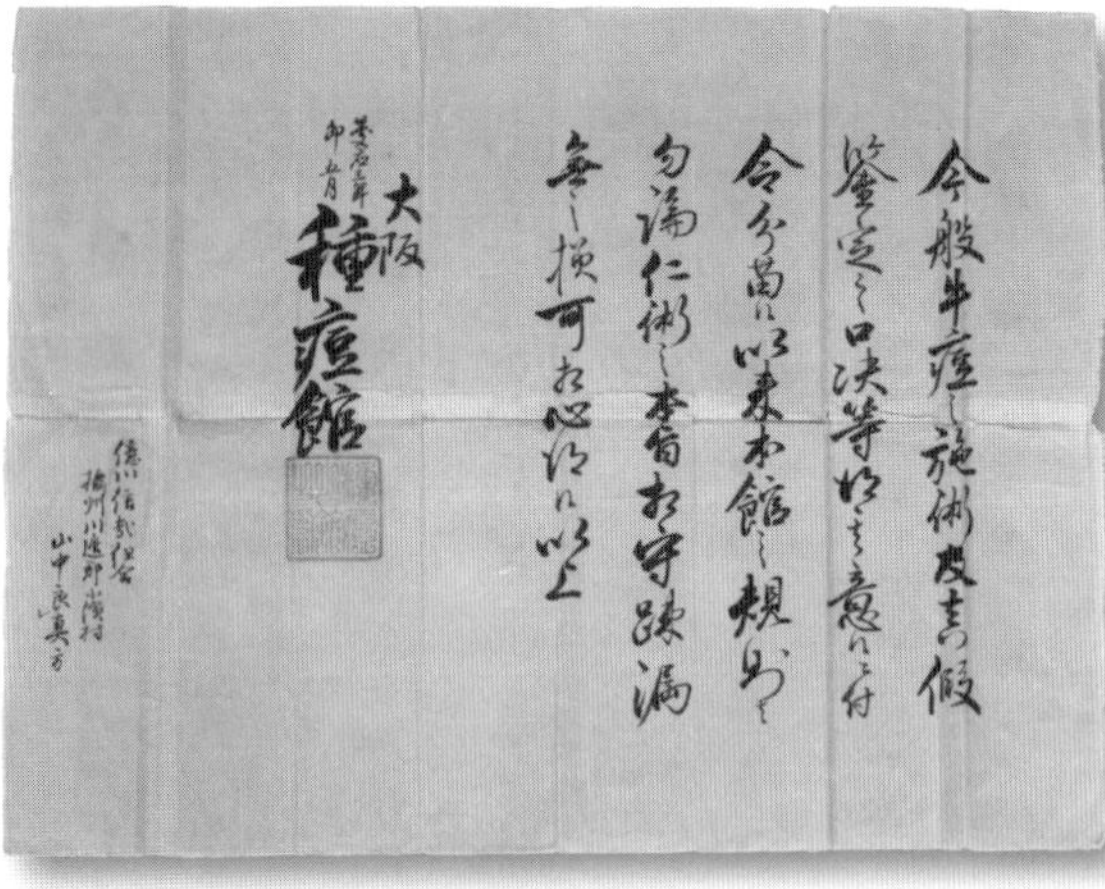

図2―4　種痘医免許証　大阪種痘館　慶応3年（1867）
大阪大学適塾記念センター所蔵（山中和江氏旧蔵）

阪大学につながるとするには、やはり躊躇される。

むしろ組織としてつながりを有するのは、洪庵が開設したもう一つの機関である大坂の除痘館（種痘館）の方である。除痘館は一八四九（嘉永二）年に古手町（現・道修町四丁目）に誕生し、一八六〇（万延元）年に尼崎町（現・今橋三丁目、緒方ビル）に移転した。一八五八（安政五）年には幕府の官許を得て公的機関となり、一八七〇（明治三）年に大阪医学校病院付属種痘館として同院に包摂された。大阪医学校のその後の展開は前述の通りである。なお除痘館の官許は、東京大学医学部の前身の一つであるお玉ヶ池種痘所より二年先んじるものであった。また除痘館が発行した種痘医免許証は医師免許制度に先行するもので、種痘自体は一八七六年に強制種痘制度が定められており、明治政府の医療制度を組み立てたのが長与専斎であったことを思えば合点がいく。

以上から、適塾・洪庵から大阪大学への系譜を単線的に描くことは、歴史的事実に照らして困難であることを認めざるを得ない。適塾出身者という人脈、除痘館という組織的系譜とが、複線的に交差しながらつながっているのが事実であり、この関係性を簡潔に表現することもまた困難である。そこで洪庵の教育・医療に関する理念という内面的要素に着目し、「精神的源流」と表現したのは、なるほど言い得て妙なのである。

一方で、適塾・洪庵と大阪大学との直接的関係を明確に示す、厳然たる事実がある。それは一九四二（昭和一七）年に緒方家から寄贈を受けて以来、国史跡「緒方洪庵旧宅および塾」あるいは国指定重要文化財「旧緒方洪庵住宅」を大阪帝国大学・大阪大学が所有・管理していることである。「精神的源流」との表現は、この事実を帰納的に説明しようとした苦肉の策とも言い得る。そして歴史的経緯よりむしろこの事実が持つ重みが、適塾関係資料を大阪大学へと呼び寄せる誘因となったのではなかろうか。すなわち、建物の寄贈以降、緒方家はじめ洪庵および塾生の子孫等からの寄贈等を受け、適塾関係資料を収集していくことができたと考えられる。

大阪大学は洪庵・適塾の精神を含む歴史と、旧適塾の建物および適塾関係資料という遺産を継承しているのである。そしてこの二つが基盤となって、大阪大学は適塾記念会という組織を立ち上げ、適塾を媒介とした社会貢献活動を推進していくこととなる。

2　適塾記念会・適塾記念センターの社会貢献活動

大阪大学・適塾記念会の適塾顕彰事業

適塾記念会は、教員有志の働きかけを受けた大阪大学総長・今村荒男により、一九五二（昭和二七）年に結成された。その目的は洪庵および適塾生の業績顕彰と、近世・近代大阪の学問・文化の発展解明と謳われた。会長には大阪大学総長が就任し、会費に基づく運営体制がとられ、会員は慶應義塾関係者をはじめ広く社会に求められた。また顧問・評議員とそこから選出される理事・監事を置き、大阪の政財界・商工界・新聞界からの声を反映する仕組みをとった。適塾記念会は設立当初から、社会貢献を意識付けられた組織であったといえる。

記念会の活動は、適塾関係資料の収集・保存・公開、門下生調査、会誌『適塾』の刊行、適塾記念講演会の開催等の多岐にわたり、活発に続けられた。一九六四（昭和三九）年には適塾建物が、現存唯一の蘭学塾遺構であり近世大坂の貴重な町屋建築であるとして、国から重要文化財に指定されたのも、記念会の尽力によるところが大きい。しかし昭和四〇年代に入ると、記念会の活動は停滞する。同じ頃、適塾建物は、老朽化と急激な都市化により存続すら危惧されるようになった。

この状況を憂慮する大阪大学教員有志は、記念会の再興と適塾建物の存続を目指して奔走した。前者では前掲『花神』を『朝日新聞』に連載していた司馬遼太郎を一九七三年に理事として迎え入れた。この年の適塾記念講演会では講師も依頼し、その盛況ぶりは再興を印象付けた。後者では一九七二年、学内に適塾管理運営委員会を設置して建物の家屋構造調査を実施し、建物の強度に問題があり根本的修理の必要性が判明した。移築も視野に検討された結果、現地保存の方針となり、一九七六〜八〇年にかけて洪庵の時代に復元する解体修復工事が実施された（昭和の大改修）。竣工後は内部を一般公開し、年一回の特別展示を開催する等、市民共有の貴重な文化遺産の活用に現在まで取り組んでいる。また建物東西の隣接地は地元自治体や財界等の協力により公開空地として史跡公園化し、適塾の防災にも役立っている。

適塾記念センターの社会貢献活動

二〇一一（平成二三）年、大学創立八〇周年を記念して、大阪大学適塾記念センターが設立された。同センターの使命として、これまでの適塾記念会による適塾の研究・顕彰事業、適塾関係資料の収集・保存、適塾管理運営委員会による適塾運営等の継続・発展に加え、グローバル社会においてオランダに関する日本国内の研究教育拠点の構築を掲げ、次の事業を推進することとなった。
①適塾（建物）の維持管理・運営、②適塾に関する広報活動、③適塾関係資料の保存・維持・収集・活用、目録作成、④適塾・緒方洪庵および適塾関係者に関する研究・顕彰、書籍の刊行、⑤適塾・日蘭学術交流に関連する講演会・シンポジウム等の開催、⑥適塾記念会の運営、⑦大阪学に関する研究、⑧オランダ学（オランダの歴史・医学史・文化・言語・経済・日蘭交流史等、適塾関係資料に基づく研究を含む）に関する研究、⑨オランダからの研究者の受け入れ

ここではセンター発足以来、実施してきた事業のうち、社会貢献に資する活動を紹介する。

•耐震改修工事（二〇一三〜一四年）

一九九五年一月に発生した阪神・淡路大震災を機に、文化庁は文化財への地震対策を講じてきた。それに基づき、適塾では二〇一一年末以降に耐震診断を行い、主屋と蔵に耐震補強の必要があることが判明した。そこで「大地震動時に倒壊せず生命に重大な危害を及ぼさない」ことを目標に、解体範囲を最小限に止め内部・外部の意匠・空間を最大限残す方針の下、耐震改修工事の実施が計画された。工法としては、蔵に「面格子壁」、主屋に①屋根の軽量化、②瓦の釘止め、③構造用合板による屋根面の固定、④複合鋼板耐震壁の土壁への埋め込み（国宝・国の重要文化財では初採用）、⑤仕口ダンパー・耐震リングの設置を施すことで、建物の剛性確保と減衰性能向上を図ることとなった。耐震改修工事（平成の改修）は二〇一三年一一月に着工、翌年三月に完工し、五月にリニューアルオープンとなった。工事の成果については、九月のシンポジウム「適塾　平成の改修〜未来へ守り伝えるために」にて発表した。

二〇一八年六月一八日、最大震度六弱を記録した大阪府北部地震が発生した。この地震に関与したとみられる上町断層帯は、豊中市から大阪市を経て岸和田市に至る約四二キロメートルにわたって大阪を南北に縦

貫しており、適塾付近では堺筋の西を沿うように走っている（産業技術総合研究所「活断層データベース」）。最寄りの観測地点である福島区福島では震度五弱を記録しており、適塾ではそれ以上の震度だった可能性も十分考えられる。被害は前栽の灯籠の転倒、蔵の漆喰壁の亀裂、適塾建物では梁の亀裂のほか、内部土壁の剝離が多数生じた。しかし地震発生二日後に視察した文化庁調査官によると、被害は構造自体に影響を及ぼすものではなく、軽微に止まるという。耐震改修工事の効果は一定程度認められたが、今後起こるであろう南海トラフ地震や予期せぬ事態への備えを怠ることなく、市民の共通財産としての歴史遺産を継承していかなくてはならない。

・適塾記念講演会（毎年一二月）

適塾記念講演会は一九五五年から始められた、市民向けの講演会である。一時期の中断（一九六四〜七二年）はあったものの、前述の司馬遼太郎を講師に迎えた一九七三年に大阪大学と適塾記念会の主催として復活して以来、毎年開催されている。大阪大学を代表する文系・理系の教員を講師に、最新の研究成果を社会に還元してきた。センター設立以降はセンターも主催に名を連ね、さらに二〇一八年度からは大阪大学共創機構社学共創本部も加わって、運営を実質的に担っている。センター設立後の開催状況については表2―1を参照されたい。会場は二〇〇四年から、大阪大学中之島センターで最大のキャパシティ（一九二名）を誇る佐治敬三メモリアルホールを使用している。なお大阪大学のアウトリーチ活動に関していえば、適塾記念講演会は、一九六八年に国立大学で初の総合的な公開講座として始められた現在の大阪大学公開講座（大阪大学主催）と並ぶ草分け的な存在である。

表２−１　適塾記念講演会の開催状況（適塾記念センター設立以降）

年度	講師	演題（文系）	講師	演題（理系）
2011	大久保規子	環境政策最前線　―グリーンアクセスとは何か―	吉川秀樹	整形外科の歴史と最先端治療
2012	松野明久	新蘭学事始 ―今、オランダに学ぶこと	塚原東吾	シーボルト・コレクションの歴史的意義と適塾の役割 ―シーボルト像の転換と、史料の新たな「使い道」
2013	岡美穂子	大坂・京都のキリシタン ―受容における特徴から―	髙橋京子	緒方洪庵の薬箱由来生薬の本草学的意義と東西融合医療
2014	平雅行	日本中世は呪術からの解放の時代か？ ―中世仏教の合理と非合理―	澤芳樹	外科学の新展開 ―心筋再生治療―
2015	高田篤	立憲主義の展開とその社会 ―日独比較から	石黒浩	人間型ロボットと未来社会 ―人間の本質とロボット―
2016	栗本英世	ローカル／ナショナル／グローバルの往復運動 ―南スーダンの人類学的研究から見えてきたこと	三浦雅博	豊かな現代社会を支える有機合成化学の進化 ―クロスカップリング反応を中心として―
2017	堂目卓生	目指すべき社会を考える ：経済思想史の視点から	田島節子	高温超伝導と未来社会 ：実学と虚学のはざまにて
2018	永田靖	演劇のアジア的転回 〜ポスト・グローバリゼーション時代に向けて〜	土井健史	二酸化塩素が世界を変える 〜社会に対して多方面での貢献が期待〜

・適塾特別展示（毎年六月頃）

解体修復工事の完成を記念した展覧会「緒方洪庵と適塾」が、一九八〇年に三越大阪店で開催され、福岡・岐阜・東京を巡回した。翌年には適塾を会場に、「緒方洪庵の手紙」展を開催した。それ以来、適塾関係資料を展示する適塾特別展示を適塾にて開催している（一部の例外を除く）。企画について、センター設立以前は原則として記念会役員を務める大阪大学の教員が持ち回りで担当してきたが、設立後はセンター専任のス

表２−２　適塾特別展示の開催状況（適塾記念センター設立以降）

年度	テーマ
2011	継承する適塾の精神
2012	洪庵・適塾と蘭書
2013	緒方洪庵・適塾と近世大坂の学知 *
2014	「平成の改修」―歴史遺産を未来へ―
2015	西洋の知と適塾
2016	洪庵・惟準から伝わる緒方家の至宝 ―新寄贈資料展―
2017	新発見！緒方洪庵夫人・八重のてがみ ―"良妻賢母"の知られざる素顔―
2018	戊辰戦争〜西南戦争をめぐる適塾関係者たち―軍制と医療から―

* 耐震改修工事のため大阪大学総合学術博物館にて開催

タッフが継続的に担うことになった。二〇一八年度より社学共創本部も主催に加わった。

・適塾講座（毎年秋三回）

適塾講座は年ごとに設定するテーマに基づく三回連続講座で、二〇〇八年から開始された。テーマ設定と講師選定は、適塾記念センター兼任教員が務めるコーディネーターが行い、コーディネーターはこれまで三年ごとで交代してきた。これまでのコーディネーター・テーマ・各回の講師と演題は表2―3の通り。適塾講座についても、二〇一八年度から社学共創本部も主催団体となっている。

なお適塾講座は前身に、適塾研究会というイベントを持つ。適塾研究会とは記念会会員を対象に、適塾そのものを理解するという主旨の下、講演会とは異なる少人数の参加者と講師が議論しながら適塾を考える会である。適塾研究会は一九九八〜二〇〇七年の一〇年間継続してきたことを節目に、適塾講座へとリニューアルされた。適塾研究会への参加資格は適塾記念会会員限定となっていたが、適塾講座は非会員にも門戸を開放している。こうした経緯もあって定員は五〇名と比較的小規模ながら、熱心なリピーターを中心に聴衆を集めている。また適塾研究会の開催後には懇親会を開いていたが、二〇一八年度の適塾講座で懇親会を復活させた。実質的に新たな企画であるにもかかわらず、多数の参加者を得て会話も弾んでいた。

・適塾見学会（毎年夏季・秋季）

適塾見学会は適塾やそれに関係する史跡をめぐる見学ツアーで、適塾記念センターの発足にともない始められた。会の性質上、参加資格は適塾記念会会員に限定し、定員も二五名に絞られる。

夏季は兼任教員で文学研究科教授の村田路人（日本近世史）が担当し、適塾およびその周辺を巡検している。毎回コースの最終目的地は適塾に設定され、適塾にて原史料の閲覧を行っている。また開催時期が特別展示

表２−３　適塾講座の開催状況

回・年度	〈全体テーマ〉・演題	〈コーディネーター〉・講師
第１回（2008）	〈幕末の大坂社会と適塾〉	〈村田路人〉
	適塾と大坂町人社会	中川すがね
	大坂の学芸社会と適塾	有坂道子
	幕府の大坂支配と適塾―種痘事業の展開と大坂町奉行所―	村田路人
第２回（2009）	〈江戸時代の大阪と適塾〉	〈村田路人〉
	都市大坂の医療環境と適塾	海原亮
	江戸時代の大坂町人社会と適塾	今井修平
	大坂町奉行所支配と適塾	村田路人
第３回（2010）	〈幕末期の「大坂地域」と適塾〉	〈村田路人〉
	幕末期大坂の私塾と適塾	山中浩之
	「政事」と「文事」〜武士たちの大坂〜	藪田貫
	幕末期大坂周辺地域の医療活動―安政五年のコレラ流行―	村田路人
第４回（2011）	〈大阪の産業発展と大阪高等工業学校・大阪帝国大学〉	〈澤井実〉
	明治期の大阪高等工業学校と大阪経済	澤井実
	戦間期の大阪高等工業学校・大阪工業大学・大阪帝国大学工学部と大阪経済	澤井実
	戦時期の大阪帝国大学工学部・理学部と大阪経済	澤井実
第５回（2012）	〈黎明期日本医学の中心・適塾と近代大阪の疾病〉	〈澤井実〉
	都市の若者と医学教育―適塾を国際的にみる	鈴木晃仁
	Hygiene と衛生―長与専斎のみた欧米と日本	永島剛
	日本の工業化・都市化・結核	花島誠人 友部謙一
第６回（2013）	〈病院と製薬企業の歴史―ヨーロッパと日本の経験から〉	〈澤井実〉
	スイスの病院史	ピエール＝イヴ・ドンゼ
	戦後の外資系製薬企業―日本事業の展開プロセス	竹内竜介
	日本からみた 1980 年代以降の世界ワクチン産業の衰退と再生	ジュリア・ヨング
第７回（2014）	〈未知なる江戸の外交史―適塾を育んだ世界との交流〉	〈古谷大輔〉
	「華夷変態」から蘭学へ―蘭学受容の歴史的前提―	木村直樹
	未知なる太平洋と日本の開国	後藤敦史
	アジアとヨーロッパを繋ぐ媒介者たち―蘭学を刺激したヨーロッパ出身者の事情	古谷大輔
第８回（2015）	〈伝統と革新―阪神地域と世界市場をつなぐ技術―〉	〈古谷大輔〉
	薬食同源の観点から見た酒―「酒は百薬の長」を科学する―	髙橋京子
	燐寸の創造性と想像力〜明治・大正期の阪神地域における輸出地場産業の形成	大石高志
	なんと、鋼を溶かさずに接合する―摩擦攪拌接合―	藤井英俊
第９回（2016）	〈歴史のなかの適塾―私たちは適塾から何を学び、どう語ってきたか〉	〈古谷大輔〉
	ヨーロッパ医学の伝播における適塾の決定的役割	ハルメン・ボイケルス
	大阪の医学史研究と適塾―洪庵と適塾はどのように記念されてきたのか―	廣川和花
	適塾の歴史的評価について―地方出身門人の活動から―	青木歳幸
第10回（2017）	〈近世・近代の大阪と女性〉	〈橋爪節也〉
	緒方洪庵夫人・八重の実像―新出の自筆書状から―	松永和浩
	跡見花蹊〜女性教育に尽力した大阪ゆかりの女性画家	小川知子
	織田作之助文学に描かれた女性―初期作品を中心に―	増田周子
第11回（2018）	〈近代日本の軍事と軍都・大阪〉	〈橋爪節也〉
	西郷隆盛と適塾をめぐる人びと	猪飼隆明
	軍都・大阪の形成過程	小田康徳
	大阪の戦中・戦後	横山篤夫

表２−４　適塾見学会の開催状況

回 (年度)	夏季		秋季	
	〈テーマ〉 主な見学地	講師	〈テーマ〉 主な見学地	講師
第１回 (2011)	〈適塾とその周辺をたずねる〉 大坂除痘館跡碑、銅座跡碑、懐徳堂旧址碑、適塾	村田路人	〈大坂の蘭学者・文化人の墓地を巡るⅠ〉 龍海寺（中天游墓、緒方郁蔵墓、緒方洪庵・八重夫妻墓、大村益次郎足塚）、天徳寺（篠崎三島・小竹父子墓）、善導寺（山片蟠桃墓）	橋本孝成
第２回 (2012)	〈適塾とその周辺をたずねる　その2〉 南部藩蔵屋敷跡・彦根藩蔵屋敷跡、大阪慶應義塾跡碑、旧鴻池家本宅跡碑、尼崎町大阪除痘館跡碑、銅座跡碑・愛珠幼稚園、適塾	村田路人	〈大坂の「舎密学」—近代科学の濫觴—〉 大阪舎密局跡、大阪英語学校跡、大阪城焔硝蔵、兵部卿大村益次郎卿殉難報国碑、大阪仮病院跡（大福寺）	福田舞子
第３回 (2013)	〈適塾とその周辺をたずねる　その3〉 愛日小学校跡、升屋平右衛門屋敷跡、大阪倶楽部、大坂除痘館（古手町）跡、懐徳堂旧址碑、愛珠幼稚園・銅座跡、大坂除痘館（尼崎町１丁目）跡、適塾	村田路人	〈名塩蘭学塾および周辺史跡を訪ねる〉 教行寺、教蓮寺、源照寺、亥野彊氏所蔵貴重資料の観覧、名塩和紙学習館、名塩蘭学塾跡、谷徳製紙所、名塩八幡神社、（有志のみ：教行寺歴代住職の墓、億川百翁・信哉墓碑）	福田舞子 中山英麿 亥野　彊 谷野武信 谷野雅信
第４回 (2014)	〈適塾とその周辺をたずねる　その4〉 津村別院（北御堂）、瓦町の適塾跡、綿業会館、北組惣会所跡、日本基督教団浪花教会、旧大阪教育生命保険、過書町の適塾	村田路人	〈くすりの町道修町を訪ねる〉 俵物会所跡、旧小西家住宅（小西儀助商店）、杏雨書屋、くすりの道修町資料館、少彦名神社	野高宏之 福田舞子
第５回 (2015)	〈適塾とその周辺をたずねる　その5〉 蜆川（曽根崎川）蜆橋跡碑、同難波小橋跡、佐賀藩蔵屋敷跡碑、同船入橋跡碑、大阪市中央公会堂、合水堂跡碑、適塾	村田路人	〈西洋の技と大阪—麦から酒をつくる—〉 渋谷麦酒跡、大阪麦酒「アサヒ軒」跡、芝川ビル、適塾、（解説のみ：大阪高等工業学校醸造科、小西儀助商店）	松永和浩
第６回 (2016)	〈適塾とその周辺をたずねる　その6〉 北浜金相場会所跡、俵物会所跡、平野屋五兵衛邸跡・天王寺屋五兵衛邸跡、鴻池善右衛門邸跡、適塾	村田路人	〈近世〜近代大阪の金融経済〉 広島藩蔵屋敷跡・大阪医学校跡、蛸の松跡、中津藩蔵屋敷跡・福沢諭吉誕生碑、堂島米会所跡、大同生命大阪本社	高槻泰郎 松永和浩
第７回 (2017)	〈適塾とその周辺をたずねる　その7〉 大坂東町奉行所跡、大坂代官役所（谷町代官役所）跡、釣鐘屋敷跡、銀座跡、高麗橋三井家屋敷跡、適塾	村田路人	〈蘭学者・川本幸民のふるさと三田〉 車瀬橋、三田城・三田陣屋跡、川本幸民顕彰碑、藩校造士館跡、旧九鬼家住宅資料館、英蘭塾跡、九鬼隆一誕生地、川本幸民出生地	福田舞子 松永和浩
第８回 (2018)	〈適塾とその周辺をたずねる　その8〉 五代友厚ら銅像（大阪商工会議所前）、大坂西町奉行所跡、牢屋敷跡、重建懐徳堂跡、泊園塾跡、適塾	村田路人	〈軍都・大阪の痕跡をめぐる〉 兵部卿大村益次郎卿殉難報国碑、旧陸軍第四師団司令部庁舎、大阪城天守閣付近に残る空襲被害跡、大阪砲兵工廠跡、大阪陸軍病院跡	松永和浩

※このほか、夏季では適塾にて原史料の閲覧、秋季には野高宏之「江戸時代の長崎貿易と船場」(2014)、高槻泰郎「堂島米会所の発展と大坂の豪商」(2016) の講演を行った。

と重なるため、展示解説を行うこともある。

秋季はセンター特任研究員および大阪学部門准教授が担当し、地域的な限定を設けずに企画している。これまで大阪市内のほか、洪庵の妻・八重の出身地である名塩（西宮市）や、江戸遊学時代の洪庵の同門で近代化学の基礎を日本にもたらした蘭学者・川本幸民の出身地の三田（三田市）に足を伸ばしたこともある。また適宜、現地の方による案内や外部講師の講演、展覧会の見学を盛り込む等、柔軟な企画・運営に努めている（表2―4）。

・刊行物の発行

適塾記念会が発行する刊行物のうち、定期的なものは一九五六年創刊の年会誌『適塾』で、二〇一七年で五〇号に達した（一九六〇～七三年は中断）。本誌には前述のイベントの内容が詳細に記録されるほか、適塾・洪庵とその門下生等に関する調査研究、収集した適塾関係資料の紹介等、適塾・洪庵に関する情報が当時最新のものも含めて網羅されている（「『適塾』第1号～第50号　総目次」『適塾』五〇、二〇一七年）。このほか、地道な調査に基づく門下生の基本情報をまとめた藤野恒三郎・梅溪昇編『適塾門下生調査資料』第Ⅰ集（適塾記念会、一九六八年）、『同』第二集（大阪大学、一九七三年）、洪庵が出した書状を集大成した緒方富雄・梅溪昇・適塾記念会編『緒方洪庵のてがみ』その一～五（菜根出版、一九八〇～九六年）、所蔵資料の図録である適塾記念会編『適塾アーカイブ―貴重資料52選―』（大阪大学出版会、二〇〇二年）、所蔵資料を一覧する大阪大学適塾記念センター編『大阪大学適塾記念センター所蔵　大阪大学適塾関係資料目録』（大阪大学出版会、二〇一五年）がある。また刊行途中だが適塾記念会緒方洪庵全集編集委員会編『緒方洪庵全集』では、第一巻（扶氏経験遺訓　上）、第二巻（扶氏経験遺訓　下）、第四巻（日記　書状　その一）（いずれも大阪大学出版会、二〇一〇年・同年・二〇一六年）を上梓した。

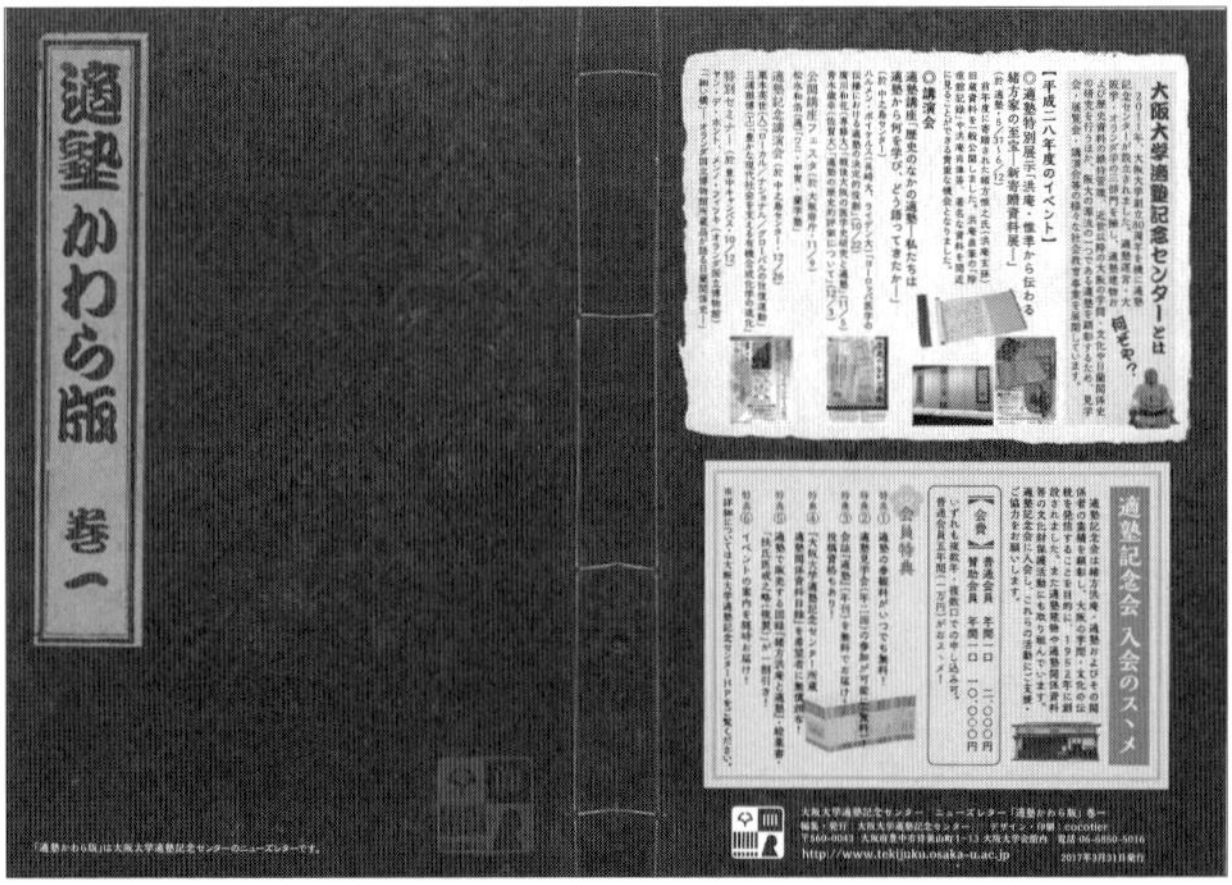

図2―5　「適塾かわら版」巻一（表面・裏面）

藤野恒三郎監修『緒方洪庵と適塾』（適塾記念会、一九八〇年）は解体修復工事完了を記念する展覧会の図録として刊行され、一九九三年に改訂された。初版から四〇年弱、改訂版から二五年もの月日が流れ、その間に研究は進展し、内容・体裁ともに更新の必要や時代に合わない部分も出てきた。そこで二〇一八年の適塾開塾一八〇年を機に新版の刊行を計画している。なお新版は本書と同じく大阪大学社学共創叢書シリーズとして刊行予定で、経費はクラウドファンディングにて寄附を募った。

また適塾記念センターの広報誌、年間の活動報告であるニューズレターとして、二〇一六年に「適塾かわら版」を創刊した。活動報告の媒体としては既に『適塾』が存在している。「適塾かわら版」の目的は会員の新規獲得にあり、そのため活動内容の概要を簡略に紹介するとともに、適塾を知り興味・関心をかき立てるべく親近感を感じられる紙面づくりを心がけた。構成は次の通り。

適塾人物かゞみ…適塾関係者のプロフィールを毎号一人ずつ紹介

適塾のみどころ…適塾建物の特定のスポットを取り上げ、歴史的事実や逸話、現在に至る経緯等から、各所の魅力や観賞の仕方を伝授

適塾見学会道程図…当該年度の適塾見学会の行程を地図で示し、見学地の画像と簡単な解説を加え再現

当該年度のイベント…イベントの実施概要を紹介

スタッフの声…適塾の維持・管理やイベントの企画・運営に携わるスタッフが、日々のささやかな発見や感動を誌面余白につぶやき、適塾の魅力を発信

さらに多数の機関がニューズレターを刊行する状況に埋没しないよう、「かわら版」は体裁にもこだわった。和書に見立て、用紙は和紙を意識して凹凸のあるものを採用し、判型はB4サイズ一枚の二つ折り（B5は一般的な和書のサイズの規格）、表紙に相当する第一面の下地は実在の和書の画像を取り込んで題簽や綴じ糸をデザインした。本書刊行時点で巻二までの発行に過ぎないが、手触り・風合いも含めて評判は上々だ。

・デジタルアーカイブ

所蔵する適塾関係資料に関しては、前述の通り『適塾アーカイブ』にて主要な資料を画像・解説とともに紹介し、『適塾関係資料目録』にて全貌を初めて公開した。『目録』は非売品だが、希望する記念会会員には無償頒布している。さらにこの目録を基礎として、ウェブ上にデジタルアーカイブ「適塾関係資料画像データベース」（英語名 The Digital Archive of the Tekijuku Collection、略称 Tekijuku DB）を二〇一八年六月に公開した。URLは次の通り。

https://www.archive.tekijuku.osaka-u.ac.jp

これにより外部とりわけ海外の研究者にとって利便性が格段に向上し、欧文資料も多数含まれる適塾関係資料の一層の利活用が促進され、新たな研究成果が生まれることが期待される。

むすびにかえて

以上、大阪大学・適塾記念会から続く、適塾を媒介とする適塾記念センターの社会貢献活動を紹介してきた。最後に適塾記念センターの活動の特長を確認し、今後の課題を整理しておきたい。

適塾記念センターの活動の特長は、次の四つを基盤とした多様で継続的な点にある。

①歴史…適塾から大阪大学に至る系譜
②遺産…適塾建物・適塾関係資料という文化財、洪庵・適塾塾生の多様な業績
③人材…大阪大学の多彩な研究者
④実績…適塾記念会・大阪大学適塾管理運営委員会以来の蓄積

今後もこれら四つを様々に掛け合わせて、企画を立案していくべきと考えるが、社学連携から社学共創へと段階を一歩進めるには、まず社会のニーズを組み込むことが不可欠となる。

これまでの活動の実績から、ニーズつまり世間が適塾・適塾記念センターに何を期待しているのか、断片的には窺うことができる。試みに適塾の参観者数の推移をみてみよう。図2―6は二〇〇七年四月～二〇一八年九月の半年ごとの参加者数を棒グラフで示したものである。突出した記録が生まれた時期には、ある共通点が見出せる。それは幕末を扱ったテレビドラマの人気が影響したと考えられることである。

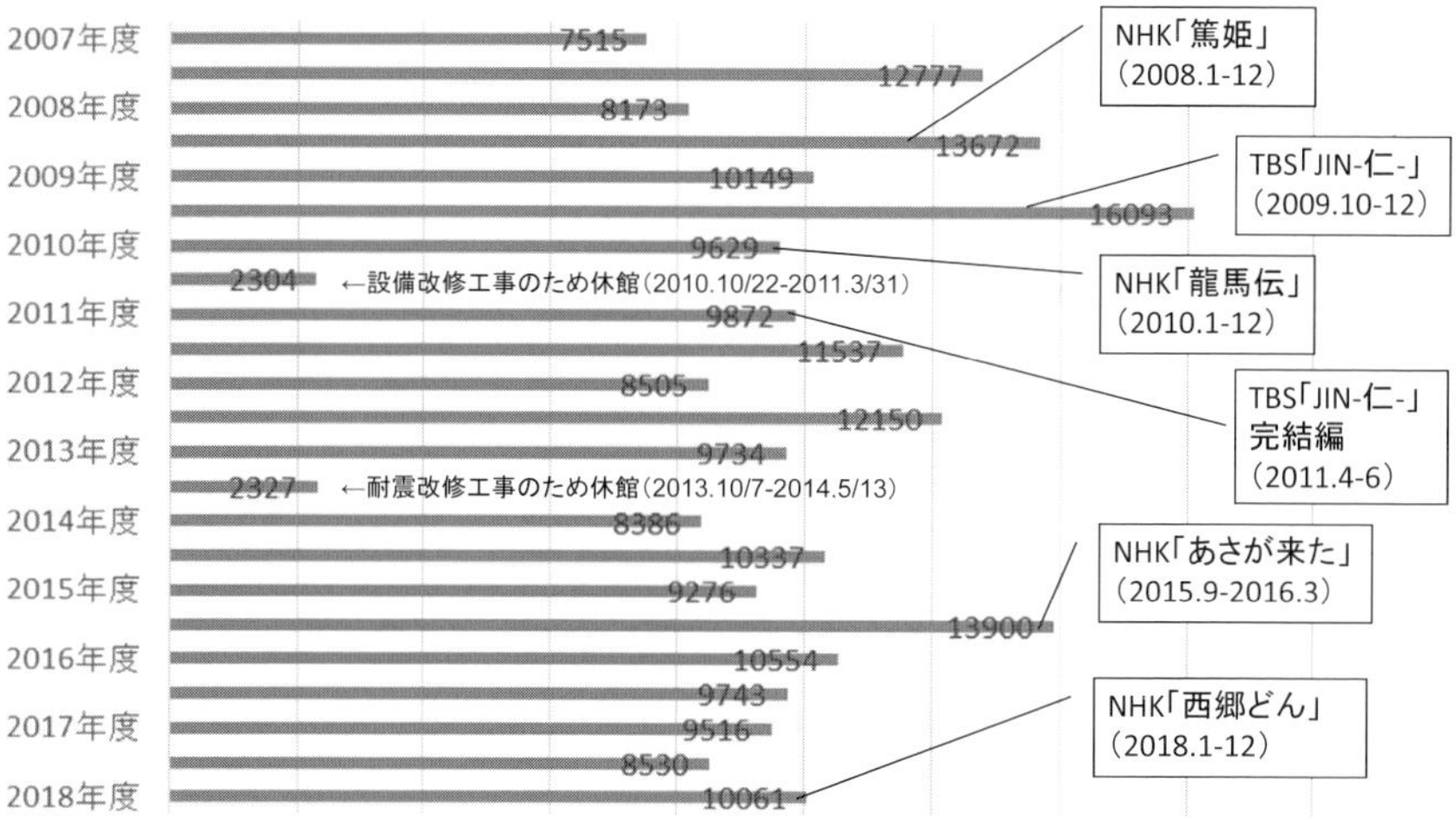

図２―６　適塾参観者数の推移（２００７年度～２０１８年度前半・半年ごと）

二〇〇八年はＮＨＫ大河ドラマ「篤姫」、二〇〇九年一〇～一二月はＴＢＳ「ＪＩＮ―仁―」、二〇一一年四～六月はその続編である「ＪＩＮ―仁―」完結編、二〇一五年度後期はＮＨＫ朝の連続テレビ小説「あさが来た」が放送されている。特に「ＪＩＮ―仁―」では武田鉄矢演じる緒方洪庵が劇中に登場し、「あさが来た」ではディーン・フジオカ演じる五代友厚の人気で北浜の大阪取引所前の五代友厚像目当てに押し寄せた見物客が適塾にも流れた可能性が考えられる。福山雅治主演の「龍馬伝」が好調だった二〇一〇年度は設備改修工事のため半年近く休館したが、開館していれば右の記録に匹敵したかも知れない。

ところで筆者はテレビドラマの効果について、経験的に実感を得ている。というのも二〇一四年後期のＮＨＫ朝の連続テレビ小説「マッサン」において、洋酒関係資料提供として制作に関わったからである。それ以来、「マッサン」のモデル・竹鶴政孝（ニッカウヰスキー創業）

に関する講演等のオファーをしばしば受けている。そこで二〇一六年秋季の適塾見学会では、同年三月まで放送された「あさが来た」と関連付けて計画した。主人公のモデル・広岡浅子は、近世大坂屈指の豪商・加島屋に嫁ぎ、明治維新期の苦境を炭鉱経営や保険事業により立て直した女傑である。見学会は「近世〜近代大阪の金融経済」をテーマに、「あさが来た」で時代考証を務めた高槻泰郎氏の講演「堂島米会所の発展と大坂の豪商」と、広島藩・中津藩の蔵屋敷跡、堂島米会所跡、加島屋跡（大同生命大阪本社）をめぐり、大同生命主催の展覧会「大同生命の源流〝加島屋と広岡浅子〟」展を見学した。参加者に対するアンケート結果からは、朝ドラのエピソードも交えた高槻報告の評価が特に高かった。

二〇一八年は西郷隆盛が主役のNHK大河ドラマ「西郷どん」が放送されている。同ドラマでは橋本左内や大村益次郎等の適塾出身者の登場が予想されることもあり、「西郷どん」効果を確かめるべく、二〇一八年度のイベントに関しては戊辰戦争・西南戦争と関連付けた。しかも相乗効果を期待して、戊辰戦争一五〇年を機に「戦争」を統一テーマに、特別展示・適塾講座・秋季見学会を企画した。特別展示「戊辰戦争〜西南戦争をめぐる適塾関係者たち―軍制と医療から―」では大鳥圭介・大村益次郎・佐野常民をはじめとする適塾関係者の両内戦への関わりを紹介し、適塾講座「近代日本の軍事と軍都・大阪」では西郷と適塾関係者との接点や大村の構想を起点とする〝軍都〟大阪の形成過程に論及し、見学会「軍都・大阪の痕跡をめぐる」では軍事施設や軍需工場が集中していた大阪城とその周辺をめぐった。残念ながら「西郷どん」の視聴率は伸び悩んでいるようだが、特別展示期間中の参観者は、マスコミで取り上げられた二〇一七年度（後述）の一〇一五人を上回る一〇五五人に達し、適塾講座と見学会は定員の約八割の参加者があった。この状況から、一定の需要を捕捉する企画と評価してよいのではないだろうか。歴史は現代を映す鏡といわれる通り、社会の関心もその時々によって移ろい変わっていく。社会的関心を集める時宜に適った企画から、社学共創につなげていけるよう努力したい。

次にメディアの反応からもニーズを垣間見ることができる。二〇一七年度の特別展示「新発見！緒方洪庵夫人・八重のてがみ―〝良妻賢母〟の知られざる素顔―」には、テレビ局一社と新聞社三社（四大紙二社、地元ネットニュース一社）が取材に駆けつけ、報道した。前年度から始めたプレスリリースの成果でもあるが、取材は二〇一六年度は前掲地元紙一社を除き受けておらず、二〇一八年度は新聞社一社のみであったことから、やはり企画そのものが記者の興味を惹いたと考えてよいだろう。何が興味を惹いたかといえば、テーマに冠した「新発見！」の文字、すなわち新出史料とその研究成果の披露の場とした点にあったと推察される。記者の関心は社会のそれを代表していると見なすことができるから、人々が求めるのは最新のもの、新鮮素材なのである。新たな研究成果や新着情報があれば、積極的に発信していくことが重要だと考える。その際の発信の方法についても、素材やターゲットの特性に応じて創意工夫していきたい。

一方で、ニーズを一方的に受容するだけが社学共創のあり方ではないことも認識しておかなくてはならない。当方の課題解決にも社会の人材を活用して創造していくことも、一つの形ではないだろうか。適塾記念センターが抱える課題は様々あるが、是非とも力添えを得たいことが差し当たり三つある。一つは、これまで紹介してきたイベントの企画・運営や、適塾現地での解説や誘導等の補助、もう一つは、土壌が粘土状に固まって植生が減退してしまった適塾の前栽の復旧、そして最後に、適塾グッズの開発である。これらの取り組みはそれぞれ「適塾ボランティア」・「適塾お庭再生プロジェクト」・「適塾グッズ開発プロジェクト」の名称で、大阪大学社学共創クラスターとして二〇一七年度に立ち上がった。

ここで最後に言及しておきたいのが、「適塾グッズ開発プロジェクト」である。現在、適塾で販売しているグッズとしては、書籍・ＤＶＤを除くと、適塾建物の内観・外観写真や洪庵関連の資料写真の絵葉書のみである。過去には「扶氏医戒之略」の複製品等もあったが、品切れとなっている。最近の趨勢では、博物館・美術館等の文化施設や大学でも関連グッズの開発・販売に注力している。大阪大学も例外ではなく、公式キャラクターのワニ博士関連グッズをはじめ、学部ごとのイメージでブレンドを変えた「阪大薫る珈琲」や、素粒子の標準模型と重力の作用が刻印された「宇宙を支配する数式リング」、各学部をイメージした原酒をブレンドしたオリジナルウイスキー「光吹―MIBUKI―」等、話題を呼んだ商品もある。時代に相応した新たな適塾グッズの開発が必要な時期に来ている。

そこで適塾関連のグッズ開発を、社会とともに行いたいと考えている。もちろん参画してくれる人材確保は必須だが、適塾の魅力を確認しておくことを第一歩に踏み出すことが必要だろう。いわばブランディングの方向付けの作業である。実はそのために打って付けイベントが、文化庁・アートエリアB1の主催事業として二〇一八年一一月に開催された。クリエイティブユニット「graf」代表・服部滋樹氏と筆者とで、適塾や他の施設の例から議論を深めるラボカフェ「歴史文化施設とブランディング」である。

当日はまず筆者が洪庵や塾生のイメージ形成に寄与してはいるものの、適塾の基本を語る上ではややもするとこぼれ落ちてしまう多彩なエピソードを紹介した。次に服部氏が戦後から現在までデザインが果たしてきた社会的役割の変遷を追いながら、二〇〇〇年前後に登場したブランディングの思想・概念について語り、ブランディングとは「物語」と換言し得るとの見解を提示した。その後は服部氏とのクロストーク、そして参加者との質疑応答となった。活発な議論を通じて、大胆で魅力的な提案や示唆に富む指摘の数々を頂戴することができ、改めて適塾の持つポテンシャルの高さと、それに対する社会からの期待の大きさを認識する貴重な機会となった。残念ながら原稿の〆切りがイベント当日から一週間も満たないため詳細を伝える余裕はなかったが、何らかの形で成果を出せる確信は得られたし、期待に応えるためにも成果を出す責任を痛感しているところである。適塾記念センターの今後の取り組みを注視して頂ければ幸いである。

〔参考文献〕

大阪大学五十年史編集実行委員会編（一九八五）『大阪大学五十年史　通史』大阪大学
緒方洪庵記念財団 除痘館記念資料室編集・発行（二〇一三・初版一九八三）『大阪の除痘館〈改訂・増補第2版〉』
緒方洪庵記念財団 除痘館記念資料室（二〇一五）『緒方洪庵の「除痘館記録」を読み解く』思文閣出版
梅溪昇・芝哲夫（二〇〇二）『よみがえる適塾―適塾記念会50年のあゆみ―』大阪大学出版会
梅溪昇（二〇一六）『人物叢書〈新装版〉緒方洪庵』吉川弘文館
高杉英一・阿部武司・菅真城編著（二〇〇九）『大阪大学の歴史』大阪大学出版会
適塾記念会編（一九五六～二〇一八）『適塾』一～五一、適塾記念会
中田雅博（二〇〇九）『緒方洪庵―幕末の医と教え―』思文閣出版
松田武（一九八一・一九八二）「大阪府仮病院の創設」（一・二）『大阪大学史紀要』一・二

第3章　大学と社会の新しい関係づくりを目指して
―大阪大学21世紀懐徳堂の歩み―

肥後　楽

はじめに

大阪大学21世紀懐徳堂は、「市民を直接のパートナーとし、市民の生活を充実させる資源を提供する活動」＝「社学連携」活動の中核を担う機関として二〇〇八年四月に誕生した。そして、大阪大学と社会を結ぶ窓口として、大阪大学の社学連携活動の中心的拠点として、社会と大学の関係の在り方を模索しながら、今日までの一〇年間大学内外で様々な活動を展開してきた。その活動内容は、市民を対象とした公開講座から、自治体や企業等と連携した体験型イベント、そして学内教職員がよりスムーズに社学連携活動を展開できるためのアンケート調査・支援など多岐にわたっている。

本章では、創設一〇周年を迎える21世紀懐徳堂の歩みを振り返るとともに、この一〇年を通じて展開してきた特色ある活動を紹介する。第1節では、21世紀懐徳堂設立の経緯について、当時の学内広報誌を参照しながら振り返る。第2節では、21世紀懐徳堂の活動内容について、①社学連携活動の情報集約、拠点運営、②特色あるイベントの展開、③学内部局・研究者によるアウトリーチ活動への支援の三つの視点から紹介する。最後に、これからの21世紀懐徳堂の姿について、「連携から共創へ」をテーマに考察する。これらを通じ、大阪大学と社会の関係構築に、社学連携活動がどのような効果をもたらしてきたのかを検証し、これからどのような役割を果たすことができるのか模索したい。

1 21世紀懐徳堂の構想と設立

二〇〇七年八月、大阪大学第一六代総長に就任した文学研究科教授・鷲田清一（当時）が、大学と社会の関係がより色濃く、密になる時代を見据え、社学連携活動を専門とした部署を新たに設置することを宣言した。言うまでもなく、21世紀懐徳堂の名前の由来は、一七二四年大坂に創設された「懐徳堂」にある。懐徳堂は、「五同志」と呼ばれる五人の有力町人が出資し、学舎を提供することによって創設された学問所である。厳格な身分制度が存在した時代に、学生としては武士も町人も「同輩」と規定し、身分に関係なく学ぶことができた懐徳堂は、先進的な教育機関であり、高度な研究組織でもあった。

一八六九年に一旦閉校となった懐徳堂は、明治時代後半の復興運動を経て、一九一六年に再建され、重建懐徳堂となる。中国の古典と日本の古典を中心とした講義、人文科学の高度な内容の定期講演など、市民のための授業が開講された重建懐徳堂もまた、大坂の市民大学として親しまれた。一九四九年、大阪大学に文学部が設立されたことをきっかけに、第二次世界大戦の戦火による焼失を免れた重建懐徳堂の蔵書約三万六千点が大阪大学に寄贈された。現在では、懐徳堂は適塾と並んで「地域に生き世界に伸びる」をスローガンとして掲げる大阪大学の精神的源流と位置づけられている。

社会と大学を結ぶ窓口となる機関に「懐徳堂」の名を冠したことには、どのような理由があったのだろうか。二〇〇七年、総長就任時のインタビューの際、元総長の鷲田清一は以下のように述べている。

（二〇〇八年　筆者注）四月に「大阪大学21世紀懐徳堂」を設置し、社学連携の活動を本格的に始動させます。（中略）「懐徳堂や適塾がこの二一世紀にあれば、どんな学び舎になっただろうか」とイメージして、自らを鍛えつつ、大阪の人が文化的な誇りを回復できる場所にしたいと思っています。（大阪大学 Newsletter No. 39、二〇〇八年三月号）

21世紀懐徳堂の初代学主であった理事・副学長の武田佐知子も、二〇〇八年夏号の Newsletter に掲載された湯淺邦弘（大阪大学大学院文学研究科教授）との対談「「懐徳堂」の学問伝統を二一世紀へ」にて、21世紀懐徳堂の究極の目標を「国際学芸都市大阪を復興させる「大阪ルネサンス」」であると述べている（大阪大学 Newsletter No. 40、二〇〇八年夏号）。

このようなインタビューから、当初の21世紀懐徳堂には、大阪大学の精神的源流である懐徳堂の在り方に則り、大阪大学のみならず広く地域と連携した活動による、大阪全体の文化復興への期待が持たれていたことが読み取れる。

また、大阪大学の社学連携活動は21世紀懐徳堂の設置前から教員個人や部局の単位では行われていたものの、大学全体の情報を集約し学内外に向けて発信することを専門にする機関が存在しなかった。そのため21世紀懐徳堂は、大阪大学全体の社学連携活動を集約し、より強固に発信するというミッションをも課されて誕生した。鷲田は21世紀懐徳堂の目標を次のように述べている。

産学連携に比べて、大阪大学の社学連携は、市民の目から見て今ひとつ全体像が「見えにくい」という印象があったのではないでしょうか。21世紀懐徳堂は、このような従来の大阪大学の社学連携活動の情

報を集約し、市民に分かりやすい形で提供していくことを目的としています。（阪大ＮＯＷ　二〇〇八年四月号）

以上のように、設立当初の21世紀懐徳堂には、大阪大学の精神的源流である学問所「懐徳堂」の精神を踏まえ、大阪の文化発信の担い手となること、そして大阪大学学内の社学連携の情報集約の拠点となることが期待されていた。

二〇〇七年一〇月に、大阪大学21世紀懐徳堂設置準備室が設けられ、21世紀懐徳堂開設のための検討が進められた。そして、二〇〇八年四月、21世紀懐徳堂はスタートを切った。

2　21世紀懐徳堂の特色ある活動

この節では、設立当時から現在まで、21世紀懐徳堂が行ってきた活動について「社学連携の拠点」「学内外と連携したイベント」「学内支援」の三つのキーワードをもとに紹介する。

21世紀懐徳堂は、自ら社学連携のイベントを企画運営するだけでなく、大学の社学連携活動をより活発にするための情報集約・発信、イベントを開催できる学内拠点の運営、社学連携活動の現状と課題のリサーチなど、大阪大学全体の社学連携活動を盛り立てるための様々な活動を続けてきた。これらの活動は大学の社学連携活動にどのような影響をもたらしたのか、また急速に進む大学と社会との新しい関係づくりにおいて、大学内外から社学連携の担当者に何が求められるのかについて、これらの活動とその成果を通じて考察する。

社学連携の拠点として—学内情報の集約と活動拠点の運営—

・大阪大学における社学連携活動情報の集約

21世紀懐徳堂設立と同時に、21世紀懐徳堂はホームページを開設した。このホームページは、「大阪大学の社学連携活動を集約し、わかりやすい形で発信する」という21世紀懐徳堂のミッションを果たすものであり、部局を問わず大阪大学の開催する市民対象講座の情報が掲載されている。二〇一七年度には年間ページビュー数が二四万七千件を超え、大阪大学の社学連携活動を集約して市民に向け発信する基地として確固たるポジションを築いている。

また、21世紀懐徳堂ホームページは、学内の研究者に向けた社学連携活動支援メニューの案内ページとしての役割も担っている。「学内教職員向け」のページでは、「そもそも社学連携活動とは何か？大学教員にとって義務なのか？」という根本的な問題に対する大学の見解や、公開講座、サイエンスカフェ、研究施設公開、プレスリリースなど種々の活動の具

図3—1　大阪大学21世紀懐徳堂ホームページ

体的なイメージの紹介、企画の際に利用可能なサポートメニューの提供など、社学連携活動の実施を考える教職員を包括的にサポートするための情報が網羅されている。

筆者が21世紀懐徳堂で社学連携活動の担当者として日々現場に立つ中で、よく耳にする社学連携活動の壁は「具体的にどのような手順でイベントの準備を進めれば良いのかわからない」、そして「大学の中でどのようなサポートメニューがあり、どの部署が担っているのかわからない」というものである。21世紀懐徳堂ホームページ内の「学内教職者向けアウトリーチ支援情報」には、活動イメージ一覧として、公開講座・シンポジウム・サイエンスカフェなどの実例・ノウハウを掲載しており、「社学連携事業の支援方法」ページでは、会場提供や広報支援など、研究科・部局を問わず利用できるサポートメニューを紹介している。こうしたページの掲載により、「何から手をつけていいのかわからない」「困ったときに、どこに相談すべきかわからない」という最初のハードルの高さが大幅に軽減されたという声は多い。

一方で、大阪大学内でのホームページの認知度が開設から一〇年が経つ現在でもなお十分でないことは大きな課題である。学内各機関と協力して支援メニューの周知を徹底すること、企画者（大阪大学教職員）と参加者の双方にとって見やすいページ作りを探求することが求められている。

さらに、大阪大学の研究者による講演を希望する自治体・学校等に対しては「講師派遣希望手続きのご案内」ページを通じて研究者のコーディネートを行い、大阪大学の研究者への橋渡しをすることで、社会と研究者とをつなぐ窓口の役割を果たしている。

右記のように、21世紀懐徳堂のホームページは二〇〇八年の開設から徐々にその機能を増強し、現在では「大阪大学が主催する社学連携活動の情報集約拠点」、「大阪大学教職員に対する社学連携活動実施の際のノウハウ・支援メニュー紹介」、「講師派遣の窓口」という三つの役割を兼ね備えた、大阪大学の社学連携活動を様々な切り口から知ることができるページとなった。

ホームページ以外にも、21世紀懐徳堂では早くから社学連携関連イベントの広報を目的とした手段の開発が行われた。二〇一〇年には21世紀懐徳堂主催イベントを中心とした社学連携活動を紹介するためのフリーペーパー「21世紀懐徳堂だより」が創刊され、「21世紀懐徳堂メールマガジン」の配信が開始された。「21世紀懐徳堂だより」は年に四～五回発行されるフリーペーパーで、21世紀懐徳堂や関係部局が主催するイベントをまとめて掲載し、北摂の公共施設を中心とした各所に七〇〇〇部程度が毎回配架されている。市民が参加できる大学主催のイベントを一覧にした刊行物の定期的な発行は、大阪大学初の取り組みだった。これらのイベントの定期的な周知は、大阪大学が社会に開かれた大学であることをアピールする一助になっている。

また、「21世紀懐徳堂メールマガジン」は会員登録した読者に向けて大阪大学の様々な社学連携イベント情報を配信するもので、開始年度は三二四名だった登録者が二〇一七年度には二五九六名にまで大幅に増加している。毎週一～二回の頻度で大阪大学の社学連携活動を紹介するメールマガジンは、配信すれば登録者から必ず一定の反応を見込むことができ、他部局からの配信依頼も多い強力な広報ツールに成長を遂げている。

以上のように、21世紀懐徳堂がホームページ、フリーペーパー、メールマガジンによって社学連携活動に特化した広報網を築いたことは、大阪大学の社学連携活動を社会に発信するための大きな成果と言えるだろう。

・社学連携活動拠点の運営

社学連携活動を企画する大学関係者にとって、どのような場所を会場とするのかは悩ましい問題である。「そもそも、どのような場所で開催するのが最適なのか」に悩むのはもちろん、イメージにあった会場を利用するために誰とどのように交渉すべきかがわからないという声や、予算に合った会場を見つけられないという声が多くある。研究・教育・大学運営等日々の業務に加えて、会場選定をはじめとした企画実現に向けての諸調整を行うことは至難の業である。

21世紀懐徳堂は、大阪大学の教職員が社学連携活動の拠点として使用できる会場の管理や、情報の集約を行い、ニーズに応じて紹介している。以下に紹介する三つの会場は、基本的に大阪大学の教職員が社学連携活動のために利用するのであれば無料で使用可能で、これまでに多くの社学連携活動が展開されてきた。

【大阪大学中之島センター】

大阪大学中之島センターは、大阪大学の第三キャンパスとして、二〇〇四年四月に大阪大学発祥の地である大阪市中之島地区に誕生した（二〇〇七年、大阪大学と大阪外国語大学が統合したことに伴い、箕面キャンパスが第三キャンパスとなり、以降中之島センターは第四キャンパスと位置づけられている）。大阪大学の社会貢献の拠点の一つであり、大阪大学の教育・研究に関する情報発信、社会と大学の交流の機能を付与されたこの施設は、設立当初より21世紀懐徳堂と大阪大学の社学連携課が運営にかかわっている。二〇一二年四月～二〇一六年三月まで社学連携課の一部職員と21世紀懐徳堂の特任研究員が中之島センターに常駐した。

中之島センターを会場とした21世紀懐徳堂主催による講座の開催は、社会貢献の拠点として建てられたセンターのコンテンツを充実させ、真に社会貢献の拠点たらしめるという役割を果たした。数ある催しの中でも、特に重要なポジションを占めたのは「大阪大学公開講座」と「Handai-Asahi 中之島塾」という二つの公開講座である。

「大阪大学公開講座」は、一九六八年から続く大阪大学の社学連携活動を象徴する公開講座である。国立大学で最初に公開講座を開講した大阪大学は、名称を変化させながらも二〇一八年の第五〇回講座まで、この公開講座を開講し続けている。二〇〇四年からは会場を中之島センターに移し、大阪大学の基幹講座として「大阪大学の社会貢献の拠点・中之島センター」のブランド創造に貢献している。

「Handai-Asahi 中之島塾」は、二〇〇四年のセンター開設と同時に、21世紀懐徳堂と朝日カルチャーセンターとの共同主催によって開始された公開講座である。中之島センターの草創期より年間二〇講座程度の講座を定期的に開催し、大学の最新の研究知の公開という講座本来の役割に加え、市民のセンターへの定期的な来訪を促すためのきっかけ作りにも貢献している。

図3−2　Handai-Asahi 中之島塾「イヌイトの「野生の科学」　人類の未来への問い」（2017年2月4日）

【21世紀懐徳堂スタジオ】
21世紀懐徳堂は、現在大阪大学会館（旧イ号館）にオフィスを構えて活動している。大阪大学会館は、一九二八年に旧制浪速高等学校の校舎として建てられ、学制改革により大阪大学に移管された大阪大学で最も古い建築物であり、二〇〇四年には国の登録有形文化財（建造物）に指定されている。大阪大学を象徴するこの建物は、創立八〇周年の節目となる二〇一一年に共通教育本館「イ号館」から、社学連携・産学連携・国

図3—3　大阪大学21世紀懐徳堂がおくる、待兼山魅力アップ企画「出土した焼き物から探る、待兼山二千年の文化」（2017年10月14日）

際連携に関する活動の拠点「大阪大学会館」としてリニューアルオープンし、大学と市民の交流の場として様々な活動が展開されている。

この大阪大学会館の一階に、21世紀懐徳堂が運営するスタジオがある。スタジオでは社学連携に関連する授業が開講される他、大阪大学の教職員や公認学生団体が、市民を対象としたイベント開催の場として無料で使用することができる。

特に学生団体からは、本格的な設備を備えたスタジオを無料で使用できることが活動を活性化させると好評を得ており、土日の使用率は年間を通じて非常に高くなっている。また、学生団体による演劇の発表会などの催しは、市民の大学キャンパスへの来訪を促し、大学内での学生と市民の交流の機会を生み出している。

【アートエリアB1】

アートエリアB1は、二〇〇八年一〇月の京阪電車中之島駅開業を機に、なにわ橋駅の地下一階コンコースに開設されたコミュニティースペースである。「文化・芸術・知の創造と交流の場」となることを目指し、大阪大学、京阪ホールディングス株式会社、NPO法人ダンスボックスが協同して多彩な事業を展開している〈1〉。

アートエリアB1で開催される主催事業の一つである「ラボカフェ」は、大阪大学が中心となって実施している対話プログラムで、二〇〇八年一〇月のアートエリアB1開設以来、哲学・アート・サイエンス・最先端研究など様々なテーマを取り上げてきた。

ラボカフェのプログラムでは、アートエリアB1運営委員による企画を実施する他に、大阪大学の教職員が企画を持ち込み実施する「学内公募」も募集している。アートエリアB1に常駐する事務局のスタッフが当日運営のサポートに入る上、月に一回発行されるラボカフェのパンフレット、アートエリアB1のホームページ、フェイスブックなどへの掲載という広報支援を無料で受けることができるため、社学連携活動を初めて行う研究者にとっても挑戦しやすい会場として人気がある。二〇一七年度には、二六件の学内公募プログラムが開催された。

アートエリアB1の学内窓口を担当する21世紀懐徳堂は、学内公募プログラムの受付や、社学連携活動の会場候補として学内教職員に向けアートエリアB1の紹介を行ってきた。利用した教職員からは、「広報の心配がなくプログラムの内容作成に集中できた」「会場に専門のスタッフが常駐しており、企画開催まで細やかなサポートを受けることができた」など、満足の声が多数上がっている。このように、大学外に研究者が気軽に利用できる社学連携のための拠点を有していることは、大阪大学の研究者の社学連携活動に対する心理的・実務的な負担やハードルを下げ、社学連携活動の活性化に大きく貢献している。

特色ある活動

21世紀懐徳堂は設立当初から、大阪大学の社学連携活動の先導者として、公開講座にとどまらないユニークな社学連携事業を周辺自治体・他大学・企業等との連携のもと数多く展開してきた。

これらの事業は、時には社学連携活動への参加を希望する研究者への受け皿として、時には他部局が社学連携活動を企画する際のモデルとして、その役割を果たしながら、社会に向けてより広範囲に、より多彩に大阪大学の研究を発信した。また、これらの事業は学外組織との連携により、大学の単独主催では得られない新たな価値を生み出し、研究者と市民の双方に新たな出会いの場を提供するなど、多様な成果を上げてきた。

以下では、これらの活動の中でも特にユニークな活動をピックアップしその成果を紹介する。

●自治体／他大学／企業等との連携

大阪大学×大阪ガス「アカデミクッキング」―企業との連携―

「アカデミクッキング」は、二〇一〇年に大阪ガスとの連携事業としてスタートした。大阪大学の研究者による講義と大阪ガスクッキングスクールの協力を得て行われる調理実習というユニークな構成が好評を博し、これまで数多くのメディアに取り上げられてきた人気講座である。

この講座は、従来の公開講座の参加者が男性に偏りがちだった状況を、調理実習という新たな視点を加えることによって打破した。また、ともすれば近寄りがたく理解できないもの、日常生活には関係ないもの、と思われがちな「大学の研究」を、料理という日常生活と容易に結びつく分野と融合させることによって、暮らしの中にいかに研究成果が浸透しているかを学ぶ新しい切り口を提供することにもなった。

大阪大学21世紀懐徳堂i-spot講座—自治体との連携—

「大阪大学21世紀懐徳堂 i-spot 講座」は、大阪市との協定に基づき、大阪市都市計画局との共催のもと二〇〇八年一〇月より開講された企画である。地下鉄淀屋橋駅直結の商業施設「淀屋橋 odona」内にあるまちづくりの情報発信施設「アイ・スポット」を会場に、年間一二〜一五講座を開講している。

駅直結の至便な会場で開催されるこの講座は、少人数での開講で講師との距離感が近いことも相まって気軽に大阪大学の研究に触れる機会を提供しており、大学の研究に対する敷居の高さを崩すことに貢献している。

夏休み期間には小学生とその保護者を対象にした小学生対象講座も開講されている。小学生対象講座は学

[上]
図3—4　大阪大学×大阪ガス　アカデミクッキング vol. 53
「油とつきあう化学の力
—毒を除去する不思議なドーナツ!?—」
（2014年11月25日）

[下]
図3—5　大阪大学21世紀懐徳堂 i-spot 講座
「実験！　台所で火山大爆発」
（2017年8月9日）

校の授業の範囲を超えた学問の奥深さを小学生に伝える絶好の機会を作るとともに、保護者の参加によって従来社学連携活動への参加が少なかった三〇～四〇代の参加者層の獲得にも成功した。

また、大阪市都市計画局が管理する「アイ・スポット」における定期的な講座開催は、会場に市民が集い、新しい人や知識に出会う機会を創出し、まさに都市計画局が使命とする「まちづくり」の一端を担うことにもつながった。

図3—6　大阪大学・大阪音楽大学ジョイント企画「月と音楽」（2017年11月23日）

大阪大学・大阪音楽大学ジョイント企画—自治体、他大学との連携—

大阪大学と大阪音楽大学は、ともに大阪府豊中市内にキャンパスを構える大学である。二〇一一年、大阪大学・大阪音楽大学・豊中市の三者の間で、「連携協力事業に関する覚書」が取り交わされた。これをきっかけに、21世紀懐徳堂と大阪音楽大学、そして豊中市が共催しそれぞれの持ち味を生かして豊中市内の文化的クオリティ向上に貢献するための企画「大阪大学・大阪音楽大学ジョイント企画」が誕生した。

大阪大学教員による講義と大阪音楽大学の関係者による演奏を中心に進行するこの企画は、その内容ゆえに「演奏会には行ったことがあるが大学の公開講座には参加したことがなかった」、逆に「大学の公開講座には参加していたが音楽関係のイベントに行くことが少なかった」というどちらの市民にも参加しやすい企画となっている。参加した市民からは、毎年「二大学が連携している事業ならではの面白さがある」と好評を得ており、大学の研究を新しい形で社会に拓く事業であると言える。

また、本事業は基本的に豊中市が主催する「とよなか音楽月間」の期間中に開催されている。豊中市全体が一丸となり「音楽のまち・とよなか」を盛り上げていこうという主旨で開催される一連の事業に対し、その一員たる二大学の資源でもって豊中市の新たな文化的魅力を創出し、地域振興に貢献している。

とよなか魅力アップ助成金採択事業の展開—自治体交付助成金による新事業—

21世紀懐徳堂は、豊中市による都市の魅力の創造・まちの活性化・豊中市の都市ブランドの向上を目的とした活動に対する助成金「とよなか魅力アップ助成金」に応募し、二〇一七年、二〇一八年の二年にわたって採択された。

採択された事業「待兼山魅力アップ企画」は、大阪大学豊中キャンパスの位置する豊中市待兼山の自然史的・歴史的・文化的魅力に改めて焦点をあて、その魅力を積極的に発信すること、事業を通じて大学と市民の交流の場を生み出し、新しい魅力を待兼山に創出することによって、豊中市の新たなランドマークの創造に貢献することを目的としている。

この事業では、遺跡、マチカネワニ化石などをテーマにした待兼山に関連するサイエンスカフェを開催した他に、待兼山を紹介するフリーペーパーを作成した。豊中市の魅力的なランドマークとなるポテンシャルを有し、現在大阪大学豊中キャンパスが所在する待兼山という特徴ある地域を大学の様々な研究成果とともに紹介するこのフリーペーパーは、地域の図書館等の施設や大阪大学のオープンキャンパスにおける大学紹

図3—7　大阪大学21世紀懐徳堂シンポジウム—街育てvol.3「大阪万博四〇周年の検証」（2010年12月12日）

介媒体として好評を得ており、発行から一年足らずで三万部を配布した。

・大阪文化の発信

大阪大学21世紀懐徳堂シンポジウム（二〇〇八年〜二〇一〇年度）

二〇〇八〜二〇一〇年に開催された「21世紀懐徳堂シンポジウム」は、「街育て」をテーマに、大阪のまちづくりについて大学内外のゲストが出演し、聴衆とのより密接なディスカッションを目指すタウンホールミーティングの形式で実施された。

「地域に生き世界に伸びる」をモットーとする大阪大学が、世界的な研究の成果でもって地域のまちについて多彩な視点で市民とともに考えるこのシンポジウムは、21世紀懐徳堂の主催事業の中で最も力を入れて開催する企画と位置づけられた。

中でも特筆すべきは、二〇一〇年一二月に開催されたシンポジウムである。二〇一〇年が大阪万博四〇周年の節目の年であることから、「大阪万博四〇年の検証」をテーマに、大阪万博が大阪や日本にどのような影響を与えてきたかを多彩なパネリストによるディスカッションで考察した。一九七〇年万博の会場となった万博記念公園がある吹田市にもキャンパスを構える大阪大学が、吹田市の象徴的な出来事である一九七〇年万博を取り上げ、四〇年の節目にその歴史を検証したことは、大学による地域貢献・地域振興として各紙に取り上げられ、大きく評価された。

大阪大学21世紀懐徳堂塾「OSAKAN CAFÉ」

「OSAKAN CAFÉ」は、大阪が生んだ文化や科学を掘り起こして地域に発信し、「ともに学び、ともに考える」を目的として実施したプログラムである。二〇一三年から二〇一六年にかけ全八回にわたって開催され、「大阪テレビ」「織田作之助」「文楽」「音楽」など、毎回様々な分野について大阪がリードしてきたこと、大阪で一番のものを取り上げ、大阪大学の研究者と各界のゲストが対話を繰り広げた。

大阪の出来事や人物について、多彩なゲストとともに大学が紹介するこのプログラムには、「大阪に暮らしていながら知らなかった文化に触れることができた」「新しい世界に触れることができた」など驚きの声が毎回寄せられ、いずれの企画も定員を超える申込がある人気企画となり、関西地域の市民が地元・大阪に対していかに大きな関心を持っているのかを改めて実感する機会となった。また、最新の研究成果や、ゲストから寄せられた資料を基にした展示の中には、その貴重さから大学外への貸出の依頼が寄せられたものもあった。

「大阪に暮らす人々さえ忘れかけていた大阪の姿の紹介」「大阪の文化の新しい切り口での紹介」に意欲的に取り組んだ一連の企画は、「大阪文化の復興」を掲げて出発した21世紀懐徳堂が行うにふさわしい役割を果たした。

・東日本大震災とSQALF（大阪大学21世紀懐徳堂東日本大震災プロジェクト）事業

二〇一一年三月一一日、東日本大震災が発生した。未曾有の大災害を受け、21世紀懐徳堂は大阪大学21世紀懐徳堂東日本大震災プロジェクト＝ＳＱＡＬＦを立ち上げ、二年間を通して学内の様々な専門家の助けを得て複数の事業を展開した。

ＳＱＡＬＦとは、Symposium, Q&A, Lecture, Future の頭文字をとった言葉で、21世紀懐徳堂が東日本大震災を受け「大学がこの未曾有の災害に対してどのように向き合い、社会に貢献できるのか」という問いに対して展開した一連のプロジェクトを示す言葉である。

この震災は21世紀懐徳堂にとって、大阪大学が改めて社会に向けて何をどのように発信すべきか、大学が社会に向けて何ができるのかを考え直す大きなきっかけとなった。

大阪大学【緊急】シンポジウムの開催（S＝Symposium）

大震災の発生から約一ヵ月後の二〇一一年四月二九日、21世紀懐徳堂は「大阪大学【緊急】シンポジウム『震災の今とこれから―私たちは何ができるのか―』」と題したシンポジウムを開催した。大阪大学の各分野の専門家の見地から最新の情報が語られるとともに、甚大な被害を被った東日本大震災に対して一人の市民として何ができるのか、そして大阪大学人がどのような「英知」を差し出せるのか市民の方々と一緒に考え、発信することを目指したものであり、約三〇〇人の参加者が集まった。

21世紀懐徳堂ＨＰ上での質問受付・回答公開（Q＆A）

大阪大学【緊急】シンポジウムの開催直後、21世紀懐徳堂のホームページにＳＱＡＬＦの特設サイトが立ち上げられた。このサイトでは、シンポジウムの開催中に答えきれなかった質問や、シンポジウムの後で生じた疑問に対し、それぞれの分野の研究者が回答し、その答えを一般公開することで大学の知を市民が共有することを可能にした。二〇一一年六月から八月末にかけてメールにて質問等の受付が行われ、「地震」「原子力」「放射能」「ボランティア」「コミュニティ再生」「まちづくり、都市計画」など、東日本大震災を通じて浮かび上がった現代日本の諸問題に対する市民の疑問が寄せられた。質問に対しては各分野の研究者が回答を寄せ、広く社会に向け今まさに求められている大学の知を公開する一助となった。

公開講座の開催（L＝Lecture）

大阪大学は数ある国立大学の中で、初めて総合的な公開講座を開催した大学である。四三回目の公開講座の開講となった二〇一一年は、全体テーマを「ここから拓く未来」とし、震災・復興に関する講座を一四講座開講した。東日本大震災に対し、「大阪大学の知がこれからの未来をどのように拓いていくことができるのか」をテーマに開講した公開講座には、のべ五〇〇人以上の受講者が参加した。

また、この講座に寄せられた意見を公開し、大学に対して市民が寄せる要望や期待を共有することで、市民・大学の双方が大学に求められる価値について自覚する場を作った。

復興の未来へ（F＝Future）

震災発生から約一年後の二〇一二年三月には、SQALFが立ち上げられた一年を総括する企画と位置づけ大阪大学シンポジウム「日本、いまから・ここから」を開催した。大阪大学の各分野の専門家が日本のこれからについて提言し、大阪大学人がどのような「今から」の日本を創る英知を差し出せるのか、市民とともに考え社会に向け発信するシンポジウムには、約四五〇人の参加があった他、ネット配信により多数の観覧者を得た。

二〇一二年度に開催された第四四回大阪大学公開講座（「21世紀懐徳堂講座」から改称）は、二〇一一年度に引き続き震災を踏まえて未来を考える「暮らしと科学技術の未来図」が共通テーマとして設定され、「これからのエネルギーを考える」「暮らしと減災を考える」の二つのサブテーマのもと一五講座が開催された。

二〇一三年三月には「音楽の力、音楽の無力」と題した公開講座が開催された。大阪大学会館に導入されている一九二〇年製のグランドピアノの演奏と大阪大学教員・学外の専門家による対話によって、「被災・災害等に際して音楽に何ができるのか」「音楽の力とは何か」という問題が考察された本公開講座では、このシンポジウムのための書き下ろしの楽曲が披露され、「音楽の力」というテーマに正面から向き合う迫力ある議論が行われたことに対し、三〇〇名以上の参加者から大きな反響があった。

二〇一三年三月に、一定の役割を果たしたとしてＳＱＡＬＦの事業は終了した。

東日本大震災とこれに伴うＳＱＡＬＦとしての一連の活動は、「大学の知をどのように社会に還元すべきか」という問題について、21世紀懐徳堂が改めて考える大きな転機となった。ＳＱＡＬＦのプロジェクト期間は、今まさに起こっている社会問題に対して、大学の研究知の貢献がどれほど求められているのか、社会からの大学への期待の大きさを実感する期間でもあった。

現代の社会問題に対して大学がどのように取り組み、その英知を社会へ還元できるかという問いは、21世紀懐徳堂にとっては大学と社会の対話の場をどのように創造できるのかという問いにも通じる。ＳＱＡＬＦでの一連の活動は、研究者の負担をできるだけ少なく、社会への発信力をできるだけ強く、そして活動が一過性のものでなく持続して社会に影響を与え続けられるものとなるために何が必要なのか、自らに改めて問うことにつながった。

大阪大学のアウトリーチ活動の集約拠点として

二〇一〇年六月、内閣府・科学技術政策担当大臣より「国民との科学・技術対話の推進について（基本的取組方針）」が発表された。これを受け、従来の「社会と大学の窓口」「学内の社学連携活動の集約と支援」

というミッションに鑑みて、21世紀懐徳堂がアウトリーチの担当窓口となった。このことにより21世紀懐徳堂には、従来から担ってきた大阪大学の社学連携活動情報の集約拠点という役割に加えて、教員の社学連携活動＝アウトリーチ活動を積極的に支援するための仕組みづくりと現場調査の窓口という役割が新たに加わった。

右記の基本的取組方針が発表された二〇一〇年六月から二〇一六年三月までの約六年間に、大阪大学のアウトリーチ活動の現状に関して合計三回の報告書が発表され、21世紀懐徳堂は大阪大学のアウトリーチ活動をより強固に推進するためのエンジンとしての役割を果たした。

二〇一〇年一二月から二〇一一年二月にかけて、大阪大学の教員のうち、「二〇〇九年度に一件あたり年間三〇〇〇万円以上の公的研究費の配分を受けている者」を対象にアンケートが実施された。このアンケートは「国民との科学・技術対話」の実施状況を明らかにすること、「国民との科学・技術対話」に関する研究者の意識や支援ニーズを把握することを目的としたもので、期間中に約一〇〇人の回答を得た。調査の結果、「『国民との科学・技術対話』を既に実施した／実施する予定がある」という回答が七五％以上を占め、「対話活動をしない」と回答した者がむしろ少数派であった一方で、21世紀懐徳堂や関係部局に求める支援を問う設問に対しては「大学全体としてサポート（広報、実施運用）を行う部署があればありがたい」「学内会場の利用方法についてマニュアル化してほしい」「広報、当日運営の支援をお願いしたい」といった声があり、教員のアウトリーチ活動を推進するためには、アウトリーチ活動の支援を専門とする機関が必要であること、そもそもアウトリーチ活動を開催するにあたり、学内にどのような支援があるのか情報が行き渡っていないことなど、大阪大学内での問題が浮き彫りになった。

この調査結果を受け、研究者のアウトリーチ活動の支援と大阪大学のアウトリーチ活動の一層の発展を目的として、21世紀懐徳堂が中心となり二〇一二年四月にアウトリーチの関連六部局（21世紀懐徳堂、広報課、

図3−8　21世紀懐徳堂が主催する社学連携イベントの広報物

クリエイティブユニット、コミュニケーションデザイン・センター、総合学術博物館、大型教育研究プロジェクト支援室）の代表者によって構成された「アウトリーチ支援チーム」が立ち上げられた。二〇一二年八月には広報・社学連携担当理事の裁定により、理事補佐二名とアウトリーチ活動支援に携わる六部門の実務担当者九名からなる「大阪大学アウトリーチ戦略WG」が発足し、さらに二〇一四年九月にはアウトリーチ活動のより良い発展に向けた検証、評価方法の開発を目指す「アウトリーチ活動研鑽チーム」が編成された。

これらの一連のアウトリーチ活動の発展を目指した活動の中で、21世紀懐徳堂は支援の窓口として実務の中心的な役割を担った。二〇一一年八月には大阪大学アウトリーチWEB、二〇一二年四月にはアウトリーチ支援メニューカタログが作成された。アウトリーチ活動を計画する教員に対してどのような支援が可能であるのか、またアウトリーチ活動を企画する際にどのような手順で計画を進めなければならないのかなど、基本的な情報を網羅したこれらの媒体は、アウトリーチ活動を計画する研究者に支援情報を告知しただけでなく、研究・教育と並ぶ研究者の義務となった社会貢献活動そのものについて学内に周知する役割も果たした。

これら「アウトリーチ研鑽チーム」・「アウトリーチ支援チーム」では、大阪大学の教職員がアウトリーチ活動を推進するために今どのような支援が求められているのか、より系統的に大阪大学のアウトリーチ活動を展開し、社会に大阪大学の研究成果を多様に発信するためにどのような仕組みが必要なのか、現在行われているアウトリーチ活動をより良いものに発展させるためにはどのような検証システムや評価制度が必要とされているのかなど種々の問題に関する検討が重ねられた。その成果は、二〇一八年度現在まで続く21世紀懐徳堂による学内研究者への様々な社学連携活動支援メニューに継承されている。

教職員が社学連携活動を思い立った際、普段の業務とは異なる役割の多さにとまどうことも多い。21世紀懐徳堂は、教職員が初めて社学連携活動を実施する際、より円滑に活動を進めるためのサポートとして広報支援、代理入力という二つの支援を実施している。

図3—9　第三回大阪大学21世紀懐徳堂シンポジウム「大阪大学外国語学部がめざす外国学—言葉とともに、箕面とともに—」（2018年3月1日）

広報の支援としては、北摂の公共施設や大阪大学付近を中心とした各所へのチラシの発送・配架、21世紀懐徳堂ホームページでの告知、21世紀懐徳堂メールマガジンでの告知という三種類のサポートを行っている。チラシは約二〇〇〇箇所に配架可能、メールマガジンは約二六〇〇人に情報を周知することが可能であり、広報活動面での研究者の労力を大幅に削減している。

また、代理入力とは、主に大阪大学の公式ホームページから情報を収集し、研究者個人の情報ページである「大阪大学研究者総覧」に研究者の代理で社学連携活動の実績を入力するシステムである。研究者にとっては「実施した社学連携活動の情報整理の手間が省ける」というメリットがあり、全学的には大阪大学の研究者が行う社学連携活動の情報を集約・発信できるというメリットを生んでいる。二〇一四年一二月より運用を開始し、二〇一八年九月現在約一九〇〇件の情報を入力した。

これらの支援は、大阪大学の研究者が「一般の市民に対して教育実践や研究活動にかかわる成果を提供する」というアウトリーチ活動の本来の目的に集中する一助となり、研究者の負担を減らしつつ社会へ研究の意義・成果をより強力に発進する道を開いている。

3　連携から共創へ―社学共創本部の設立とこれからの21世紀懐徳堂―

二〇一七年八月、21世紀懐徳堂は社学共創本部の一組織として新たなスタートを切った。社学共創本部は、大学の研究教育に社会の声を一層反映させ、大阪大学の社会への貢献をさらに加速させるべく二〇一七年八月に新たに設置された組織である。設立以前から大阪大学の社学連携活動を牽引してきた21世紀懐徳堂、総合学術博物館、適塾記念センター、アーカイブズの四組織を母体にして、大学の研究教育を「社学共創」の視点と結びつけ、地域社会の諸課題の解決に向けた活動を展開することを使命としている。

社学共創本部の設立に先立って、二〇一七年度の一年間、21世紀懐徳堂は三回にわたり「21世紀懐徳堂シンポジウム」を開催した。

このシンポジウムは、社学連携から社学共創への進化の年である二〇一七年に、大阪大学のこれまでの社学連携活動を内外のゲストとともに検証し、今後の社学共創をより広く・より深く発信することを目的に企画された。設立以来、大阪大学内外の様々な機関と連携し、大阪大学の研究と社会をつなげるための場を生み出してきた21世紀懐徳堂が、大学と社会のより良いつながり方について、大学を取り巻く様々な関係者をゲストに迎え対話を通じて考えるものである。

第一回は「地域劇場の未来」、第二回は「大学ミュージアムの未来」、そして第三回は「大阪大学外国語学部がめざす外国学」と題して、大学内外の組織と地域とのつながりの現状や、大学と地域との共創により生み出される可能性について「劇場」「文化」「博物館」「外国語教育」など多様な視点から語り合った。

一般市民を対象とした社学連携活動は、通常大学の研究成果を発信する目的で行われるが、このシンポジウムは大学の社学共創活動そのものをテーマとし、大学内外のゲストがこれからの大学と社会の交わり方について市民の前で市民とともに考える場を創造した。

21世紀懐徳堂シンポジウムの「大学の社学共創活動そのものを検証する」「大学の社学共創活動が生み出す可能性を考える」というコンセプトは、社学共創本部の新しい主催事業である社学共創連続セミナーに受け継がれている。

おわりに

本章では、大阪大学21世紀懐徳堂の一〇年間の活動について、振り返ってきた。

21世紀懐徳堂は、大阪大学の精神的源流である学問所「懐徳堂」の精神を踏まえ、大阪文化発信の担い手となるとともに、大阪大学の社学連携活動をより強力に展開すること、また部局を問わず社学連携活動の情報を一箇所に集約し、市民にわかりやすい形で提供することを目的として設立された。

右記の目標を達成し、「地域に生き世界に伸びる」のスローガンを掲げる大学として社会とのつながりをより強固にするため、ホームページ等を通じた情報の集約・発信、社学連携拠点の運営、大学外の様々な機関と連携した特色ある社学連携活動の実施、社学連携活動を企画する研究者の支援など、様々な取り組みを続けてきた。

二〇一七年八月に大阪大学社学共創本部が、そして二〇一八年一月に大阪大学共創機構が新たに設置されたことに伴い、大阪大学における社学共創が果たす役割は拡大していくことが予想される。中でも、21世紀懐徳堂がこれまで実施してきた「社会と大学の窓口」としての様々な活動は、今後より一層大学内外から求められるだろう。

しかし、大阪大学全体の社学連携活動を担うためには、21世紀懐徳堂の構成員はあまりにも少なく、大阪大学が社会から求められている期待や社会との共創活動を望む研究者からの要望に十分に応えきれていないというのが実状である。地域の一員としての大学の役割が社会に大きく問われている今、大学から社学共創の風をより強く、広く社会に向けて吹き込むために、大学の社学共創の体制がさらに充実したものとなることが望まれる。

「社会と大学の窓口」という21世紀懐徳堂の役割を果たすためには、大学外の様々なステークホルダーとのつながりを構築・深化させることはもちろん、大学内の社学連携活動の現状を正確に把握し、大学内での横のつながりを強化することも同様に求められる。まずは大学内各部局の広報担当者・社学連携活動の実務者と今まで以上に緊密に連携することにより、大学内の社学共創活動に対する機運の向上を図りたい。

さらに、大学の研究教育の成果を発信するという従来の役割から一層発展して、社会との共創を進め新たな価値を創出するためには、既存の考えに囚われることなく、大学と社会の双方に気を配りながら豊かな発想で多様な共創の在り方を模索することが求められる。21世紀懐徳堂は、多様な他者とつながり、新しい価値を創造する社学共創の最前線で、今後とも社会と大学が接する最前線に立ち、「社会から大学に何が求められているのか?」「大学関係者が社会にその研究知を還元するために何が求められているのか?」双方のニーズを汲み取りつつ、両者をより快適に、多様に、密接につなげるミッションを果たし続けたい。

注

〈1〉アートエリアB1の活動の詳細については、第6章を参照。

〔参考文献〕

脇田修・岸田知子(一九九七)『懐徳堂とその人びと』大阪大学出版会

湯浅邦弘(二〇一六)『懐徳堂の至宝—大阪の「美」と「学問」をたどる—』大阪大学出版会

第二部

人々と生きる

第4章　思想的運動としての臨床哲学という社学共創

はじめに

一九九八年四月に、従来の哲学講座「倫理学」教室（正式には、学部は「専修」、大学院は「専門分野」をつけて呼ばれるが、ここでは通称としてまとめて「教室」としておく）からの改称により、大学院文学研究科文学形態論専攻「臨床哲学」教室が発足し（ただし、学部は「倫理学」のまま）、今年（二〇〇八）年は、それからちょうど二〇年が経ったことになる。発足に先立って鷲田清一は、「臨床哲学事始め」（倫理学研究室　一九九七、一―四頁）において、「《臨床哲学》ということで、わたしたちは、ひとびとの「苦しみの場所」、つまりは社会の臨床的な場面（「社会のベッド・サイド」とも）に哲学的思考を差し込む試みを考えています」と述べ、それは、「哲学が大学という研究機関の外部に出てゆく」ということだと述べています。そこから始まった臨床哲学の活動は、今日の言葉で言えば、社学連携あるいは社学共創（以下は、社学共創に統一）と呼ぶことができよう。ここに二〇年間の「思想的運動」（中岡成文）としての臨床哲学の活動を振り返り、その経緯と課題、今後の展望について報告し、考察することにしたい。

本章は、二つの節から成っている。第1節は、ほんまなほが、臨床哲学教室発足時から、途中でコミュニケーションデザイン・センター（現在は、ＣＯデザインセンター）に移籍してからも、臨床哲学の活動に二〇年間を関わり続けてきた立場から執筆する。第2節は、浜渦辰二が、臨床哲学教室が発足して一〇年後の二〇〇八年に静岡大学から転任して来て、臨床哲学の活動に一〇年間関わったのち、二〇一八年三月をもって定年退職を迎えたという立場から執筆する。それぞれ異なる視点・角度から臨床哲学の活動を描くことによって立体像が浮かび上がってくることを期待している。

（浜渦辰二）

1　だれとして、だれのまえで

ほんまなほ

一九九〇年代のなかば、鷲田清一は西洋思想の紹介や解釈に明け暮れる日本の哲学・倫理学者たちを批判し、だれとして、だれのまえで哲学するのか、を問う「臨床哲学」を提唱した。「臨床哲学とはなにか」という定義や本質論から出発するのではなく、だれとして、だれのまえでという状況がまず問われていることに、いまを生きる哲学者としての鷲田のある決意があらわれているといえるだろう。

わたしが臨床哲学の試みということで、まず〈場所〉にこだわるのは、「臨床」という、人びとの「苦しみの場所」とでもいうべき場所において、わたしが、名前をもった特定のだれかとして、別のだれかある特定の人物にかかわってゆくことになぜ、哲学的思考が格別の意味をもちうるのかが示されなければ、臨床哲学などは必要なく、ただ臨床的行為があれば足りるからである。」（鷲田　一九九九、五三頁）

この数十年の世界的動向として、先端医療技術や情報化社会など、現代社会に生じるさまざまな問題について積極的に関わっていく応用哲学的な試みはめずらしいものではない。そのなかにあっても、わたしがだれかとして、別のあるだれかにかかわってくゆくことがなぜ、哲学とむすびつくのか、というラディカルな問いは現在もなおその新鮮さを失っていない。一九九八年に大阪大学大学院文学研究科に「臨床哲学」が専門分野として設けられる前後から、鷲田を含む教員、学生・大学院生、卒業生・修了生、臨床哲学に関心をもつそれ以外のひとたちがこの問いについて考えつづけ、さまざまに意見を交わし、二〇年を経過した現在でもこれを問いつづける営みは終わっていない。問いが終わらないということは、答えの見つからないまちがった問いである、ということを意味するのではない。むしろ、それだけ年月をかけても問いつづけるに値する問いであり、それどころか、はるか昔から問われていた問い――近代に整えられていった大学という研究教育制度のなかで「哲学」がディシプリンとして形成されていくなかで忘れられていた問いが思い起こされた、というべきではないだろうか。

このような大げさなことから始める理由は、この問いが臨床哲学と呼ばれる特殊な専門分野に閉じるものではなく、知と社会の関係をみつめなおす重要な出発点になりうると考えるからである。以下において、大阪大学で生まれた臨床哲学の対話活動のひろがりを記していきながら、哲学と社会のあいだに生まれつつあるあたらしい関係を確認し、さらにひろくは、哲学に限らず大学における専門研究にとって対話がどのような意味をもつのかについて、わずかながらの手がかりをみつけることを試みたい。

哲学プラクティスとの出会い

臨床哲学の教員と大学院生たちが、だれかのまえで対話するということにはじめて足を踏みいれたのは、臨床哲学が専門分野としてはじめられて間もないころだった。鷲田とともに臨床哲学をはじめた中岡成文は、哲学を社会のさまざまな場所で活かそうと試みる日本以外のひとたちと連携すべきと考え、「哲学カウンセリング」や「（ネオ）ソクラティク・ダイアローグ」と呼ばれる欧米を中心とする哲学者たちの社会的活動に注意を向けていた。おりしも一九九〇年代の後半は、一九八〇年代に各地ではじめられた諸活動が発展し、世界各地のさまざまな哲学実践者が国際会議に集まり、国際的な交流を通して議論が活性化していた時期でもあった。わたしたち教員や大学院生はそうした会議に参加することで、文献や資料だけでは知りようのない、哲学者による対話の実践にじっさいに触れる機会をもつことができた。従来の人文学の研究とはことなり、調査などを通して知識としてまとめるのではなく、じっさいに研修を受けてみるなど、その実践をわが身で体験し、じぶんたちでやってみるほかなかったのだ。

「哲学プラクティス（カウンセリング）」[1]とは、哲学者たちが大学などの教育研究機関ではなく街中に相談所を開業し、そこを訪れるひとたちと対話する営みをさしている。しばしば誤解されるが、ドイツ語の"Praxis"や英語の"practice"は、たんなる「実践」ではなく、開業や営業を意味している。定期開催される国際会議（International Conference on Philosophical Practice）の初代会長を務めたゲルト・アーヘンバッハは、心理カウンセリングとは違って「問題解決」を目指すのではなく、ただ語りあうことを通して、語られることがらの意味を探究していくことに力点をおいていた。"Lebensberatung"の伝統のあるドイツ語圏とはことなり、アメリカやカナダなど北アメリカでは、むしろ心理カウンセリングのオルタナティヴや発展形として捉える研究者（ルー・マリノフ、ピーター・ラービ）もおり、哲学プラクティス／カウンセリングの実践は一枚岩ではなく、それぞれの哲学者が置かれている歴史文化的状況のなかでつくられていく多様なものであることがわかる[2]。

こうした哲学プラクティス／カウンセリングの特徴のひとつは、哲学を学んだ者たちが哲学教育や研究者として大学に勤めるのではなく、哲学者として社会で開業して独自の仕事をはじめている点である。アーヘンバッハを筆頭に、ラン・ラハヴ、シュロミート・シュースター、オーラ・グルエンガルト（イスラエル）、カリン・ムリス、イーダ・ジョンクスマ、ドリス・ベーレ、ピーター・ハーテロー（オランダ）、アンダース・リンドセット（ノルウェー）、オスカル・ブルニフィエ（フランス）など、わたしたちが国際会議で出会った実践者たちは、それぞれの理論や方法論を背景にもちつつも、固有名をもった哲学者としてだれか（多くの場合「クライアント」と呼ばれるが、この呼び名についても実践者によって意見が分かれる）と対話をつづけている。対話の形態はさまざまであり、個人相手の相談もあれば、会社や病院などの組織内でのスタッフのためのコンサルテーションであったり、クライアント相手のグループ・カウンセリングであったりする。いずれにせよ、大学研究者、精神科医や心理療法士などの資格制度とことなって、哲学プラクティス／カウンセリングは、彼女ら、彼らのように固有名をもち、「だれ」という人格をもって対話の活動をすることに大きな意味がある。

大阪大学の臨床哲学では、こうした実践の多様性に触れながら、教員と大学院生による対話活動をはじめ、対話セミナーや対話のためのプログラムをすこしずつ展開していった（カフェフィロ　二〇一四）。また、対話の実践を学ぶための授業科目や学外活動を二〇〇二年から展開し、多くの学部生・大学院生・社会人学生がこれらに受講・参加し、卒業あるいは修了後に学んだことをそれぞれの社会活動のなかで活かしている。大学院修了後に大学教員になる者もいるが、多くの卒業生と修了生は、中学校・高校教員などの教育関係、看護師、理学療法士などの医療福祉関係、公務員など、さまざまな職業や社会活動のなかでそれぞれの〝臨床〟に取り組むなど、従来の研究者・専門家の養成とはことなる大学院教育のあたらしいかたちを模索しつづけている。なかでも、海外での動きと連携しながら、哲学教育とは一線を画したこどもたち・若者との対話の学びを探求する「こどもの哲学」は、デイヴィッド・ボームやパウロ・フレイレらの思想と深くかかわりをもちながら、学校の内外で近代教育のオルタナティヴを提示しようとしている（高橋・本間　二〇一八）。また、ごく少数ではあるが、大学院の修了者のなかには、海外の例のように「フリーの哲学者」として哲学プラクティス／カウンセリング（哲学相談）を起業し、仕事にする者もいる。表立って「哲学者／哲学プラクティショナー」の看板を掲げるかどうかは別として、哲学の対話を社会のそれぞれの現場において浸透させていくことにおいて、こうした卒業生・修了生の活躍は大学の研究者を輩出すること以上に大きな意味をもつと考えられるだろう。いま目の前の問題を解決するために新たな資格や専門職をつくることよりも[3]、教員であれ、医療職であれ、援助職であれ、現在のひとびとに直接関わって対話しようとするひとたちが学ぶことができるためのプログラムが重要であることを、この十数年にわたる大阪大学における教育・社学連携活動のなかでわたしたちは強く認識するようになった[4]。

じっさい、対話のために学ばれるべきことはプログラム化され、実践者になるためのカリキュラムも用意されてはいる[5]。しかし、現在の日本ではそもそも「カウンセラー」が独立した職業として成立することが容易でない状況にあるため、哲学プラクティス／カウンセリングの資格化に向けた議論をはじめることは時期尚早といえるだろう。しかし、二〇一八年には「日本哲学プラクティス学会[6]」が設立されたことをきっかけに、今後、対話の実践に関する制度化と資格化の是非についても議論されることが予想される。海外の哲学プラクティス／カウンセリングの実践者のあいだでは、実践者養成のために「資格化」をめざすべきかという点について意見が大きく分かれ、国際会議の初期から現在に至るまで決着には至っていない。心理カウンセラーの需要が高い北アメリカでは、アメリカのマリノフ、カナダのラービなどにより、実践知の体系化と資格化が進められている。その影響のもとで、韓国でも深刻化する自殺や家庭問題などの解決のために哲学カウンセラーを養成する国家的プロジェクトも進行しており、わたしを含む臨床哲学の教員も国際的な協力関係を結び、カリキュラム開発などに関して意見交換をおこなっている。

哲学カフェのひろがりと課題

日本において哲学者による対話の活動が知られるようになったきっかけのひとつが、現在では一般的なことばとなった「哲学カフェ」である。もともと哲学カフェとは、フランスのマルク・ソーテラが一九九二年にはじめた街中のカフェテリアでの討論会を指し、二時間程度、哲学者がその場に集まった参加者と順に討議を重ね、さいごには哲学者がまとめをするというものだ。このフランス発の哲学カフェは「〝はじめて〟とは？」などやわらかいテーマを出発点にするにせよ、討議の場であり、そもそも対話や相互理解をめざす活動ではない（ソーテ　一九九六）。わたしをふくむ臨床哲学のメンバーは、このフランス流の哲学カフェを参考にせずにじぶんたちの流儀でやることにし、さまざまな声を聴いて相互理解をめざす対話の場所を「哲学カフェ」という名称ではじめた。専門知識を必要とせず、話しやすいテーマを選び、自由におしゃべりするだけで、とくにまとめたり、結論を求めたりはしない。わたしたちは二〇〇〇年からこの流儀の哲学カフェを大学以外のさまざまな場所ではじめたが、最初のころは社会での認知度もたいへん低かったため、活動の意義を理解してもらうのがむずかしく、喫茶店などの場所探しにも苦労した。また、当時は哲学研究者に奇異の目で見られることも少なくなかった。専門知識を前提にせず、だれとでも話してみる、ということに多くの研究者は尻込みをしたのだ。

　わたしたちが目指したのは、わたしたちの日常生活について、その日常生活からかけ離れないことばづかいで語りあい、あたりまえに見える生活にひそんでいる〈わからないこと〉を掘りおこし、それを見つめなおしてみる、ということだ。哲学の営みが他の学問や日々の習慣とことなるのは、この〈わからないこと〉を解いてみたり、あたらしい知識で補ったりするのではなく、ありのままに見る訓練をつむ、という点にある。これについては、歴史上のさまざまな哲学者たちが古今東西を問わず、さまざまなしかたで実践し、それについての書き物を残している。たとえば、二〇世紀の哲学思想では現象学もそのひとつといえるだろう。しかし、哲学研究が近代の大学において制度化されていくなかで、研究者は哲学者の書き物を理解し、解釈することばかりに専心し、じぶんでそれをやってみる、ということをおろそかにしてきた。哲学カフェとはそれをじっさいにやってみる場所であり、ひとりではむずかしいことを、なかまたちの助けを得ながらいっしょにやってみる、という自助的なサークル活動だといえる。〈7〉

二〇〇〇年前半では、「哲学カフェは日本に定着するのか?」というぐあいに、ものめずらしいものとして新聞になんどか取り上げられることもあった。ところが二〇〇五年ごろを節目に、日本社会の都市部を中心に「居心地のよい場所としてのカフェ」、「サードプレイス」（仕事場を第一、家庭を第二とする第三の場所）などをキャッチフレーズにするいわゆるカフェブームが到来し、カフェの場を利用したイベント開催も増えてきた。またおなじころ、哲学カフェのイギリス版であり、市民と専門家が対等に話しあう場としての「サイエンスカフェ」が、日本では科学研究者がわかりやすく科学技術を説明することを目的にしたアウトリーチ活動の名称として、イギリスとはことなる文脈で普及しはじめた。〈8〉「カフェ」という名称が、たんなる飲食の場としての意味だけでなく、「ひとが集まって交流する場」として象徴的に理解されるようになり、臨床哲学に関心をもつひとたちによる地道な努力がつづけられるなかで、哲学カフェはすこしずつ社会に浸透しはじめ、哲学カフェをやってほしい、という声もふえてきた。しかし、大学の「研究室」は教育と研究のための組織であり、社会活動を推進する母体になることはできない。このジレンマについて臨床哲学のメンバーは議論を重ね、社会で対話をすすめる活動に本格的に乗りだすためには、別の組織を大学の外につくる必要があると考え、「カフェフィロ Café Philo」という任意団体を発足させた。このカフェフィロは日本ではじめての哲学の対話を実践する者たちのアソシエーションであるとともに、対話をボランティアあるいはビジネスとしてさまざまなひとたちを相手に展開していくパイオニア的役割を負うことになった。とりわけ、単独の職として自立できるかどうかは別として、社会のなかで哲学者として対話を仕事にするということを実現させていった意義はけっして小さいものではない。

カフェフィロの活動と並行して、大阪大学には二〇〇五年にコミュニケーションデザイン・センターが発足する。このセンターは哲学カフェやサイエンスカフェなどを対話のモデルとする「専門家と非専門家の対話」を推進するための社学連携活動と教育を担い、科学技術、減害、アートのほか、さまざまな分野において対話に携わる者たちが、多様なカフェプログラムやワークショップを展開していった。なかでも、京阪電車、大阪大学、NPO法人ダンスボックスの三者の協同運営によるスペース「アートエリアB1」にて二〇〇八年から現在まで開催されている「ラボカフェ」[9]では、多種多様な対話のためのプログラムが提供されている。そのなかで、わたしはカフェフィロ、臨床哲学の大学院生、学内外の専門家・実践者の協力を得ながら、「中之島哲学コレージュ」という名称で、さまざまな実験的な対話プログラムをシリーズで企画した（二〇〇六年の工事現場での哲学カフェから二〇一六年までの総実施回数は一三〇回）。中之島哲学コレージュが目指したのは、大学研究者のアウトリーチ活動や従来の学部・大学院教育での専門教育とはことなり、大学院生や若手研究者・実践者が社会のさまざまな現場とのつながりのなかで問いを考えることであり、多くの大学院生がここで活躍した。

カフェフィロの結成から十数年がたち、「カフェプログラム」と呼ばれる「対話型[10]」の催しがさまざまな分野で開催されるようになり、あわせて哲学カフェの社会的認知度も高まって、日本の各地で哲学カフェが開かれ、その実践者の交流もひろがっていく[11]。また、公的支援を得る大学がその社会的意義を示すために大学の研究職につく者がアウトリーチや社会貢献に寄与すべきであるという認識も諸大学のあいだで共有されるにしたがって、哲学の研究者が哲学カフェと称して公開の議論の場を設けることもめずらしいことではなくなった。いまや「〇〇カフェ」という名は、オープンなスタイルの参加型イベントとして定着することになった。

　そもそも哲学カフェには定義がない。マルク・ソーテやその後続の者たちは「哲学者がいて参加者がいれば、哲学カフェができる」としかいわない。方法や定義によらない、ということは哲学カフェに限らず、哲学プラクティス全体において対話を志向するひとたちが共通して述べる反方法主義でもある。それゆえに実践者の数だけ多様な哲学カフェが生まれることとなり、哲学カフェとはなにかを概観することは容易ではない。ソーテの哲学カフェはもともとカフェでの哲学討論会であったし、（中之島哲学コレージュでじっさいになされたように）哲学書をいっしょに読むことも、あるひとの生きてきたさまを聴くことも、哲学カフェといってよい。哲学カフェは、大学の研究室や講義室のそとの、社会のなかでの――すなわちさまざまなひとびとが居合せる場での――哲学の実験、あるいは実験という比喩が望ましくないのであれば、哲学の実践ということ以上を意味するものではない。ここでふたたび、冒頭でふれた「だれとして、だれのまえで」哲学するのか、という問いに立ち戻ることにしよう。

対話と「だれ」の聴きあい

　哲学カフェという名称とおなじように、「対話」ということばで指されるものも実に多様だ。政治の場面では交渉（ネゴシエーション）を意味し、二者間の対談もインタビューも対話、Q&A方式で進められる情報テクノロジーも対話、インタラクティブな授業の進め方も対話…という具合である。それに対し、「だれとして、だれのまえで」という状況はそのようなあいまいさを許さない。鷲田が記述するように、これは「いま」をともにしながら触れあう場を意味することに加え（鷲田　一九九九、五六頁）、「だれ」という人格のあいだの応答を要求する倫理的関係をも指し示している。つまり、教師と生徒、医者と患者、親と子といった役割ではなく、名前をもった「だれ」が問われている。

現代の社会でもとめられる対話の場では、そうした名前をもった「だれ」として聴き、語ることが重要な意味をもっている。あなたの欲しいものはなにですか、なにを考えていますか、なににお困りですか、と「なに」を尋ねること、答えることはコンビニでも、教室でも、診察室でも日々くりかえされるが、あなたはだれか、と問われることはまずないといってよいだろう。あなたの名前はなんですか、と尋ね答えることと「だれ」が問われることはことなる。名前はクレームの対象や仕事・成績、健康状態の管理のためのインデックスであり、番号とおなじである。ひとびとについての「なに」は、顔や身体もふくめてすべてスクリーンの向こう側にある情報に埋め込まれ、活用されるだろう。しかし、「だれか」とは倫理的な問いであり、対話のなかでしか生じない。尋ねる側にも答える側にも応答する責任が生じている。

ひとが病や災害を被ったとき、どうしてほかでもないわたしが？と悩み苦しむ。痛みに悩まされるとき、その痛みに圧倒されるだけでなく、同時に、その痛みはなぜわたしに起こるのか、痛みに苦しまないじぶんではなぜないのかとわたしたちは苦しんでいる。また、痛むひとをまえに、なぜそれがわたしの痛みではないのかと、わたしたちは苦しむことがある。「なに」については、与えたり交換したり、代わってあげることはできるが、「だれ」は代わることができない。たとえば、自助グループやピア・サポートグループの活動のなかで、参加者がおなじような苦労や困難について語りあうとき、語られる「なに」は共通していても、語りとともにそのつど現れる「だれ」はすべてことなっている。参加するひとたちはそこで語れる「なに」に耳を傾けながら、「そのひと」を聴き、その「だれ」と「だれ」のあいだに生まれる共鳴に心を動かされる。この「だれ」「そのひと」の聴きあいがあるからこそ、だれでもないたったひとりのじぶんだけでなく、この「だれ」はここで、あの「だれ」はあそこでなんとかやっていると気づくことができ、自助グループの場以外の日常を生き延びようと思えるのだ。また、スティグマを負って生きてきた「だれか」のカミングアウトを聴くとき、胸がうたれるのは、じぶんがそのように生きてきたその「だれか」とは決定的にべつの生き方をしてきたべつの「だれか」であることを思い知らされるからだろう。カミングアウトは「なにものであるか」の表明ではなく、むしろ語るわたしは「だれであるか」、そして聴き手であるあなたは「だれであるか」を問う倫理的実践なのだ。

専門家や援助者は「なに」に応えることはでき、必要に応じて「なにか」を与えることもできるが、「だれか」、なぜ「そのひと」なのかには応えることができない。しかしながら、じぶんが「そのひと」とはことなるべつの「だれか」であることを思い知るとき、専門家や援助者ではなく、「だれ」のまえの「だれ」なのかを問われることになる。それは、ときに専門家に求められるように、だれがそこに立ってもおなじ行為と結果が求められる職業的な要請とは次元のことなる問いである。投薬や介助、傾聴や知識提供など、なんらかの「臨床的行為」だけでなく、あることが臨床的な哲学の営みへと変容するのは、さきほど倫理的と述べた次元へと対話者が移行するときである。この場合の倫理的なものとは、たとえば医療上の「倫理原則」を遵守するということではなく、聴き、語る者の「だれか」という個別性に身をおきながら、目の前で語られたり示される苦労や楽しみを聴く、つまり取り去ったり交換したりするのではなく、ありのままに受けとる実践の態度のことを指している。ホスピスなどでの緩和ケアに関して話題にされるスピリチュアルなケアとは、死を目前にしたひとの前でなにをするか、ということではなく、死を間近にしたひとの前でもいつもと変わらずにおなじように接することができるよう態度を貫いて生きる、ということにほかならない[12]。

対話を進行する「ファシリテーター」が必要である、といわれるとき、「なに」と「なに」の相互作用を活性化する触媒のような役割が想定されている。それははたして、上で述べたような「だれ」と「だれ」の対話とおなじだろうか。もちろん、そのような媒介役が社会のさまざまな場面で必要であり、専門家や援助者がそのスキルを身につけることで、より有効な解決や援助につながることはあるだろう。複雑に絡みあった問題のなかで解決を求めるひとたちに対して、なにを望み、なにを諦めるのか、なにを変えず、なにを変えるのかを注意深く調整することで、当人たちがより望ましい解決を選択できるようになるだろう。しかし対話が求められるのは、そのような役割を十分に果たすことができないときではないだろうか。専門家として、援助者として力をつくしてもなすべきことがなく、「だれのまえで、だれとして」そこに立つのかを問うとき、対話がはじまるのではないだろうか。

専門主義の時代の向こうへ

これまで、いわゆる臨床場面や対人支援を例にあげて対話について考察をすすめてきたが、ここでいう対話とはそのような場面に限られるものではない。以下において、この意味での対話がひろく大学の知全体に関わり、かつ、知のありかたの変容をせまることがらであることをおおまかにではあるが示して、本節を終えることにしたい。それは研究のアウトリーチや説明責任、研究倫理として語られることとはべつの、もうひとつの倫理を考え、そこから「社会と大学」の関係に対することとなる見方に立つことを意味するだろう。

研究の世界では、研究者の名前はインデックスのような研究内容に付随する記号にすぎない。タテマエとしては、研究が別の名前に属するものに置き換わったとしても、その内容や価値が変わるものではなく、学術的な討論や議論においても、発言や主張がだれに属するものであるのかは重要ではなくて、論証や説得力において勝るものこそが優れている、と考えられている。その場合、知と真理の権威は特定の人格からひきはがされ、学問の体系や学会的組織のなかに移行している。学問的な発見や貢献は、あるひとによってもたらされるにせよ、その真理性や権威はひとには帰属しない。知と「だれ」との関係は問われることがない[13]。しかし、人間がじっさいに生きている世界では、「だれ」ということがなによりも重要な意味をもち、そのような「だれ」が忘れられたり、蔑ろにされることによって苦しみが大きくなる。知識が複雑に展開すれば展開するほど、その知識が「だれ」にかかわるものかが見えにくくなり、やがてはそのつながりすらも忘れさせてしまうことは、学問の歴史においてめずらしいことではない。あたらしい治療法や遺伝についてのあたらしい知見は「なに」についての解決に寄与するかもしれないが、その知見をもつことによってあらたに「だれ」かが引き受けなければならない苦しみに対してどのような責任を果たすことができるのだろうか。研究と知識の発展が人類にとって重要な意味をもちつづけるのとおなじ程度に、「だれ」かを生きる世界にたえず揺り戻されることも忘れられてはならない意義をもっている。対話とはそのような揺り戻しを経験する場であるといえるだろう。

研究者、専門家、援助者、組織人、そのほかどのような立場にあっても、ひとが対話において学ぶべきなのは、ファシリテーションやコミュニケーションのスキルではなく、「だれとして、だれのまえで」相手のことばを聴くのかが問われているという経験である。対話を学ぶことと、研究者・専門家がコミュニケーションのスキルを身につけることは、まったくの別次元に属している。いうなればコミュニケーションが苦手であってもいっこうに構わない。コミュニケーションが得意なひとはコミュニケーションが苦手なひとのことがわからないし、その逆も然りである。対話を学ぶことは、じつは近年の日本社会のあらゆる領域において顕著に見られるコミュニケーションへの過剰な重圧や強制から逃れることでもありえるだろう。[14] なぜなら対話とはそのような重圧や相互監視とは正反対の方向に位置するものであるからだ。コミュニケーションスキルもより重要なのは、「だれ」ということが尊重され、それに自覚的である場にいることである。[15]

いうまでもなく、わたしたちは研究者、専門家、援助者、組織人であったとしても、「だれ」ということを失うことはできない。ただ、ある環境下ではそれをないことにしているだけだ。単純なことではあるが、大学の研究環境のなかに、教員、職員、学生を問わず文字通りだれもが「だれ」かとして「だれ」かのまえで、交流し話しあえるような場所があることが大切だろう。とりわけ学部、研究科、専門分野によって空間的にも仕切られている大学では、日々、教員、職員、学生（学部生、大学院生、社会人学生、留学生…）のそれぞれが分断され、相互交流が生まれにくい状況にある。すでに大阪大学が数年にわたって取り組んできたように、カフェプログラムが学内外で常時開催されたり、大学構成員だけでなく、さまざまな市民が大学にやってきて交流を深めることのできる多種多様なプログラムがあったりすることには、たんなる気分転換やリクリエーションだけではないそのような意義が隠されているのだ。大学側がホストとして参加者に「サービス」を提供するのではない、「だれ」もが安心して「だれ」かでいられる場づくりがたいせつだ。[16]「このような場はほかにはない」——わたしの主催してきたコミュニケーションデザイン・センターやCOデザインセンターのプログラムに参加する学内外のひとたちが感想として述べているように、大学の外の社会にはないオルタナティヴが大学には求められている。そのオルタナティヴな学びの場を追求することが、その存立意義が問われる大学にとってだけでなく、大学の外にとっても重要な意味をもっているだろう。

冒頭で引用した文中において鷲田のいう「苦しみの場」としての「臨床」とは、医療や福祉の現場だと想像されるような病や老いに関わる場面だけではない。それはわたしたちひとりひとりが生きる場そのものである。じつのところ、「苦しみ」とはただ苦しみであるだけでなく、苦しむことができることがわたしたちが幸福であることの不可欠な条件でもある。臨床哲学はそのような苦しみの意味をともに考える場であり、そのようにともに考える営みはいわゆる哲学をはなれたそのほかの知の現場においても不可欠だろう。そして、すべての知がたんなる知になることなく、「だれ」かに関わり、「だれ」かの苦しみと幸福に結びついた知となることが、わたしたちの時代がめざすべき道ではないだろうか。

「だれ」かの苦しみと幸福に結びついた知が生まれるためは、「だれ」と「だれ」が向かいあい、聴きあう場に居あわせ、聴く主体が一部のひとたちによって特権化されることなく、ともに聴くという実践が不可欠となる。そのような場や実践を営みつづけるためには、さまざまなひとたちとの関わりとともに、互いの専門性や知識が尊重されながら、その場ではじめて生まれる「だれ」と「だれ」のつながりから専門的知識と、はことなるなにかを学ぶことが必要となる。いいかえれば、すぐれた専門家や援助者とは、つねにじぶんが「だれ」であることを忘れることなく、「だれかのまえで」役割ではないなにかを果たすことができる倫理的な知性をもつひとのことだ。それをつくるのは「だれ」に関わる日々の細やかな実践であり、実践の場である。そのような実践が限られた特殊なひとたちだけではなく、大学や研究教育の全体を通して貫かれるものとなれば、社会と呼ばれるものも大学と呼ばれるものも、現在とはことなった顔をもつようになるだろう。

2 「ケアの臨床哲学」研究会を中心にした社学共創の活動

浜渦辰二

私（浜渦）は、二〇〇八年に臨床哲学専門分野の教授として着任し、二〇一八年に定年退職を迎えるまで、ちょうど一〇年間在籍していた。そのため、私が報告できるのは、この一〇年間のことである。『ドキュメント臨床哲学』（鷲田 二〇一〇）は、臨床哲学が発足してから一〇年間のドキュメントであるが、私が着任してきた時は、すでに原稿がすべて集まっていて校正の作業をしている段階であったため、同書で紹介されている活動そのものに私は参加しておらず、巻末の座談会にのみ参加し、名前を連ねているだけである。ということで、私が着任した二〇〇八年、すでにそれまでに行われていたさまざまな社学共創と呼べるような活動が継続して行われていたが（前節を参照）、それには同僚となった方々が多くの学生（学部生・大学院生）とともにすでに関わり担って来ており、私があえて同じ活動に参加しなくてもいいだろうと考え、新しく着任した者として、臨床哲学にこれまでにない新しい風をもたらすのが私の果たすべき役目と考えた。と言っても、私がもちこむべき新しい風は、やはり私が前任校で培ってきたものしかないし、また、それを評価して呼んでもらったのであろうから、その種を新天地でどのように花開かせるかが期待されている、と考えた。

そこで、まず、私が前任校で培ってきたものについて、私が臨床哲学に着任した年に発表した拙稿「私の考える臨床哲学――私はどこから来て、どこへ行くのか――」（臨床哲学研究室 二〇〇九、三一―二〇頁）で書いたことをごく簡単にまとめ、それから、それを背景に大阪大学で始めた活動を紹介していくことにしたい。

静岡大学では、私が一九九一年に助教授として着任した翌年に、従来の「哲学」教室が「人間学」教室に改称された。「哲学」の伝統を継承して古典的なテキストに即して考えるという教育を続けながらも、他方で、同じ学科の他の学問分野（社会学、心理学、文化人類学、歴史学）や、他学部の学問分野（物理学、生物学、医学など）の知見も取り入れながら、総合的な「哲学的人間学」として、狭く考えられた「哲学」から「越境する知」へと踏み込んだ。そこから、同じ学内の他学部（理学部・工学部・農学部・情報学部）の先生方と「情報」「環境」「生命」といったテーマについての共同研究が始まった。さらに、二〇〇〇年には、書物からの情報だけでなく、新聞・雑誌・インターネットから、他分野の研究者との対話から、市民との交流からと、さまざまな情報源を活用することを研究と教育に取り入れ、「臨床人間学」という共同研究を始めた。二〇〇三年には、この活動実績を踏まえて、大学院人文社会科学研究科修士課程「臨床人間科学」専攻が新設された。この専攻は、「ヒューマン・ケア学」「臨床心理学」「共生社会学」から成り、私は「ヒューマン・ケア学」に属した。この、静岡大学という地方国立大学での大学院は、狭い意味での研究者養成ではなく、地域で活躍する高度専門職業人を育てることを目指し、社会人入試に力を入れており、私の属する「ヒューマン・ケア学」にも、現役の職業人（アナウンサー、看護学校の教員、看護師、栄養士、理学療法士、高校教員、高齢者施設管理者、など）が入学してきた。そこで、これらの院生たちとともに、フィールドワークとして、ホスピス、緩和ケア病棟、高齢者施設などを訪問・インタヴューを行い、報告書を執筆してもらった。

他方、私個人の研究関心からであるが、一九九三年から、たまたま縁があって、静岡市内の精神科医・心理士の先生方と定期的な勉強会を始めた。私はこれを、臨床に携わっている精神科医たちと哲学の研究・教育に携わっている私の集まりとして、「臨床と哲学の研究会」と呼んでいた。また、それとは別に、非常勤を勤めていた看護学校の先生方とも、二〇〇二年から、「ケアの人間学」合同研究会を始めた。この研究会は、静岡大学の同僚の（哲学、倫理学、宗教学、心理学、社会学、文化人類学、歴史学、文学を専門とする）教員と、私が非常勤を務めていた看護学校の教員およびそこを卒業して現場で働いている看護師という、いわば座学の理論研究者と実学の教員および現場の実践従事者とが集い、テーマを広い意味での「ケア」とすることにして、毎回、理論側と実践側から一人ずつの発表を聞き、相互に意見を交換するというものだった。初めは、看護系の人が中心だったが、やがて、医療・介護・福祉・心理・教育といった分野の研究者と実践者、そして一般市民も集まってくるようになっていき、やがて「地域のなかでケアの文化を育てていく」ことを目標として掲げるようになっていた。途中に、三つの講演会（スピリチュアルケアワーカーの沼野尚美、『寺よ、変われ』の著者で住職の高橋卓志、在宅ホスピスのパイオニアの一人である内藤いづみ）を挟みながらも、基本的には地域でケアの現場に携わっている人と教員ないし研究者にお話しいただき、お互いに学び合う機会という形で、第三三回（二〇一〇年一月）まで、私が世話人として続け、その活動の記録として二年に一回、『ケアの人間学――合同研究会要旨集――』を発行、発表者一人が見開き二ページ分の要旨のみを掲載した冊子で、No. 6までは私の編集で発行してきた。私が大阪大学に着任してからも、継承のため少しお手伝いしたが、その後は、私の後任となった方が中心に継続している。のみならず、この合同研究会を支えてきたメンバーを中心に現在は、「NPO法人ヒューマン・ケア支援機構」を立ち上げて、活動を続けている。

さて、そんな背景を抱えて、私は、二〇〇八年に大阪大学に着任してきた。「臨床哲学」の大学院には、一般入試で（「倫理学」あるいは他大学の学部から）進学してきた院生とともに、社会人入試で入学してきた現職（看護師、看護大学の教員、理学療法士、リハビリ系ないし福祉系の大学教員など）をもつ社会人の院生が少なくなかった。その点、前任校と雰囲気として近いので、大阪大学に着任してからも、前任校でやってきたことを継承するような活動を大阪あるいは関西地区で始めたいと考えていた。

そこで、着任した年にはあちこちで開催されていた研究会などに参加しているうちに、京都を中心に活動している「〈ケア〉を考える会」と神戸を中心に活動している「患者のウェル・リビングを考える会」とが、関心を共有できるものとして目に止まった。前者は、高齢者施設に勤めている社会福祉士、介護福祉士、看護師、行政書士といった、高齢者のケア（介護）の問題に関心をもつ人たちの集まりであったのに対して、後者は、「患者の」という名称にも現れているように、病院関係の医師・看護師・後見人、患者とその家族といった医療のケアの問題に関心をもつ人たちの集まりであった。私はそれぞれの会の活動に関心をもちながらも、それぞれが取り組んでいる問題は別々のものではなく、両者の関心が重なるところは多いのではないかと思い、両者の関心が重なるようなテーマを扱う集まりを、両者の間にある大阪で開催してはどうか、つまり、京都と大阪と神戸を繋ぐ「三都物語」のような企画をしてはどうか、ということを考えた。そこで、翌二〇〇九年八月に「ケアの臨床哲学」研究会を立ち上げたうえで、両会の代表と話をして、二〇一〇年四月から大阪大学中之島センターを使った市民公開シンポジウムが三つの会の共催で始まった。それから二〇一七年一一月まで合計二三回のシンポジウムを続けてきた（現在は、企画・運営を堀江剛教授にお任せして、私は顧問というような立場になっている）。

前節で紹介されたように、私が着任する前から行われていた臨床哲学教室の社学共創の活動としては、『哲学カフェのつくりかた』（カフェフィロ 二〇一四）に紹介されている「哲学カフェ」の活動があり、それは大阪だけでなく、すでにあちこち全国に飛び火して広まっていた。しかし、私は、新しく始める企画をそれとは違う市民公開シンポジウムという形で考えた。というのも、私見によれば、「哲学カフェ」では、毎回必ずしも脈絡があるわけではないさまざまなテーマが日常生活のなかから取り上げられ、また、毎回常連の参加者もあれば、たまたまその回のテーマに興味をもち参加した「一見さん」もありで、そのつど行われた対話もその場限りで参加者が記憶にとどめてもち帰るというもので、それはそれなりの意義があるとは思いつつも、私としては、それでは何かが蓄積されていくことがないのではという疑問もあり、もう少し違う形でやりたいと考えた。

それが、まず一貫したテーマの枠組みを「高齢社会における○○を考える」（後に、「超高齢社会における○○を考える」と変更）とし、○○に当たるそのつどのテーマを設定し（例えば、「終末期医療」「ホスピス」「人工栄養」「認知症のターミナル」等々、詳しくは「ケアの臨床哲学」研究会のウェブサイト http://www.let.osaka-u.ac.jp/~cpshama/clph-care/clph-care.htm を参照）、そのテーマについて話を聞きたい人（医師、看護師、介護士、その他のケアに携わっている専門職の方、患者およびその家族、研究者など）を三人お呼びし、それぞれことなる立場・背景・視点から同じテーマについて話をしていただき、それに基づいて参加者全員で（専門職・非専門職を問わず、一般市民も含めてフラットな形で）自由に意見交換をする、という形にした。テーマの枠組みがあるので、必ずしも誰もが関心をもつテーマではないかも知れないが、それによって毎回関心を共有する人たちが集まってきて、それぞれのテーマについて意見交換をすることによって、議論がそれぞれの参加者のなかで蓄積され深まっていくと考えた。

しかも、遠くの有名人を呼んできて講演会をするという花火を上げるようなことをするのではなく、静岡でやってきたように、できるだけ身近な地域で、さまざまなケアの現場に携わっている人にお話しいただく、というのを基本方針にした。例外として一度だけ、上野千鶴子講演会を開催したが、それは『おひとりさまの老後』（二〇〇七）を書いた彼女が、『おひとりさまの最期』（二〇一五）を構想しているという記事を読み、出版に先立って（二〇一二年）、「おひとりさまの最期」という講演をしてもらったものである。そして、できればそれぞれの発表と質疑応答を活字にして残したいと考え、録音したテープを起こし、冊子『ケアの臨床哲学——シンポジウムの記録——』（浜渦　二〇一二）にまとめて、それまでのシンポジウムの記録を残すことができたが、その後は、テープ起こし、各発表者による校正、編集作業、印刷所とのやりとり等、大変な作業となり、私自身が忙しくなり過ぎたため、シンポジウムの企画・案内・運営だけでも精一杯で、残念ながら第二号を発行できないままできてしまった。何もかも一人で引き受けてしまい、もう少し、多くの方々にサポートしてもらいながら運営すべきだったと反省している。

上述のように、神戸には「患者のウェル・リビングの会」のネットワークがあり、京都には「〈ケア〉を考える会」のネットワークがあったが、大阪には私自身ネットワークをもっていなかった。それが、二〇一一年頃には、大阪市中央区の訪問看護師の方から、空堀地区の「からほりさろん」や中央区訪問看護ステーションを紹介いただき、さらに、中央区の医療介護連携研究所と訪問看護ステーションを紹介いただき、大阪でのネットワークもできてきた。その他、いくつかの看護協会、医師会、社会福祉協議会から、私に講演の依頼が来るようになり、「ケアの臨床哲学」研究会での活動が始まって八年間で、「地域でケアの文化を育てる」ためのさまざまなネットワークができてきた。

他方で、この「ケアの臨床哲学」研究会は国内での市民向けの活動だが、私自身は、科研費・基盤研究（B）の補助により、「北欧ケア」についての共同研究を続けていた。「北欧ケア」というのは、北欧諸国（デンマーク、スウェーデン、ノルウェー、フィンランド、アイスランド）には「ケア」について独特の考え方があるのではないかと名づけたもので、いずれも、哲学・倫理学の研究者だけでなく、死生学、社会福祉学、看護学、リハビリテーション学、文化人類学、音楽療法学といった研究者との学際的な共同研究であるとともに、また、「海外調査」という枠組みの共同研究でもあったため、海外（特に北欧）の研究者・ケア現場の人々との国際的な共同研究でもあった（浜渦　二〇一八）。二〇一二年五月には、前述の市民公開シンポジウムで「高齢社会のなかで北欧ケアを考える」を行い、国際的（グローバル）な活動と地域密着型（ローカル）な活動を繋ぐようにも心がけた。これは、「地域に生き世界に伸びる」という精神に沿うものと呼べよう。

また、同様にグローバルな広がりとして、中国からの留学生が、二〇一五年に私の指導のもと、博士論文「日中における終末期ケアの比較研究――中国における終末期ケアの定着に向けて――」により博士号を取得し、帰国後、北京城市学院（Beijing City University）で教壇に立っていたが、二〇一八年一～二月の二ヶ月間、大阪大学国際共同研究推進プログラムに採択されて、特任講師として滞在した。博士論文はターミナルケアがテーマだったが、現在は、ソーシャルワーカーを教育する学科で教えているため、今回は、日本におけるソーシャルワーカーの仕事を調査するのが、主な目的だった。以前留学中の時にも、東神戸病院の緩和ケア病棟でホスピスボランティアを行ったが、今回は、神戸のホームホスピス（神戸なごみの家、愛逢の家）、京都の〈ケア〉を考える会、大阪のソーシャルワーカーや訪問歯科医ら、そして、数年前に『福祉哲学の継承と再生――社会福祉の経験をいま問い直す――』（浜渦　二〇一四）で博士号を取得した関西福祉大学の教員ほかを訪問・インタビューを行い、多くのネットワークのなかで二ヶ月間充実した調査ができた。ここでも、「ケアの臨床哲学」研究会を通じたネットワークが大いに役立った。

最後に特記しておくべきことは、二〇一三年度後期から二〇一五年度前期まで、日本学術振興会の課題設定による先導的人文・社会科学研究推進事業「実社会対応プログラム」に、大阪大学の「臨床哲学」教室の教員と院生が中心となったプロジェクト「ケアと支え合いの文化を地域コミュニティの内部から育てる臨床哲学の試み」（代表　浜渦）が採択されたことである。それは、「常時の生活に積極的に関与する実践的な研究手法とスタイルを確立する必要」から、「ケアと支えあいの文化を地域コミュニティの内部から育てる」ことを研究目的とし、具体的には、「〈ネットワーク型〉と〈実践プログラム型〉の二つの研究を通して、相互補完的に展開する」ことによって、「社会の痛苦の現場と学術研究の叡智の現場とを恒常的に結ぶ、そんな臨床的学術研究のしくみが確実に本国に定着することを求める」ものであった。

研究1〈ネットワーク型〉（代表　浜渦）は、医療・看護・介護の専門職の実務者と一般市民との間を繋ぎながら、ケアを構想し向上させるケアの実践的共同研究を遂行するとし、前述のような「「ケアの臨床哲学」研究会がさまざまなネットワークのなかで、京都・神戸・大阪という三都市を繋ぎながら、かつ、医療・看護と介護・福祉の現場を繋ぎながら、「ケアと支え合い」の文化を育んできた活動を、この研究のなかに位置付けることとした。方法としては、科学研究補助費により国内外の異分野の研究者と行ってきた、「ケアの現象学」「北欧ケア」「欧州看取り」「ケアのシステム」「高齢者施設人材養成プログラム」などの共同研究からえられた国内外の学術的成果を、医師・看護師・介護士・社会福祉士などの専門職の実務者や一般市民との対話・交流のなかで浮かび上がって来る問題と照らし合わせながら、研究と現場とを相互に行き来しつつ学び合うという手法をとった。

他方、研究2〈実践プログラム型〉（代表　ほんま）は、「実践プログラム型研究」「セルフケアのケア」の実践としての哲学対話・哲学相談（コンサルテーション）を、医療・福祉・教育などの現場において活用するため、国内外の実践例をも調査しながら、基礎理論と実践手法を確立する。地域の学校、福祉施設、病院を対象に二〇〇六年より試行してきた、哲学相談による組織コミュニティ・エンハンスメントの手法をもとに、教員と院生が組織や地域コミュニティのなかのさまざまな構成員・専門職とともに事業に参与しつつ、現場と人々を変革する実践的プログラムを開発する。これらの活動は、たんに専門的知識の提供や学術的助言にとどまるものではなく、実践的な対話によって組織や活動の担い手である各実務者の深いニーズを聴き取り、関与者全員のセルフケアの能力を高め、コミュニティ諸活動のエンパワーメント、パフォーマンスの改善、メンテナンスを目指すものである。この研究2は、前節で紹介された活動と重なり、その内容についてはすでに紹介されているので、ここでは重複を避けるために省略する。

研究1では、ケアの問題の一側面として、障害をもつ人たちが地域で暮らすことを支える活動の調査のため、二〇一四年には北海道のべてるの家の訪問・調査・インタヴューを行い、参加した教員・学生による「精神障害をもつ人たちを地域で支える取り組み――「べてるの家」訪問研修報告」(臨床哲学研究室 二〇一五)を発表、翌二〇一五年にはまったく性格の異なる沖縄での活動の調査を行い、参加した教員・学生・研究協力者による「精神障害をもつ人たちを地域で支える取り組み(2)――沖縄訪問研修報告」(臨床哲学研究室 二〇一六)を発表した。ほかにも、これら研究1の活動を支えながらも独自にフィールド研究を行ったRA(大学院生およびポスドクの研究者)が、さまざまな活動(神戸の「患者のウェル・リビングを考える会」によるリビング・ウィル作成会、リビング・ウィル編集作業・編集会議、がん相談ガイドブックの編集、「〈ケア〉を考える会・岡山」によるシンポジウム・研究会への協力、リビング・ウィル作成会、大阪「からほりさろん」での食事アンケート、「空堀哲学 café」の開催、および地域包括ケアの現状への考察)を行って貢献してくれた。

研究1は、何よりも、教員と院生の行う研究を、医療・看護・介護の専門職の実務者や一般市民の関心と繋ぐことによって、大学での研究を学外の実務者・一般市民に開放することで、従来の学問研究のありかたを実社会対応型に変えて行くことを試みてきた。それとともに、それぞれの専門職の実務者はそれぞれの現場での対応に追われて、他分野の実務者と単なる実務的な連携以上に問題を大きな視野のもとに考え直すような連携は困難になっており、それらの実務者相互の繋がりを作るとともに、その対話の場面に一般市民も加わってもらうことでさまざまな関心から「ケアと支え合い」の問題をともに考える機会を創出することを試みてきた。さらにまた、京都、大阪、神戸というそれぞれの地域で行われているさまざまな試みをお互いに情報交換し学び合うことによって、それぞれの地域の活動を狭い範囲に閉じ込めてしまうのではなく、地域コミュニティの質の向上を図るとともに、関西地域全体の「ケアと支え合い」の文化を築いて行くことにも大きく貢献することを試みてきた。地域の人々とともに行う活動には、長期的な粘り強い持続的な取り組みが必要で、わずか二年間の助成金でできることはそれほど大きくはない。その点では、この研究の延長を申請したものの、それが却下されたことは、大変残念であった。それでも、さまざまな取り組みにより、大阪、京都、神戸、岡山それぞれの地区での活動とそれらを繋ぐネットワークしての活動が、この二年間の取り組みによって少しずつであれ着実に根付いてきたことを実感した。それは、まだあちこちで芽生えてきているものではあれ、これからますます大きな花を咲かせるものになることが期待できる。以上の「実社会対応プログラム」については、ウェブサイト（http://www.let.osaka-u.ac.jp/clph/shakai5.html）を参照いただきたい。

最後に、これまでの活動を振り返りながら、残された課題とこれからの展望を私（浜渦）なりに考察しておきたい。

私としては一番気になるのは、社学共創の活動と私たち教員の研究との接点はそれなりにあったが、社学共創の活動と大学（学部および大学院）での教育とをどう繋ぐか、という問題であった。そのことをとりあえず度外視すれば、私が一〇年間で行ってきた教育はそれなりのことをしてきたと思っている。例えば、大阪大学に着任してから初めて一〇年間続けた連続講義「ケアの臨床哲学――生老病死とそのケア――」には、毎年度、学部二年生から博士後期課程の院生まで、文学部・文学研究科だけでなく、他学部・他研究科からも多くの受講生があった。また、一〇年間で私が主査になって博士号を取得した院生は合計一三人となった（課程博士一二人、論文博士一人。前者では、一般入試で入学した者が六人、社会人入試で入学した者が五人、留学生が一人）。博士後期課程に入学してくる目標の一つは、やはり博士論文を書くことであろうから、彼らの要求に応えることができたと思う。しかしこれらはかならずしも、社学共創の活動に繋がっているとは言えない。

私としては、前述の『ドキュメント臨床哲学』の座談会でも発言したことであるが、臨床哲学の教育がどうあるべきか、ということが最初から気になっていた。そのうちには、学部の倫理学の教育と大学院の臨床哲学の教育とをどう繋げるか、も含まれる。私自身は、学部でも大学院でも、伝統的な哲学の教育を受けてきており、古典的な哲学のテキストを読むことを言わば基礎体力作りとしてきたが、「臨床哲学」と名乗った大学院では「哲学が大学という研究機関の外部に出てゆく」という活動を推奨するとして、古典のテキストと取り組むこととどう繋げるのか、学部の倫理学の学生にも社学共創への参加を要求するのか。そうではないとすると、学部の倫理学の教育をどう考えるのか。学部生のなかには大学院進学を考える学生もいれば、そうでない学生もいる。どちらにも対応できるような倫理学・臨床哲学の教育はどうあるべきなのか。一〇年間ずっと試行錯誤してきたことではあるが、課題として残ったままであるように思う。

また、それとも連動することだが、「臨床哲学」創設時以来、大学院「臨床哲学」に関心をもって入学してくる社会人は少なくない（特に、私の在任した一〇年間は多かった）。しかし、彼らの多くは、それまでに哲学・倫理学の教育を受けていない。学部「倫理学」から大学院「臨床哲学」に進学してきた大学院生と基本的な知識・外国語学力・哲学用語のギャップが少なくない。それをできるだけ解消するために、二〇一四年度から学内予算より「社会人学生教育支援基盤経費」を申請し採択されて、「チューター」（一般入試で入学してきた院生が社会人入試で入学してきた院生をサポートする制度）らと「支援コーディネータ」（社会人院生の職場の関係者と現場に関心をもつ院生の間をつなぐ人にゲストスピーカーとして来ていただく制度）として利用することができるようになったが、その運用には難しいところがあり、課題を残した。

さらに、これも上記のことと関係することであるが、前述のように、私の前任校である静岡大学では、地方国立大学として生き延びるために、大学院を研究者養成ではなく、地域で活躍する専門職業人を育てるという方向に、はっきりと舵を切った。それに対して、大阪大学大学院文学研究科は、どちらにも開かれていて、どちらつかず、という二兎を追う姿勢を保っている。それが特に学部・大学院教育の難しさを作っているように思われる。特に、「社会の臨床的な場面に哲学的思考を差し込む」と謳った臨床哲学では、その問題が凝縮して現れているように思われる。このように見てくると、社学連携を教育とどう連携させることができるかは、大学の体制として考えなければいけない問題ではないか、と考えている。

最後に、これは私の努力の足りないところと言われるかも知れないが、前述のように、前任校では、臨床心理学と共生社会学とともに臨床人間科学専攻を設立し、心理学や社会学の先生方と、また、他学部の理系の先生方ともさまざまな共同作業を行ったが、大阪大学では、科研の共同研究で他研究科の先生方（人間科学研究科の教授、言語文化研究科の准教授）とご一緒したこと、兼任で医学系研究科の講義を担当させていただいたことのほかには、あまりそういう機会を作ることができなかった。特に、前任校では臨床人学科学専攻という同じ「臨床」という旗の元に、心理学、社会学を専門とする方々とも一緒に教育・研究に携わったが、大阪大学文学研究科では「臨床」の旗を揚げているのは「臨床哲学」だけだったため孤立している印象があった。同じ文学研究科のなかでも「臨床」のアイデアを共有できる方々がいれば、もう少しやりやすかったのではないか、と感じている。いま、さまざまな形で、「改組」の話ももちあがっている、と小耳に挟んでいる。文学研究科の将来を考える時、「臨床」が（その名称や、言葉がなくなったとしても）一つのアイデアとしてまだ使えるのではないか、を皆さんが考えてくださることを期待している。

注

〈1〉 philosophische Praxis, philosophical practice, philosophical counseling など、地域によってその呼び名はさまざまであるが、国際会議の名称として用いられる〝philosophical practice〞が一般的となりつつある。「哲学相談」という名称をわたしは提案している。

〈2〉 哲学プラクティス／カウンセリングに対する実践者の考え方のちがいについては、ラービ 二〇〇六、第一章を参照。

〈3〉 対話を学ぶことの制度化や資格化の問題のひとつとして考えられるのはたとえば以下のようなものである。仮に、すべての教員志望者が学ぶべきものとして教員養成カリキュラムに対話の学習プログラムが組み込まれた場合、どこでもまったく同じ内容が教えられなければならない、という平準化の要請による脱個性化・脱固有名化が生じ、「目の前のだれか」と唯一無二の関係のなかで対話するという哲学プラクティスが本来もつ使命が損なわれてしまう。また一定期間内に大量の受講者を相手にしなければならないというカリキュラム上の制約も大きい。

〈4〉 二〇一八年現在、哲学の対話を学ぶための教育プログラムは、大阪大学大学院文学研究科から離れて、学部と大学院を問わずだれでも受講できる高度教養プログラムとして、大阪大学に新たにつくられた全学教育機関「コミュニケーションデザイン・センター」(二〇〇五〜二〇一六)、「COデザインセンター」(二〇一六〜)において提供され、さまざまな職業に就く人たちが受講している。

〈5〉 COデザインセンターでは、社会のさまざまな領域の問題にマッチした対話学習のプログラムを展開している。また学外では、二〇一五年から「専門的緩和ケア看護師教育プログラム」のなかに哲学プラクティスを基盤にした対話の学習が導入され、哲学プラクティスを実践する高橋綾がプログラム作成から実施まで総合的な指導にあたっている。

〈6〉 ウェブサイト https://philopracticejapan.jp

〈7〉 この理由から、目的がことなる場合があるとはいえ、近年注目されている「当事者研究」という名称でおこなわれる自助活動との親和性が高いことがわかるだろう。参照 浦河べてるの家 二〇〇五

〈8〉 研究者が研究者以外の市民と対等に話しあうことと、研究が社会的信頼を得るために研究者が大学の外でアウトリーチ活動をおこなうことは、重なる点がないわけではないせよ、主旨のことなる活動である。

〈9〉 「ラボカフェ」の「ラボ」は、「ラボラトリー(実験室)」と「コラボレーション(協働作業)」を含意し、「カフェ」は人々が語らう場を象徴している。つまりラボカフェとは、大学と民間企業、一般市民ほか多様な人々が協働しながら対話の実験をおこなう場を意味し、平日夜の時間帯に、多様なテーマに関する対話プログラムが提供されている。そのなかで哲学カフェは、アートエリアB1の位置する京阪電車「なにわ橋駅」が完成する二年前から、工事現場のなかの特設スペースにて二〇〇六年、二〇〇七年とつづけてラボカフェの催しとして行われた。二〇〇八年に駅舎とともにアートエリアB1が完成し、ラボカフェがプログラムとして常設されることになり、大阪大学と京阪電車からも、哲学カフェを定期開催してほしいとの要望があった。

〈10〉 多くの場合「対話型」とは、「インタラクティヴ」つまり双方向の活動を意味する方法や形式のことを指し、哲学カ

フェのような場での「対話」とは同じ「対話」という語を用いていても基本的にことなることについては次節でふれる。

〈11〉このような実践のひろがりとして、二〇一五年に結成された「哲学プラクティス連絡会」があげられる。

http://philosophicalpractice.jp

〈12〉毒杯を仰ぐまでの時間を待つあいだ、心配して面会してきた友人たちにソクラテスは、いつもと変わらないようにわたしと対話してほしい、と語ったと『パイドン』に書き記されている。

〈13〉ミシェル・フーコーは主体と真理のあいだの関係に近代において生じた変化について、次のように述べている。「認識はひたすらに、進歩の際限ない次元へと開かれるでしょう。その終わりはわかりませんし、それがもたらす利益はただ歴史をつうじて、制度化された知識の蓄積によってのみはっきりとしたかたちで与えられます。あるいはその利益とは、真理を見出すためにさんざん苦労したあげく、ようやく幾分なりともそれを見つけた際に生ずる心理的あるいは社会的な利益ということになるでしょう。真理はこれ以降、そのままでは主体を救うことができなくなるのです。」（フーコー二〇〇四、二三三頁）

〈14〉コミュニケーションへの強制は近年の教育分野において見られる傾向である。文部科学省の学習指導要領で強調されている「主体的・対話的で深い学び」とは、本章で述べる「だれ」や「対話」とまさに正反対にある方向を指している。たとえば、「主体的・対話的で深い学びの実現に向けた授業改善」として、「生徒が各教科・科目等の特質に応じた見方・考え方を働かせながら、知識を相互に関連づけてより深く理解したり、情報を精査して考えを形成したり、問題を見いだして解決策を考えたり、思いや考えを基に創造したりすることに向かう過程を重視した学習の充実が必要」と書かれているが（「高等学校学習指導要領の改訂のポイント」一頁）、逆説的にも、じぶんが「だれ」であるか、「だれ」と「だれ」が対話するのか、についての視点が抜け落ちて、すべてが対象次元の問題に焦点化されているのがわかる。

〈15〉「対話は、対話する双方の主体が自らのアイデンティティを保持するだけでなく、互いのそれを擁護し助長しあう、ということを意味している。だからして対話は、けっして水平化をもたらすものではなく、一方を他方に解消するものでもない。対話は、一方が他方におこなう譲歩ではない。それは一方が他方をとりこみ、同化するための手練手管でもない。そんなものではなく、それは対話に参加する諸主体の相互の尊敬、権威主義が引き裂き、妨げてきた互いに尊重しあう関係の樹立を意味しているのである。」（フレイレ　二〇〇一、一六四頁）

〈16〉 COデザインセンターの提供する「対話術」や「表現術」では、対話の場をつくる実践者やアーティストたちをゲストとして招きつつ、このような安心して「だれ」と「だれ」が向きあい、ことばだけではない関係のしかたを講師をふくむ全員で探求している。

〔参考文献〕

上野千鶴子（二〇〇七）『おひとりさまの老後』文藝春秋
上野千鶴子（二〇一五）『おひとりさまの最期』文藝春秋
浦河べてるの家（二〇〇五）『べてるの家の「当事者研究」』医学書院
カフェフィロ［CAFÉ PHILO］編（二〇一四）『哲学カフェのつくりかた』大阪大学出版会
高橋綾、本間直樹（ほんまなほ）（二〇一八）『こどものてつがく：ケアと幸せのための対話』大阪大学出版会
高橋卓志（二〇〇九）『寺よ、変われ』岩波新書
中村剛（二〇一四）『福祉哲学の継承と再生―社会福祉の経験をいま問い直す―』ミネルヴァ書房
浜渦辰二編（二〇一二）『ケアの臨床哲学―シンポジウムの記録―』非売品
浜渦辰二編（二〇一八）『北欧ケアの思想的基盤を掘り返す』大阪大学出版会
本間直樹・中岡成文編著（二〇一〇）『ドキュメント臨床哲学』大阪大学出版会
臨床哲学研究室編（二〇〇九／二〇一五／二〇一六）『臨床哲学』第一〇号、第一六号、第一七号
倫理学研究室編（一九九七）『臨床哲学ニューズレター』創刊号
鷲田清一（一九九九）『「聴く」ことの力』TBSブリタニカ
ソーテ、マルク（堀内ゆかり訳）（一九九六）『ソクラテスのカフェ』紀伊國屋書店
フーコー、ミシェル（広瀬浩司・原和之訳）（二〇〇四）『主体の解釈学（コレージュ・ド・フランス講義一九八一―一九八二年度）』筑摩書房
プラトン（岩田靖夫訳）（二〇〇三）『パイドン』岩波書店
フレイレ、パウロ（里見実訳）（一九八二）『伝達か対話か：関係変革の教育学』亜紀書房
フレイレ、パウロ（里見実訳）（二〇〇一）『希望の教育学』太郎次郎社
ラービ、ピーター・B（加藤恒男・岸本晴雄・松田博幸・水野信義訳）（二〇〇六）『哲学カウンセリング―理論と実践』、法政大学出版局

第5章　新しいミュゼオロジーの開拓

―大学博物館は地域の〝記憶〟を揺さぶる―

橋爪節也

プロローグ

ミュージアムというと何を思い浮かべるだろう。緑の公園にそびえたつ重厚で広壮な建造物か、繁華な都心の鋭く洗練された現代建築にアートや歴史資料、自然史標本が並ぶ情景だろうか。知識や体験を求めて人が集まり、好奇心を満たし、感動し、家族やともだちと愉しむ、様々な市民の姿がそこにある。

「大学博物館（ユニバーシティ・ミュージアム）」も日本では比較的最近になって定着した。大学ごとに施設や雰囲気に差があり、それこそでこぼこがあるが、立派なミュージアムの一形態である。ただし、一般市民がこれまで知っている博物館や美術館とは設立のいきさつが少し異なる。結論を最初にいうと、大学の所蔵する学術資料を保存して、教育研究に生かす基盤となると同時に、大学を社会に結びつける役割をになうことが、館の設立使命つまりミッションと定められている。以前は「社学連携」、最近は「社学共創」とも呼ばれる役割を大学が推進するにおいても、重要な拠点と言えよう。

わが大阪大学総合学術博物館（Museum of Osaka University、略称はＭＯＵ、図1）は、開館して日もまだ浅い。二〇〇二年に設立され、本書刊行の二〇一九年は一七年目である。人間ならば悩み多き高校生と同じ年齢で、

図5―1　大阪大学総合学術博物館待兼山修学館。1931年に竣工したモダンな建築

思春期特有の難しい問題にも行きあたる。

船に見立てるならば、潮が複雑に渦巻く「社会」の海原をどのように航海するか、暗く沈んで見えない海底――つまり「社会」の基盤にどのように投錨し、しっかりと固定するかにも腐心している。その意味で大学博物館の教員は、専門分野の教育研究を担当すると同時に、大学博物館という船の航海技術に長けた航海士であり、機関士であり、造船技師であり、航路開発の経営者でなくてはならないのだろう。

ここでは、大阪大学における大学博物館の設立と、企画開催した展覧会の歴史を最初に述べるとともに、「社会」を対象とした大学博物館らしい実験的なアプローチとして、私が担当した「CAMPUS MUSEUM PROJECT（キャンパス・ミュージアム・プロジェクト）」と「待兼山少年プロジェクト」を紹介したい。

1　ミュゼオロジーの開拓とキーワード

「エコミュージアム」と「記憶」

最近あたりを見回すと、「共創」という言葉が飛びかっている。本来はマーケティングやイノベーション創出の手法のひとつとして用いられる専門語である。成熟した消費社会では、消費者の価値観や消費行動も多様かつ流動的であり、新しいニーズへの対応は、商品やサービスを提供する企業側だけではできない。日常生活においてサービスを受ける消費者と新しい価値を持つ商品やサービスを共に創りあげていくことが要求される。「共創」とは、サービスを提供する企業と、享受する消費者とが、ともに新しい商品やサービスを創り出していくという意味である。

その「共創」という言葉に、「社会」と「大学」を指す「社学」を加えると、どのような意味となるのだろうか。かつて大阪大学では、「社会」と「大学」を結びつける組織として「大阪大学21世紀懐徳堂」を設立し、「社学連携」の言葉で活動を展開した。「社学連携」が現代の新しいタームである「社学共創」に変化して組織再編がなされたわけだが、では、現在の「大学」は「社会」とともに何を共に創りあげていこうとするのだろうか。

新しく設けられた大阪大学社学共創本部のホームページには、「大学が今まで以上に地域社会の諸課題と向き合い、その解決に尽力することが必要であるのは明らかです」（本部長・永田靖）と明記され、マーケティングやイノベーション創出の用語として新しく登場した「共創」という言葉を、あえて大学活動の進むべきひとつのベクトルに位置づけようとしている。しかし、言葉のリテラシーも含め、「社学共創」のあり方は一筋縄ではいかない予感がする。私の場合、総合学術博物館の運営にここ一〇年かかわってきており、「共創」という言葉がにぎやかになる以前から、博物館が築いてきた「社会」とのかかわり方への固有の土台がある。

「社学共創」に興味があって本書を開いた読者に確認してもらいたいキーワードが、「ユニバーシティ・ミュージアム（大学博物館）」である。博物館と呼ばれる施設は全国にあり、歴史系や美術、自然科学など多彩な分野にわたり、動物園や植物園も含んで、「博物館法」では登録博物館、博物館相当施設、博物館類似施設にランク分けされている。設置母体によっても性格は異なり、それぞれのミッションがある。国立大学の大学博物館の場合は、一九九五年の学術審議会学術情報資料分科会「ユニバーシティ・ミュージアムの設置について」の答申を受けて設置された館も多い。「大学博物館」のミッションはこの「答申」によって規定されており、その設立目的や存在意義を、調査研究以上に市民サービスを優先させる公立博物館や、企業の広告塔の役割も担う企業博物館などと同列に論じるには議論が必要である。

ただし「答申」は、大学博物館が教育研究機関である「大学」の組織として教育研究にかかわることは自明のこととして、「大学」が地域社会に対する知的・文化的情報の発信拠点となるために、創造的、革新的な新知見等の研究成果を社会に積極的に発信することも提言する。従来の論文に寄らない新しい形式で研究成果を発信し、大学全体を社会が要請する「開かれた大学」を目指すことをミッションにあげる。この部分が、大学博物館が最も「社学共創」につながる方向性を提言した部分であることは間違いないだろう。

では具体的には、右のミッションのためにどのように博物館は行動し、具体的に何をすればよいのか。これについては各館でも、関係者個人個人でも解釈は異なるはずである。私の場合は、「新しい形式で研究成果を発信」すべきとある所を、社会にむけた新しいミュゼオロジー（Museology）を探究し、実践すべきものと理解している。ミュゼオロジーとは「博物館学」「美術館学」と翻訳され、博物館や美術館の社会的機能、運営、活動などを対象とする学問、研究領域のことである。

この理解を前提に本章では、大阪大学総合学術博物館で試行してきた様々な事業のうち、「社学共創」的な方向性を向いていたと思われる企画をあげていくわけだが、新しいミュゼオロジーの探究の事例において、次にキーワードとなるのが、「エコミュージアム（Ecomuseum）」という言葉である。
「エコミュージアム」とは、エコロジーとミュージアムをつないだ造語である。住民参加によって、地域で受け継がれてきた自然や文化、生活様式を含めた環境を総体として研究・保存・展示・活用していくという考え方で、様々なやり方が模索されている。国際博物館会議（ＩＣＯＭ）の初代ディレクターのリヴィエールが一九六〇年代後半に提唱し、「エコミュージアム」という用語は一九七一年の第九回国際博物館会議で発表された。日本でも、厳密に「エコミュージアム」と呼ぶかは別として、「地域全体が博物館」と見なし、地域の自然や文化芸術、街並みなどの環境を保全、育成する町おこし的な企画が各地で行われている。

大阪でも、二〇〇三年の大阪歴史博物館での没後二〇〇年記念「木村蒹葭堂―なにわ知の巨人―」展に触発された地元の大阪市西区堀江を中心とする人々が「なにわエコミュージアム」を立ち上げている。同展の企画に携わった私も個人的に参加した。既存のジャンル、分野、境界を超えた人々が連携した〝屋根のないミュージアム〟であり、大阪市立図書館を中心に、地域の飲食店をはじめ様々な店舗が参加して、三年計画で継続的に開催されている。

この「エコミュージアム」の大阪大学における実践として試みたのが、豊中キャンパスにあるアートリソースを調査・公開した「CAMPUS MUSEUM PROJECT」であり、廃止された石橋職員宿舎を活用した「待兼山少年プロジェクト」であった。

どちらも、地域社会と触れあいながら、大学キャンパスという空間を材料に新しいミュゼオロジーの開発を試みたものである。成功したか、失敗であったかはここでは書かないが、博物館の展示室内にとどまった従来の展示――比喩的にイメージで示せば、章立てされた展示構成で打ち立てられた世界観に沿って、石垣を組み上げるように展示ケースに資料《モノ》をならべ、城に籠もるように「知」の強固な防衛ラインを構築する籠城型の展覧会とは異なり、つねにフィールドにあって展開し、資料《モノ》を配置したり、その存在を指し示し、状況に応じてアクティブに変化していく野戦型の企画を意識したものである。

むろん、「エコミュージアム」では人的なつながりが重要だが、ここには現実的な問題もあり、建築や庭園、遺跡、自然環境をはじめ、博物館展示室という小さな空間に収まらないものを、どのように展示するかについてのミュゼオロジーの課題があることを付け加えておく。毎年秋に大阪市内の近代建築が連携して開催される「生きた建築ミュージアム フェスティバル大阪（イケフェス大阪）」も、展示室に入らない展示資料をつないだ「エコミュージアム」のひとつであろう。

そして、もうひとつキーワードとなるのが「記憶」という言葉である。従来の博物館では、歴史資料など、あるテーマにかかわる文書や器物、絵画資料などが展示され、展覧会が構成されてきた。しかし、それはあくまで残された範囲の学術資料の展示によって、企画テーマの周辺を来館者に喚起させるものであり、テーマそのものの時代や社会の現実などを直接突きつけるものではない。

極端な例をあげれば、戦争をテーマとした企画展で展示された遺品や写真は、戦争の悲惨さを伝えるが、博物館というフィルターを通したものであり、決して爆撃による現実の廃墟や本物の死体を並べたものではない。限られた資料によって、来館者の知性や感性、想像力に訴えかけ、当時は見えなかった社会的背景も含めて戦争を疑似体験させるのである。

ほかの分野でも同様で、歴史学や考古学、美術史学、演劇学、民俗学や自然史系諸学の各分野で厳選された「学術資料」が集められ、それぞれのテーマによって陳列されるが、あくまでも世界の断片に過ぎない僅少な資料によって来館者に、世界全体を疑似体験させることになる。それはどこか、プラトンがイデア論で説いた、人間が肉体的に感覚する世界は、真実であるイデアの「似像」に過ぎないとする考えに通じる気もする。

聞き取り調査など厳密な学術研究の方法が確立されている部分もあるが、ここで注目したいのは、もう少しゆるやかに範囲をひろげた地域の「記憶」の問題である。「記憶」そのものは、それが語られ、成文化しない限り文献資料とはならない。しかし、成文化されていないからと言って、それを無視して地域や時代を論じることも研究者としては怠慢ではなかろうか。

例えば、戦後の高度成長期における大阪の歴史や文化、社会を研究するとき、一九七〇年の日本万国博覧会の歴史的位置づけを再検証することは重要であり、万国博協会の報告書などの文献資料で検証できることだけではなく、これに関する膨大な「地域社会」の「記憶」が、社会そのものに蓄積されていることは言うまでもない。

社会全体を巻き込んだ「エコミュージアム」的な新しいミュゼオロジーの展開にとって、地域の「記憶」を取り込んでその時代や社会の空気を再現するかは、きわめて重要な課題である。文化庁「大学における文化芸術推進事業」の助成で総合学術博物館が主催し、文学研究科との共催で開講する「「記憶の劇場」大学博物館を活用する文化芸術ファシリテーター育成講座」が、講座名として「記憶」をテーマに謳うのも、同様のミュゼオロジーの可能性をさぐるものであろう。

「地域社会」としての「大学」とキャンパスの都市化、街場化

「エコミュージアム」や「記憶」に加えて、やや反省的に問題としてあげたいのが「社会」という言葉である。人間と人間のあらゆる関係を含む言葉が「社会」である。これを含んで用いられる「社学」とは、一般に対照軸として「社会」と「大学」があり、二項が対立したり、融和するように考えられているが、「大学」自体も、固有の文化風土を育んできたひとつの「社会」としての歴史を重ねている。

二〇一八年のデータによると、大阪大学は学部生で約一万五〇〇〇人、院生で約八〇〇〇人、教員数で約三三〇〇人、事務系や技能系職員や含むとさらに数はふくれ、全体で人口三万人規模の小都市を形成しているとも考えられる。国ならば、世界最古の共和国であるサンマリノ共和国や、リヒテンシュタイン公国、モ

ナコ公国などが人口約三万数千人である。

一般に「社学共創」で推進されようとしているのは、象牙の塔と呼ばれた閉鎖的なイメージの「大学」が、いかに「地域社会」にかかわり、問題を共有して解決していくかがテーマだが、「大学」も固有の「地域社会」として存在しており、「大学」自身が「地域社会」として自ら孕む問題をいかに解決しようとしているかは重要な課題であるはずである。混ぜ返すための議論をしているつもりはない。任期制に縛られた雇用や育児環境の問題、少子化、グローバル化への対応など、全国で「地域社会」が直面している問題は、縮図として時には「大学」内部で先鋭化し、ハレーションをおこしている。うがった見方をすれば、「大学」自身が解決できない自身の問題を「地域社会」に一方的に問いかけても、解決できる現実味は薄いと言える。

さらに大阪大学の場合、「共創」を目指して「社会」の側にすり寄ろうとしても、「社会」の側が本当に大阪大学との連携を期待しているのかにも、多少の疑念を抱かないでもない。

大阪大学は吹田市、豊中市、箕面市の三カ所に主なキャンパスを有しているが、旧帝国大学で、本部はじめ主要キャンパスが、都道府県庁所在地あるいは政令指定都市にないのは本学だけである。東京大学が都内の文教地区である文京区本郷に、京都大学が洛東吉田山から百万遍に、開学以来の歴史と共に広大なキャンパスを構え、そのボリューム感によって地域の市民に存在感を与えている。北海道大学も札幌駅に近接した一大観光拠点として、市民に親しまれている。対して大阪大学は、所在地である北摂三市や母校愛に満ちた同窓生にとっての存在感はさておき、大阪市内でのキャンパスそのものの存在感は、東大、京大と比べて希薄としか言いようがない。

突っ込んで言えば、市民が「大学」に期待していたならば、郊外への移転計画の出たときに大阪市民はそれを引き留めたのではなかったか。現在は外国語学部である旧大阪外国語大学の大阪市天王寺区上本町から箕面市への移転も同様である。なぜ引き留めようとされなかったのか。どちらが他方を見捨てたのか。

第一六代大阪大学総長の鷲田清一本学名誉教授は、二〇〇七年から二〇一一年までの総長時代、情報や価値観、複雑な社会と人間が錯綜する大都市に位置していない現状を大阪大学の弱点にあげ、創設地である大阪市内への回帰を意識した戦略を試みた。吹田、豊中、箕面の三市は戦後、大阪市への編入の可能性が一部で囁かれたこともあったようだが、基本は大阪市のベッドタウンであり、学生が日常に経験する社会や文化的体験の濃度は、清濁あわせ呑んで混沌とした大阪市内と異なる。

「地域に生き世界に伸びる」(Live Locally, Grow Globally)をモットーに、鷲田総長時代に社会と大学を結ぶ「21世紀懐徳堂」を創設し、大阪大学中之島センターの活用や京阪中之島線のなにわ橋駅にあるアートエリアB1などの拠点が構築されたほか、中之島センターを核とする本格的なキャンパス建設の可能性も模索された。大川で繰り広げられる一大ページェントである天神祭に「阪大船」をチャーターしたことも、大阪都市圏における盛大な祝祭、歴史的文化的活動に積極的にかかわろうとする意識の表れであった。

しかし、鷲田元総長からは、大阪大学の大阪市内への回帰とは異なる大学経営の別の思いをうかがったことがある。中之島に新キャンパスを開設するなど、大阪市の都心回帰が現実的に困難であることはむろん承知しているが、それならば逆に、北摂にあるキャンパス自体を、教室や研究棟が立ち並んだニュータウンのような無機的な学園空間とするのではなく、街的な諸々の要素を呼び込んで、象徴的な意味でのキャンパスの都市化、最近の流行では街場化を図りたいという趣旨だったと思う。

こうした問題も含めて、「エコミュージアム」の手法を検討、導入し、「大学」という「地域社会」の姿かたちや問題をあぶり出し、「記憶」を鍵に実験的にキャンパスそのものを人間の集う都市化、街場化しようとする新しいミュゼオロジーの探究は、広義の「地域社会」の諸課題と向き合い、その解決のために大学博物館がとり得るひとつの可能性ではなかろうか。その試みが「CAMPUS MUSEUM PROJECT」と「待兼山少年プロジェクト」である。

2 そして大学博物館は誕生した

大阪大学総合学術博物館の創立

とは言え、最初に大阪大学と総合学術博物館について紹介しておかねば、私が何を語ろうとしているのかが分からないだろう。そもそも大阪大学総合学術博物館とは何ですか、という読者も多いはずだ。以下にその誕生の物語を述べよう。

大阪は奈良、京都に先んじて難波宮が置かれた古都であり、中世の石山本願寺の時代を経て、近世は「天下の台所」を謳われた。大阪大学は、一七二四年（享保九）に大坂で開校された町人たちの学問所である懐徳堂と、一八三八年（天保九）に設立された医学塾の適塾を精神的源流とする。さらに近代の大阪市は、一九二五年（大正一四）の第二次市域拡張によって人口面積で東京を抜いて、世界第六位の都市〝大大阪〟へと成長した。市民の要望で大阪帝国大学が設立されたのも〝大大阪時代〟の一九三一年（昭和六）である。府立大阪医科大学などの国への移管によって、医学部と理学部の二学部から構成される第八番目の帝国大学として誕生した。

戦後、学制改革で廃止された府立の浪速高等学校（浪高）と国立の大阪高等学校（大高）を吸収して新制大学となる。二〇〇四年に国立大学法人化し、二〇〇七年に大阪外国語大学と統合し、キャンパスは、吹田キャンパス（吹田市）、豊中キャンパス（豊中市）、箕面キャンパス（箕面市）があり、大阪市北区中之島にある中之島センターを第四のキャンパスと呼ぶ場合がある。

総合学術博物館は豊中キャンパスにあり、阪急石橋駅に近い待兼山修学館を展示館に活動している。学術審議会学術情報資料分科会「ユニバーシティ・ミュージアムの設置について」の答申を受け、二〇〇二年に全国で第八番目の国立大学総合博物館（省令施設）として発足した。旧七帝国大学では最後に設立されている。

しかし、当初は展示室をキャンパスに確保できず、二〇〇二年はパネル展示を中心に第一回企画展にあたる「いま阪大で何が？──人間・地球・物質──」を、大阪歴史博物館・NHK大阪放送会館一階のアトリウムで開催する。博物館発足をアピールする意図もあって、翌年も同じアトリウムで第二回企画展を開いた。二〇〇四年五月、博物館が自由に使用できる最初の展示室を、旧イ号館（現・大阪大学会館）内に確保する。イ号館は、旧制浪速高等学校の本館として大阪府内務部営繕課の設計で大林組が施工し、一九二八年（昭和三）に竣工した。尖頭形の窓やネオゴシック風の外観意匠に特徴がある国登録有形文化財である。二〇一一年、大阪大学八〇周年を記念して耐震補強や修復がなされ、名称を「大阪大学会館」に改めた。

二〇〇五年八月、待兼山修学館を展示施設として改修し、常設展のみならず企画展も開催できる本格的な博物館として活動を開始した。「大阪大学総合学術博物館」とは一般にこの建物を指す。修学館は、旧大阪帝国大学医学部附属病院の石橋分院として一九三一年（昭和六）に竣工した国登録有形文化財で、ステンドグラスやタイルにモダニズムが横溢し、ウッドデッキのあるカフェも併設している。キャンパス内に残る最も古い二つの近代建築を本拠に博物館は活動を開始した。

以降、修学館において原則的に春と秋の二回、特別展や企画展を開催し、その研究成果は、大阪大学総合学術博物館叢書（大阪大学出版会）にまとめられ、すでに一五冊を刊行している。年間入場者数は平均二万人あり、固定ファンも定着して、小規模な地方公立館ぐらいの入館者を維持している。

館蔵資料で有名なのが、一九六四年（昭和三九）に理学部建設の工事現場から発掘された約四〇万年前のマチカネワニ化石である（図5─2）。全身骨格がのこされ、標本同定の基準となるタイプ標本として貴重で、常設展示され、国登録記念物に登録された。そのイメージは大阪大学ならびに地元豊中市のゆるキャラとしてマスコット化されている。

ほかにも一九五〇年（昭和二五）に開発された「真空管計算機」や、「第一号磁界型電子顕微鏡」が国立科

図5―2　学術的に貴重なマチカネワニ化石

学博物館の重要科学技術史資料に登録され、館が立地する待兼山遺跡の発掘品や、初代総長の長岡半太郎、中間子論の湯川秀樹（ノーベル賞受賞の研究は大阪帝国大学時代のもの）、通信工学の八木秀次、原子核物理学の菊池正士、有機化学研究の眞島利行らの業績も展示される。大学博物館と自校史の問題について私は『大学時報』（二〇一八年九月号、一般社団法人日本私学連盟発行）の「特集 自校史と大学博物館」で別に論じたが、大阪大学が精神的源流とする懐徳堂と適塾の資料展示や、旧制大阪高等学校と浪速高等学校についても、博物館二階に展示する。

学術審議会の「答申」と博物館の連携

解説しておきたいのは、学術審議会の「ユニバーシティ・ミュージアムの設置について」（以下「答申」と表記）である。

内容を簡単に述べると、現代日本において、大学での学術研究によって収集・生成された学術標本は、施設や要員不足等のため最悪の状況に置かれている。欧米と比較して悲惨な状態であり、我が国の研究と教育の活力を著しく阻害している。そもそも学術標本は、異なる研究分野からも研究や教育資源として利用されるもので、国際的評価が確立した欧米の大学が、豊富な学術標本を収蔵したユニバーシティ・ミュージアムを設置し、研究はもとより学術情報の発信・受信基地となっているように、保存や活用がしやすいように、情報の公開や閲覧調査体制を整備すべきである。さらに欧米の大学博物館は、「社会に開かれた大学」の窓口として研究成果の展示でも活発に機能している。

また、学術資料の研究や教育資源として活用する環境整備が必要なことは言うまでもなく、欧米に比して日本の実証的研究や教育は脆弱であり、一次資料との接触可能な環境整備が十分ではない。研究・教育の内容が皮相化し、そこから派生する二次三次の研究成果や本質的で独創的な活力にも欠けている。学生や研究者が一次資料と接触する機会を増やす場を設置整備することが必要だろう。一方、環境問題や先端的研究に典型的なように、現代の学問は総合化と同時にシステム科学への傾向を強めており、それに柔軟に対応できる一次資料の集積と整備は今後の学問の展開に極めて重要である。

そして「答申」は、大学博物館の基本的な活動として、(一)収集・整理・保存、(二)情報提供、(三)公開・展示、(四)研究、(五)教育をあげる。これは「博物館法」において「博物館」とは、「歴史、芸術、民俗、産業、自然科学等に関する資料を収集し、保管(育成を含む)し、展示して教育的配慮の下に一般公衆の利用に供し、その教養、調査研究、レクリエーション等に資するために必要な事業を行い、あわせてこれらの資料に関する調査研究をすることを目的とする機関」とするのと対応する。ただし、大学施設として「教育」が一項目として立てられているのが特色で、学生には学術標本に接する機会を設けて実証的な教育を提供し、学内の研究成果はアウトリーチとして展示で公開するとしている。

また、新しい展示などを通して大学全体を社会が要請する「開かれた大学」とすること、地域社会に対する知的・文化的情報の発信拠点とするために、創造的、革新的な新知見等の研究成果を地域社会に積極的に発信することを重要とする。研究成果の展示に関しては、論文等によらない新しい形式の公表の方法も研究すべきとする。大学博物館を対照とする「答申」である以上、新しい博物館学、ミュゼオロジーの研究開発を大学博物館のミッションとしたことに読みとれる。

その意味において、国立大学の博物館は内部に向いて、学術資料の整理保存による個々の研究活動や成果の普遍化やボトムアップを担保推進する機関であり、社会には「共創」以前から「開かれた大学」の理念に基づいて「大学」を開く前衛をなす組織として運営されることを定められているのである。

さらに「答申」は、博物館の研究者を中心とした大学内外の共同研究を求め、大学博物館同士の連携や、定期的に協議会を設置開催すること、協議会への一般の博物館の参加も期待している。こうした考えを反映して国立大学博物館同志の「全国大学博物館等協議会」が結成され、学会としての「博物科学会」も設立された。また、京都に「京都・大学ミュージアム連携」があるように、大阪圏にも国公立と私立の大学博物館を結ぶ「かんさい・大学ミュージアムネットワーク」が結成された。事務局を関西大学博物館におき、大阪、兵庫、奈良、和歌山、滋賀の大学が加盟する。近年は「交流する大学ミュージアムを目指して〜大学の扉を開く〜」をテーマに文化庁の支援を得て様々な取り組みを進めている。

この連携で本館は、主に大学博物館の存在やあり方を問うシンポジウムを担当し、二〇一三年「大学博物館、街に出る—これでいいのか？大阪のミュージアム—地域文化と学術研究の担い手を目指して—」（図5—3）、二〇一四年「シンポジウム　大学ミュージアムを熱く語る—街と大学の〝記憶〟をめぐって—」を大阪大学中之島センターに開催し、後者は大阪芸術大学、大阪商業大学、関西大学などの連携加盟博物館のほか、全国大学博物館等協議会が後援して、北海道大学、愛媛大学の博物館からもパネリストを招いた。二〇一六年には、文化庁の地域の核となる美術館・歴史博物館支援事業によって「大学ミュージアムをめぐ

るシンポジウム みんなのヒストリーみんなのミュージアム」を、グランフロント大阪のナレッジキャピタルに開催し、大学以外の市町村の公立館や企業系の博物館美術館からも発表者を招いた。

さらに大阪府の北摂地域の国公立、私立、大学博物館などの連携を意図した「北大阪ミュージアムネット」（会長館・吹田市立博物館）にも参加して、ここ何年かは、一一月の「関西文化の日」に、加盟館が自館を紹介する「北大阪ミュージアムメッセ」を国立民族学博物館で開催している。二〇一八年度は、二〇二〇年がEXPO'70・大阪万博から五〇周年にあたることから、一般来場者から家庭に眠る大阪万博資料などを持参してもらい、当時の思い出などの聞き取りも行うイベントを開催した。大学博物館によるオーソドックスな「社学共創」に切り込む窓口は、現在、ここら辺りにあると言えるだろう。

ＭＯＵの企画展・特別展の変遷

つづけて本館で開かれた展覧会の歴史を綴っていく。このなかに総合学術博物館が、いかに「地域社会」を意識してきたかが記録されている。

大阪大学総合学術博物館の最初の展覧会は、二〇〇二年の第一回企画展「いま阪大で何が？——人間・地球・物質——」、翌年の第二回

図5—3 「大学博物館、街に出る—これでいいのか？大阪のミュージアム—地域文化と学術研究の担い手を目指して—」の当日配布のプログラム。中央で縦に二つ折りにする。表紙の裏表に○と×が印刷され、会場参加者は、司会やパネリストの問いかけに、○か×のどちらかをかかげて意見を示した

企画展「ジグソーのピースを探して―調和と共生―」であった。二〇〇四年は、大阪大学イ号館に展示室を設け、改装記念展「マチカネワニとキャンパスの博物誌」を開いたが、同時に第三回企画展「疑問があなたを変えるんです―常識と非常識―」を大阪大学中之島センターに開催する。翌二〇〇五年も、第四回企画展「時空のなぞ―アインシュタイン・イヤーによせて―」を中之島センターで開催するなど、大阪市をはじめ広く社会に博物館設立をアピールしようとしたかが分かる。実物資料の展示は難しく、基本はパネル展示であった。

二〇〇六年は一〇月から翌月に第一回特別展「「みる科学」の歴史―懐徳堂・中井履軒から超高圧電子顕微鏡まで」をイ号館で開催するとともに、一二月に公開シンポジウムにあわせたパネル展示で第五回企画展「マチカネワニのいた時代」を中之島センターに開いた。二〇〇七年は第六回企画展「ユネスコ湯川年二〇〇七　大阪大学と湯川秀樹博士　素粒子の世界を拓く　湯川秀樹・朝永振一郎展」をイ号館で、本格的展示館として改装された待兼山修学館で第七回企画展「くるみ座の半世紀　関西新劇の源流」を開いた。

なお同年、大阪歴史博物館と本館の連携企画として、大阪歴史博物館の特集展示室（常設展示場内）において、大阪歴史博物館第五二回特集展示、大阪大学総合学術博物館第二回特別展の位置づけで「城下町大坂」を開催し、大阪大学総合学術博物館・大阪歴史博物館監修／鳴海邦匡・大澤研一・小林茂編の大阪大学総合学術博物館叢書第三巻『城下町大坂―絵図・地図からみた武士の姿―』（大阪大学出版会、以下「博物館叢書」と略称）が刊行された。

本館の定義として「企画展」は博物館以外の部局の教員の研究成果、「特別展」は博物館所属の教員の研究成果に基づく展覧会である。修学館での本格的展覧会は春と秋に開催され、二〇〇八年度の春は、大学院経済学研究科の教員が中心となって第八回企画展「「東洋のマンチェスター」から「大大阪」へ―経済でたどる近代大阪のあゆみ―」を開き、二〇一〇年に阿部武司・沢井実著／博物館叢書第六巻『東洋のマンチェスターから大大阪へ―経済でたどる近代大阪のあゆみ』が刊行された。また同年秋は、緒方洪庵の薬箱を中心に、本館の髙橋京子准教授を中心に第三回特別展「二十一世紀の薬箱　新しい医療文化の形成」を開催している。

二〇〇九年度は春と秋に加えて新年の計三回展覧会を開き、春に第四回特別展「昭和十二年のモダン都市へ―観光映画「大大阪観光」の世界」、秋に第九回企画展「維新派という現象「ろじ式」」を開催し、年が明けた一月に第一〇回企画展「〝漆〟(JAPAN)の再発見―日本の近代化学の芽生え―」を開催した。

「昭和一二年のモダン都市へ」は、前年の第八回企画展とともに「大大阪時代」をとりあげ、大阪の近代史の再検証を試みて市民に強くアピールし、橋爪節也編著の博物館叢書第四巻にまとめられている。また、劇団「維新派」は世界的に著名な大阪の前衛劇団で、「ヂャンヂャン☆オペラ」と呼ばれる独自のスタイルを確立し、瀬戸内芸術祭でも犬島での野外公演を行った（図5―4）。会期中、博物館の前でパフォーマンスも開催する。「〝漆〟の再発見」では、漆の分子構造を解明し、大阪帝国大学総長もつとめた眞島利行の業績を紹介し、あわせて乾漆技法解明のため試作的に制作された「阿修羅像」模造も展示した。

二〇一〇年度は、春に第一一回企画展・適塾特別展示　緒方洪庵生誕二〇〇年記念・大阪大学創立八〇周年プレイベント「えがかれた適塾」、

図5―4　「維新派展」の展示会場。展示も維新派が行い、迷宮のような空間が出現した

秋は第一二回企画展「線の表現力―アートの諸形態、須田国太郎《能・狂言デッサン》から広がって」を開催する。前者は、手塚治虫、司馬遼太郎という大阪大学ゆかりの漫画家、作家がどのように適塾や洪庵を描いたかがテーマとなり、後者は大阪大学附属図書館に寄贈された須田国太郎のデッサンを中心とした能狂言研究とともに、絵画の線をテーマに村上華岳や松本俊介の作品なども展示した。十月には、大阪大学グローバルCOEプログラム「コンフリクトの人文学国際教育研究拠点」の主催で特別展示「抵抗を縫う―チリのキルトにおける触覚の物語―」を開き、ピノチェト政権下のチリで布切れを縫い合わせて国内の窮状を伝えたメッセージ・アートとしてのアルピジェラを展示した。

二〇一一年春は、第一三回企画展 大阪大学創立八〇周年記念展 豊中市制施行七五周年記念事業「阪大生・手塚治虫―医師か?マンガ家か?―」、秋は第一四回企画展「脳の中の「わたし」と情報の中の〈私〉―五感を揺るがす摩訶不思議なメディア技術―」を開催した。後者は大学院情報科学研究科と博物館の共催になり、展示構成の中心となった同研究科・安藤英由樹准教授は後述の第八回特別展「待兼山少年―大学と地域をアートでつなぐ《記憶》の実験室―」にも参加した。

二〇一二年度は、博物館創立一〇周年記念と銘打ち、春は第五回特別展「巨大ワニと恐竜の世界―巨大爬虫類二億三千万年の攻防―」、秋は第一五回企画展「ものづくり上方〝酒〟ばなし―先駆・革新の系譜と大阪高工醸造科―」を開催した。前者の特別展には北海道大学の小林快次准教授が参画し、展覧会は北海道大学総合博物館に巡回して、小林快次、江口太郎著/博物館叢書第五巻『巨大絶滅動物 マチカネワニ化石―恐竜時代を生き延びた日本のワニたち―』が刊行されている。後者は、国内初の醸造科が大阪高等工業学校(大阪大学工学研究科の前身)に誕生したことをはじめ、竹鶴政孝や佐治敬三をとりあげた。博物館叢書第八巻も刊行され、企画担当の松永和浩講師(現・社学共創本部准教授/適塾記念センター)は、本展覧会の縁で連続テレビ小説『マッサン』の考証も依頼された。夏には山岳総合開発国際センター(ICIMOD)、日本ヒマラヤン・アドベンチャー・トラスト（ＨＡＴ‐Ｊ）の主催で、写真展「ヒマラヤ―変わり行く景観」を開催したほか、年度末に国立公文書館所蔵資料展「国立公文書館が大阪大学にやってきた」を開いている。

展覧会はさらにつづいていく

二〇一三年度は、寄託を受けていた具体美術協会関係の作品・資料を中心に、春に第一六回企画展「オオサカがとんがっていた時代―戦後大阪の前衛美術　焼け跡から万博前夜まで―」を、秋は第六回特別展・適塾創設一七五周年記念・緒方洪庵没後一五〇年記念「緒方洪庵・適塾と近世大坂の学知」を開催した。具体美術協会は、中之島に美術館「グタイピナコテカ」を開設していた美術団体であり、適塾の展示とともに、どちらも大阪の文化に対する強いアピールを含むものである。翌年二月には、文化庁／文化遺産地域活性化推進事業として、第一七回企画展「野中古墳と「倭の五王」の時代」も開く。博物館叢書として、橋爪節也・加藤瑞穂編著『戦後大阪のアヴァンギャルド芸術―焼け跡から万博前夜まで―』、高橋照彦・中久保辰夫編著『野中古墳と「倭の五王」の時代』が刊行された。

二〇一四年度は、春に第七回特別展「漢方今昔物語―生薬国産化のキーテクノロジー―」、秋に世界結晶年２０１４（International Year of Crystallography 2014）を記念した第十八回企画展「魅惑の美 Crystal ―最先端科学が拓く新しい結晶の魅力―」を開く。前者は、髙橋京子・森野てる子著／博物館叢書第七巻『森野旧薬園と松山本草―薬草のタイムカプセル』（二〇一二年）も踏まえ、髙橋京子・小山鐵夫編／博物館叢書第一一巻『漢方今昔物語―生薬国産化のキーテクノロジー』にまとめられた。後者では、尾形光琳の国宝「紅梅白梅図屛風」（ＭＯＡ美術館所蔵）を粉末Ｘ線結晶解析等にて分析し、日本画家の協力で制作過程を蘇らせたことに関するシンポジウムも開かれた。この年度からは、小中学生の来館を想定して試行的に夏の特集企画展を開催し、「奇跡の古代鰐・マチカネワニ―発見五〇年の軌跡―」を開いている。

二〇一五年度は、後述するが春に第八回特別展「待兼山少年―大学と地域をアートでつなぐ《記憶》の実験室―」を開いた。夏期特集展「藍と薬のめぐりあい―和漢薬「敬震丹」と阿波・大坂―」につづいて、秋は大学院文学研究科日本東洋美術史研究室の藤岡穣教授の科研成果による第一九回企画展「金銅仏きらきらし―いにしえの技にせまる―」を開催する。本展開催に先立って、二〇一二年に総合学術博物館創立一〇周年記念文化財公開シンポジウム「奈良の大仏は　なぜ〝若くみえる〟のか?―美術史、化学、修復からみた金銅仏の最新研究―」が大学会館で催されている。

二〇一六年度は、大阪大学の歴史に関する展覧会がつづき、春は第九回特別展「嗚呼黎明は近づけり…友よ我らぞ光よと―よみがえる旧制高校　大高・浪高の記憶と記録―」を大阪大学アーカイブズとの共催で、秋は、大学院文学研究科、一般財団法人懐徳堂との共催で第二〇回企画展・重建懐徳堂開学一〇〇周年記念「KAITOKUDO　大阪の誇り―懐徳堂の美と学問―」を開いた。懐徳堂と適塾に関する文書類などの資料も大阪大学が所蔵し、秋季展も研究成果として、湯浅邦弘著／博物館叢書第一三巻『懐徳堂の至宝―大阪の「美」と「学問」をたどる』を刊行した。夏期特集展示「科学で楽しむ怪異考　妖怪古生物展」のほか、翌年三月に、二〇一六年度文化庁「大学を活用した文化芸術推進事業」の助成で「大学博物館を活用する文化芸術ファシリテーター育成講座「記憶の劇場」」の展覧会も開催している。

二〇一七年度は、春に大学院工学研究科・基礎工学研究科と共催で第二一回企画展「HANDAIロボットの世界―形・動きからコミュニケーション　そしてココロの創生へ―」、秋に第一〇回特別展「演じる私たち―戦後二〇年関西「新劇」の軌跡―」を開催した。ロボットの研究・開発は本学を代表する先端研究のひとつであり、河合祐司、浅田稔編著／博物館叢書第一四巻『ロボットからヒトを識る』を刊行している。なお、夏期特集展示は、春秋の展覧会開催や博物館学実習展などのため館員の負担が大きくなり、開催していない。

二〇一八年度は、春に第一一回特別展「四大文明の源流を求めて、探究の旅、描きとめる熱情―洋画家中村貞夫」を開催した。中村貞夫（一九三四〜）は大阪大学文学部仏文科出身の洋画家で、高校時代から小磯良平、伊藤継郎に師事し、新制作協会で活動する。二〇一二年には、北京の中国国家博物館にて日中国交正常化四〇周年記念事業「黄河―中村貞夫展―」を開催した。中村作品は本学の総合図書館や大学会館など学内の公共空間に多く展示されている。

展覧会は豊中市と共催し、新制作協会展入選の高校時代から大阪大学時代や、その後の《燔祭》シリーズ、《富士》シリーズまでを第一会場の総合学術博物館で展示し、開館したばかりの豊中市立文化芸術センターを第二会場として近作の《世界四大文明》の連作を展示した。豊中市の文化芸術センターでは、はじめての本格的な美術企画展であり、こどもたちも参加するワークショップをはじめ、市民参加のイベントがいくつも開催された。展覧会図録の位置づけで橋爪節也・竹中哲也編著／博物館叢書第一五巻『精神と光彩の画家中村貞夫―揺籃期から世界四大文明を超えて―』も刊行されている。

大学と自治体がひとつのテーマで協力し、合同で展覧会を開催することは、大阪歴史博物館との「城下町大坂」でも試みられたが、展示面積や作品数、イベントの充実や、毎日新聞社が共催に参加するなど「中村貞夫展」は規模が大きく、博物館としても「社学共創」を意識した実験的な試みであった。

3　アートリソース調査と「CAMPUS MUSEUM PROJECT」

アートリソース調査からはじまる

大学キャンパスには各所に彫刻や記念碑、絵画などが設置され、キャンパスライフにあって見馴れた風景を形成している。しかし、設置された経緯や意味、作品や作者の意図など必ずしも明確にはされていないことも多く、近年、東京大学本郷キャンパス中央食堂の壁面に展示されていた、現代を代表するアーティストの宇佐美圭司（一九四〇〜二〇一二）の《きずな》（一九七七年）が改修工事の過程において廃棄処分された問題がおこったのも、キャンパス内のパブリックアートへの認識の低さがおこした事故だろう。

キャンパス全体を博物館とみなす「エコミュージアム」の考えから、豊中キャンパスに設置された絵画や彫刻などのパブリックアートや記念碑、建築などを、文化的資源として活用する意味も込めて「アートリソース」と呼び、基盤研究（A）「大学における「アート・リソース」の活用に関する総合的研究」（二〇一五〜二〇一八、代表・五十殿利治）など科学研究費によって調査を進めた。

キャンパスの「アートリソース」のあり方は、アート全般に対する大学の意識レベルを計るとともに、消耗品や備品扱いではなく、固有の文化的資源として再評価し、積極的に活用する可能性を探る糸口ともなる。大学がひとつの「地域社会」とすれば、「アートリソース」は社会全体の共有財産であり、文化財的価値やそのメッセージ性などは、「地域社会」全体で理解し、活用すべきもののはずである。

豊中キャンパスの調査成果は、学内のみならず、学外の一般市民でもキャンパス内を回遊する形で鑑賞できるように、「見廻すとそこは、MUSEUM の真っただなか」をキャッチコピーとして、公開可能な個々の「アートリソース」の解説と設置場所の地図を「CAMPUS MUSEUM PROJECT」（キャンパス・ミュージアム・プロジェクト）と命名して博物館のホームページに掲載した。市民が散策しやすいように、散策ルートを「歴史コース」「科学コース」「大学史コース」「芸術コース」の四コースに分けて提案し、博物館の名で解説プレートをモニュメントの前に設置している。なお、貴重な「アートリソース」を本部や部局会議室などで確認したが、管理上、一般公開できないものは紹介していない。

ここで豊中キャンパスの空間的な特質について整理しておく。吹田キャンパスほど広くはないものの、一九二六年（大正一五）に大阪府豊能郡桜井谷村柴原（現・豊中市待兼山町）に創立された浪速高等学校の校地や建物を活用した歴史あるものである。阪急宝塚線石橋駅から旧浪速高等学校本館（大学会館）にむかう通称「阪大坂《はんだいざか》」に沿ったキャンパス西側の開発が早く、高度成長期から一九七〇年の大阪万博による千里丘陵開発と高速道路網の整備によって東側と南側に拡張されていく。一九六四年の理学部建設によるマチカネワニ化石の発掘も、高度成長期における都市近郊開発の歴史と密接にかかわっている。

自然を破壊して均質な住宅地が広がった日本の都市近郊開発のなかで、待兼山などの里山と人造池だが中山池が残り、待兼山を挟んで、近代建築として登録文化財の大阪大学会館（旧イ号館）と待兼山修学館が建つ状態は貴重である。いわば〝自然軸〟（待兼山―中山池）と〝歴史軸〟（大学会館―修学館）が交差し、間を縫うように通学路である阪大坂と、待兼山の遊歩道が絡まって、空間的魅力に富んだ特色ある地域が生み出されている。中山池越しには遠く六甲山系や甲山が雄大に眺望され、学生交流棟からは、昭和初期のスタイルを伝える大学会館を待兼山の自然とともに眺める「借景的」な景観がうみだされている。こうした魅力ある空間は本学キャンパスの中でほかに見当たらない。

キャンパスへの主要な入口は、大阪の東西を結ぶ基幹道路である中央環状線に面した南側の「正門」、キャンパス西北に位置し、阪急石橋駅に近い「石橋口」（阪大坂）、キャンパス南東に位置して大阪モノレール柴原駅につながる「柴原口」などがある。最も離れた「石橋口」と「柴原口」は直線距離で一二〇〇メートル以上あり、キャンパス全体は豊中市に属しながらも、一個の独立した都市空間の様相を呈している。

この空間に、文系部局として言語文化研究科、文学研究科、法学研究科、高等司法研究科、経済学研究科、国際公共政策研究科など、理工系は理学研究科、基礎工学研究科があるほか、全学教育推進機構をはじめ、附属図書館、総合学術博物館、サイバーメディアセンター、科学機器リノベーション・工作支援センター、太陽エネルギー化学研究センター、COデザインセンター、ナノサイエンスデザイン教育研究センター、数理・データ科学教育研究センターほかが建ち並ぶ。

小都市のシビックセンターにも匹敵するほど高密度に建て込んだ豊中キャンパスだが、部局関係で設置されたアートリソースも多く、いくつかの顕著な傾向が認められた。設置物の形状や来歴など個々の特徴から、私はキャンパスで確認したアートリソースを整理し、「記憶のくさび（学校史にかかわるもの）」「学術研究の記念碑」「屋外彫刻」などの項目に分類を試みた。

打ち込まれる「記憶のくさび」―学校史にかかわって―

「学校史にかかわるもの」は、大阪大学の母体となった二つの旧制高等学校の同窓会が、石橋口と正門脇に設置した学生像や校歌碑などである。自分たちの青春の痕跡を残すためにキャンパスに打ち込まれた「記憶のくさび」と呼んでみたい。

豊中キャンパスの環境整備に貢献したのが、旧制浪速高等学校と旧制大阪高等学校の同窓会である。旧イ号館を本館として学んだ浪速高等学校同窓会の寄贈を追ってみると、一九六〇年（昭和三五）に「浪高創立五〇周年記念碑」が旧イ号館付近に建立され、一九七五年（昭和五〇）に総合図書館前に「浪速高等学校創立五拾周年記念園」が開かれ、二〇〇一年の大学創立七〇周年記念植樹の際に、庭園の愛称として「浪高庭園」の石碑を設置している。

二〇一〇年には、大学会館（旧イ号館）を仰ぎ見るポーズで「待兼山庭園」に、制服にマントを被った学生像《友よ我らぞ光よと（旧制浪速高等学校学生像）》と《まちかね童子》を寄贈する（図5―5）。制作者は、旧制大阪高校第一回卒業生であった京都大学名誉教授の国文学者・野間光辰（一九〇九～一九八七）の令嬢で、京都芸術大学に学んだ彫刻家夢童由里子（一九四四～二〇一五）である。

もうひとつの大阪高等学校同窓会は、一九九一年の創立七〇周年の記念事業として正門脇の丘を「大高の森」として整備し、二〇〇九年には、大阪市阿倍野区の旧大阪高等学校跡地にあった《青春の像》（図5―6）

を「大高の森」へ移転し、旧大高の校門を模したデザインの「大阪高等学校寮歌歌碑」も近くに設置する。

《青春の像》は、戦後、大阪大学一般教養部南校に継承された旧制大阪高等学校が、一九六〇年（昭和三五）に廃止され、一九六二年、跡地に公団阪南団地が建設されるのに際して、公団に設置を依頼したものである。制作者の松田尚之（一八九八～一九九五）は東京美術学校（現東京藝術大学）に学んで帝展、文展、日展などで活躍し、金沢美術工芸大学、京都学芸大学（現京都教育大学）の教授をつとめた彫刻家である。平成の阪南団地の建て替えにあたり、像は大阪市内から豊中キャンパスに移転された。

二つの同窓会が自分たちの若き日の姿を、制服にマント姿で右手をあげた彫像にし、キャンパスの主要な入口である「石橋口」（浪速高校）と「正門」（大阪高校）という人目にふれる通学路に設置したことが興味深い。さらに浪速高校の彫像にある「友よ我らぞ光よと」は同校校歌の一節であり、大阪高校も寮歌の歌碑を設置するなど、バンカラなイメージの銅像に加えて、自分たちの存在を学校歌に託してキャンパスに残そうとす

［上］
図5―5　《友よ我らぞ光よと（旧制浪速高等学校学生像）》と《まちかね童子》

［下］
図5―6　大阪高等学校同窓会の《青春の像》

る。これは象徴的に「記憶のくさび」をキャンパスに打ち込む行為、明確な意思の表れと言える。

さらに豊中キャンパスでは全学の基礎教育も行われており、それが同窓会によって、旧制の教育制度における旧制高校の記憶と結びつけられているとも言える。アナロジーだが、キャンパスの主要な入口を中心に、二つの旧制高校にちなむ庭園と森が開設され、モニュメントが設置されたことは、かつての京都や江戸の都市建設において、延暦寺や寛永寺など鬼門鎮護の位置に有力な寺社を建立したことも連想させる。大学当局がマスタープランを策定し、新しい校舎や研究棟、実験・実習室を建設していくのと並行して、同窓会による寄附寄贈によってキャンパス全体の整備が、当局の想定しない別の意味づけで構築されている可能性もある。旧制高校同窓会の寄贈活動は、二つの彫像が据え付けられた時期がピークであり、高齢化によって同窓会活動も停止し、キャンパスに設置されたモニュメント群がどのように大学の中で機能していくかは今後の課題である。

これとは別に、新制大学となった戦後の大学学部同窓会が関与した事例が、キャンパス中央の法経講義棟周辺に配置されたモニュメント群である。同棟は法学部と経済学部が教室として使用しているが、正面入口がある東側を中心に建物の三方の角にモニュメントがあり、年代順に並べると、法経講義棟の南東に、一九七四年（昭和四九）、法学部同窓会創立二〇周年を記念して同窓会より巨大な記念石《青雲》が寄贈され、当時の釜洞醇太郎総長によるプレートが付けられた。ついで一九八四年（昭和五九）、西北の角に法学部同窓会創立三〇周年を記念して、同じ法学部同窓会より小山由寿《よしひさ》（一九三三〜二〇一二）のブロンズ彫刻《翔》が寄贈・設置され、当時の山村雄一総長によるプレートも設けられた。

建物の北東には、それ以前に「経済学部三省会（新制五期）」よって、「傍島省三教授記念植樹」がなされている。法律の厳正さを象徴するかのような法学部同窓会の巨石モニュメントに対し、樹木によって広がっていく経済を象徴させようという植樹なのかもしれない。植樹の位置と重なるように、昭和六十年（一九八五）

には、経済学部同窓会の寄贈で、木村光佑（一九三六〜）による陶板オブジェ《飛翔》（図5―7）が設置された。木村はシルクスクリーンの技法で戦後の大阪を代表する版画家で、パブリックアートでも活躍した。京都工芸繊維大学の学長もつとめている。部局長会議が開かれる吹田本部の大会議室の壁画も木村の作品である。《青雲》《翔》《飛翔》などのタイトルは、学生の成長への期待と自分たちの青春を喚起する言葉であり、ここにも「記憶のくさび」を打ち込もうとする傾向が認められる。同時にひとつの建物の周囲を陣地取りのように、二つの同窓会が棲み分け、モニュメントを設置していったかもうかがえる。

漂流するモニュメント――「学術研究の記念碑」と「屋外彫刻」――

「学術研究の記念碑」としては、理学研究科の周辺に一九三四年（昭和九）に大阪帝国大学理学部が導入した理学研究科のコッククロフト・ウォールトン型高電圧発生装置、GHQによって爆破された機器にかわって一九五四年（昭和二九）に導入されたサイクロトロンな

[上] 図5―7　木村光佑による陶板オブジェ《飛翔》
[下] 図5―8　柴原口に屋外展示されるサイクロトロン

どの実験装置が使命を終え、屋外にモニュメントとして展示されている（図5—8）。サイクロトロンは、戦前に大阪帝国大学に設置されていたものが進駐軍によって爆破され、その後で再建されたものである。「柴原口」にあって入構者に強いインパクトを与え、研究目的の装置だが造形的にも力強く、存在感はアートリソースと呼んで差し支えない。

文学研究科中庭に設置された「富田林市宮前山古墳石棺」は、一九六二年（昭和三七）、大阪大学文学部国史研究室が発掘した凝灰岩製の石棺である。現代では現地保存されるだろうが、当時は法律が整備されず豊中市に移された。貴重な学術資料であるが、本来の場所から切り離されたものであり、大学の学術研究を誇示するモニュメントにも見える。

二〇〇二年、大学院理学研究科の前に原寸大の化石をエッチングした「マチカネワニ発掘の碑」が理学研究科と博物館によって建てられている。これも学術研究の記念碑であり、大学の歴史にもかかわるモニュメントだろう。待兼山修学館に常設展示されたオリジナルの化石の存在を通行者に意識させる目的もある。

「屋外彫刻」には、山口牧生（一九二七〜二〇〇一）の《15°》（図5—9）、ジョージ・リッキー（一九〇七〜二〇〇二）の作品など、国立国際美術館移転にともない万博公園から移設されたものが多い。万博記念公園にあった国立国際美術館は、二〇〇四年に大阪市北区中之島へ移転したが、大阪市科学館周囲の地下（旧大阪大学理学部）に主要設備が集中し、屋外彫刻の展示スペースがないことから大阪大学に移されたものである。

しかし、芸術性が高いにしても、本来は大学校内のパブリックアートのために制作されたものではなく、芸術作品を学生に触れさせることは教育上、重要であるにしても、現状の設置の仕方は必ずしも作品鑑賞において恵まれたものではない。これも、本来あるべき場所から引きはがされた「漂流するモニュメント」とでも言うべき存在であり、多くの課題を残している。

神戸須磨離宮公園現代彫刻展で受賞した山口の《15°》は、現状の設置状況では芝を貼った盛り土に置かれていることで、二つの石を交叉させてタイトルにある十五度という微妙な角度を意識させる作品の魅力を減殺している。作品の周囲に手摺りのついた車いすのための坂道があることや、触れられないように張られたロープ式の結界も、作品のコンセプトや緊張感を台無しにする。設置当時の時代背景で想像すれば、スケートボードなどでの破損を恐れたものだろう。

児玉康兵《200H-24》（図5―10）も、正方形のユニットを基本に構成された作品の形状から、本来は平板な地面にそのまま置くべき作品と思われるのに、保護のための小さな台座を設けたことで鑑賞を妨げている。芸術研究棟の前にあるにもかかわらず、横の電柱が鑑賞を邪魔し、日常的なメンテナンスがなされていないことも問題である。

これらの作品が屋外彫刻であるにしても、大学校内を念頭にパブリックアートとして造られたのではなく、純粋な美術作品としての展示可能な美術館の空間などの環境での鑑賞を前提とする作品である。国立国際美術館からの移転が緊急避難的な処置であったにしろ、作品の造型意図が明確に伝わる展示環境が必要であり、その実現を目指した芸術的価値への認識を学内

[上]
図5―9　山口牧生《15°》
[下]
図5―10　児玉康兵《200H―24》

に広め、共有することが重要である。

ジョージ・リッキーについては、一九六九年（昭和四四）に開催されたEXPO'70大阪万博のための「国際彫刻家シンポジウム」への作者の参加と関係する作品と思われるが、タイトルや由来等は調査中である。設置場所は文学研究科の中庭にある先述の「富田林市宮前山古墳石棺」の横であり、四方を建物で囲まれた中庭で古代と現代が交差するのは面白いが、動く彫刻であるキネテック・アートとして作品の魅力を大きく減じている。

モニュメントは祝福されているか

以上のように豊中キャンパス調査で分かったことは、まず、つねに大学キャンパスには、記念碑や彫像などの形で自分たちの研究や在籍した記憶などを「くさび」として打ち込もうとする動きがあることである。大学と共生関係にはありながらも、同窓会など学外の組織からもたらされることが多い。また重要に感じられたのは、旧制大阪高校の《青春の像》のように、目的をもって設置されたものが、事情により当初の位置との関係を切断され、新しくキャンパスに移設されることの問題である。

「漂流するモニュメント」と私が呼ぶもこれらの場合、最初の設置者が目的とした「記憶のくさび」としての機能が断ち切られ、移設先で新しい文脈で読みとられることになる。ケースによって異なるが、そのことは当該の記念碑や彫刻にとって、祝福されることなのだろうか。国立国際美術館から移転された彫刻群が、本来の美術鑑賞の場を離れ、展示方法が不適切であることもそうであるし、つづけて行った吹田キャンパス調査で確認した中之島から移された様々なモニュメントも同様の状況にある。

「漂流するモニュメント」が祝福されているかを考えさせる吹田での事例をあげたい。まずは医学系研究科の前に設置された一群のモニュメントである。

オランダから来日し、大阪大学医学部の前身である大阪医学校で教鞭をとったエルレメンスを顕彰する《エルレメンス記念碑（FOR THE MEMORY OF DR. C. J. ERMERINS 設乙越爾蔑嗹斯先生記念碑）》（図5—11）は、一八八一年（明治一四）に中之島の公会堂前（現大阪市立東洋陶磁美術館の南側）に建てられ、その様子は、一九〇六年（明治三九）の『大阪経済雑誌』のイラストや一九一七年（大正六）の『関西建築協会雑誌』創刊号の「新装される中之島一帯の遠望」（図5—12）の写真に確認できる。しかし、記念碑は次第に粗略に扱われ、府での管理が難しいことから中之島四丁目に設立された大阪帝国大学医学部が引き取って校舎前に移転した。それが一九九三年（平成五）の医学部と付属病院の吹田キャンパス移転で、再度、移されたのである。

もうひとつが《巨美不滅》（図5—13）と題された記念碑で、現在「巨美不滅」の名称をとりつけた台座に、焔をあらわす抽象彫刻が設置されている。銘板には次のように記す。

この台座にはもと斎籐素巌氏製作の佐多先生像があったが、大戦に出陣したので、先生縁の校歌「関の

[上]
図5—11 《エルレメンス記念碑》

[下]
図5—12 『関西建築協会雑誌』創刊号より。大阪市中央公会堂より撮影。左下が《エルレメンス記念碑》、右に土佐堀川が流れ、中之島公園が整備されつつある

図5―13《巨美不滅》。台座と上部の焔の抽象彫刻は、制作年代も造形意識も異なる

以西に巨火あり不滅」から取って、不滅の巨火をあげて先生を記念する／製作　行動美術協会員　松岡阜／題字　本学名誉教授　日本学士院会員　古武弥四郎／一九六〇年　卒業式の前夜、巨火を焚いて除幕す（／は改行箇所）

もともと台座には、大阪大学医学部の源流である府立大阪医科大学の学長であった佐多愛彦（一八七一～一九五〇）を顕彰するため、斎籐素巌（一八八九～一九七四）が制作した像があったことが分かる。斎籐は東京美術学校からロンドンのロイヤル・アカデミーで彫塑を学んだ官展系の彫刻家である。状況から判断して佐多愛彦像も全身の立像であろう。それが戦時中の金属供出で「出陣」して失われた。先賢や偉人の銅像供出では、像主への畏敬の念をこめて「出陣」と記したらしいが、戦後一五年を経た一九六〇年でも「大戦に出陣したので」と刻むことに、再建に関係した医学部関係者の戦争への強い思いが表されている。二〇一六年に九州大学箱崎キャンパスで開催された国際シンポジウム「大学と美術の可能性を求めて」においても後小路雅弘氏により、九州大学の教授たちの銅像が戦時中の金属供出に際して、赤紙で徴兵された兵士のようにたすきを掛けられ、撤去にあたって祭儀がなされたことが発表されたが、大阪大学に同様の事例があるこ

とがこの台座銘文から確認できる。

ではなぜ、台座の上のモニュメントが抽象彫刻に変わったかだが、残されていた台座に新しいモニュメントが計画された一九六〇年（昭和三五）の時点では、すでに一九五五年（昭和三〇）に佐多愛彦と楠本長三郎の胸像が新海竹蔵（一八九七〜一九六八）によって制作されていた。現在の医学系研究科の前に並んで置かれる二体の像がそれである。このことから佐多の立像は再現されず、行動美術協会員の松岡阜（一九一三〜二〇〇八）によって、焰をあらわす抽象彫刻が古い台座に設置されたものと思われる。

制作者の松岡阜は大阪出身で、東京美術学校で学んだ。一九九〇年（平成二）に中之島と堂島を結んで架けられた中之島ガーデンブリッジに《そよかぜ》を制作した彫刻家である。松岡所属の行動美術協会は、建畠覚造を中心としたメンバーが、《巨美不滅》の二年前の一九五八年、中之島に開館したフェスティバルホール外壁に巨大な陶板壁画《牧神、音楽を楽しむの図》を設置しており、松岡もそれに関係した。《巨美不滅》は大阪のシビックセンターである中之島に設置された昭和三〇年代の抽象的な立体造形の雰囲気をよく伝えている。

しかし《巨美不滅》は、台座は同じながらも具象の人物像から抽象彫刻に姿を変え、「校歌」に由来する「巨火」という別の意味も付加されて誕生した。これは佐多愛彦を顕彰した碑なのだろうか。あるいは戦争そのものへの抗議も意識した記念碑なのだろうか。吹田キャンパスへ移転保存した医学系研究科の見識は高く評価されるものだが、遠く離れた現在地への移動によって、モニュメントの持つ運命的な変転の歴史は、現在の大阪大学関係者の意識のなかで希釈され、断絶してしまったようにも感じられる。

最後にもうひとつ「漂流するモニュメント」の例が、大学本部ロビーにある大阪帝国大学の理学部創設に関する銘板である。

大阪關西之雄都産業之盛冠絶乎　海内而學府之制猶未完備舊唯有醫科大學焉　昭和五年大阪醫科大學（中略）以六年三月經第五十九帝國議會協賛四月廿八日勅立大阪帝國大學創設　理學部七年九月起工九年三月告成　蓋聞立國之本在産業　産業之隆昌因科學之講明然即理學部之設　固邦家之慶　豈特大阪市民之幸哉

大意を述べれば、大阪は関西の雄都で産業の盛んなること冠絶するが、学府の制が完備しなかったむかしは、大阪府立医科大学があるだけであった。一九三〇年大阪医科大学が計画され、一九三一年三月の第五九回帝国議会の協賛を得て、同年四月廿八日に勅立大阪帝国大学が創設された。一九三二年九月、理学部が起工し、同九年三月に告成する。立国の本は産業にあり、産業の隆昌は科学の講に因る。理学部を設けることも固より邦家の慶びである。そして「豈に大阪市民の幸なるかな」と結ぶ。

銘板は、昭和九年に大阪帝国大学理学部の建物ができた記念のものであることが分かり、最後の「豈特大阪市民之幸哉」のフレーズは、大阪市や大阪市民が帝国大学創立を祝福していることを宣言する。しかし、大阪大学本部のあるのは吹田キャンパスであって大阪市とは離れている。本来は第四のキャンパスとされる大阪大学中之島センターで保存されるべきものだろう。大学が「地域社会」に歩み寄るにしても、この銘板の扱いなどに、両者の微妙なズレが示されているのではなかろうか。

仮定の話だが五〇年後、一〇〇年後に大阪大学が全面的に別の土地に移転したり、他校との合併や廃止されるとしたら、こうしたモニュメントや銘板がどんな運命をたどるか想像すればよい。現在のキャンパスが記念公園として整備されるか、宅地になるか、まったく人の住めない土地に変貌するか予想できないが、再びモニュメントたちの漂流が開始され、現代の私たちが歯噛みするような残念な処置がなされる可能性もあることを、現代の私たちがそれらにどのように対処しているかを踏まえ、考えの一部においてもよい。

なお豊中キャンパスに話を戻すと、豊中市は、市内の市立学校や公園など公共スペースに設置されたパブリックアートの独自調査をしている。しかし、大阪大学キャンパスの調査はしておらず、大阪大学総合学術博物館でのアートリソース調査と市による市内調査の結果をもちよることで、豊中市域のパブリックアートや、ここで言う同市に拡大したアートリソースのあらましが見えることになる。「大学」を「地域社会」のひとつと見なし、そこでの事例をシミュレーションとして文化都市としての豊中市の進路にも反映させるならば、大学博物館が行った情報は有効に働くのではなかろうか。

4　大学キャンパスの記憶のゆらぎ——待兼山少年プロジェクト——

「阪大石橋宿舎おみおくりプロジェクト」

もうひとつ、キャンパスにおいてエコミュージアム的なあり方を実験的なイベントと展覧会で模索したのが、二〇一四年の「阪大石橋宿舎おみおくりプロジェクト」と、翌年の第八回特別展「待兼山少年　大学と地域をアートでつなぐ《記憶》の実験室」である。橋爪節也・横田洋編著の大阪大学総合学術博物館叢書一二『待兼山少年 大学と地域をアートでつなぐ《記憶》の実験室』（二〇一六年）を参照されたい。

「阪大石橋宿舎おみおくりプロジェクト」（以下「おみおくりプロジェクト」）は、総合学術博物館西側にあり、老朽化と耐震性を理由に取り毀されることになった石橋職員宿舎（図5—14）を舞台に展開した。「地域に生き世界に伸びる」の石碑の背後にあった宿舎で、戦後復興から高度成長期をのぞむ一九五八年（昭和三三）から一九六〇年（昭和三五）に建てられた。大学敷地と地元商店街との境界に位置し、地域と直接つながる大学職員の生活の場であり、大学と地域の接点としての役割を果してきた。

待兼山周辺は、古代遺跡や西国街道をはじめ、浪速高校や大大阪時代から戦後復興、高度成長期を経てバブル崩壊など、激動する歴史の変遷が、断層や褶曲など地層のように集約されて観察できる。駅から阪大坂につづく石橋口が、戦前からの校地正面の入口であったのが、一九七〇年（昭和四五）の大阪万博を経てモータリゼイションの時代に突入し、中央環状線側に正門を移すことになったのも、その一例だろう。

また、すでに述べたように豊中キャンパスは、待兼山と中山池を結んだ〝自然軸〟と、登録文化財二棟を結ぶ〝歴史軸〟の二つのラインが通学路や遊歩道で交叉して空間的に魅力に富む。郊外移転で都市的伝統と断絶し、産業団地を連想させる殺風景なキャンパスが多いなか、個性的なキャンパス空間を保っている。住人のいなくなった石橋職員宿舎の廃屋を自由に研究や創作の素材として用いる試みは、この個性的な空間において、廃止された宿舎そのものを、単なる廃屋の位置づけから格上げし、大学におけるアートリソースとしての価値を創生する知的な実験であった。

ここでのキーワードが「記憶」である。文書館が管理する文献を基礎にまとめられた学校史などの「歴史」は、大学のあり方を考察する上で重要だが、加えて重要なものが、それに関与した人間の「記憶」である。「記憶」は、内容が個人的かつ主観的であったり、歳月を経過した後に些細なきっかけで不意に蘇るなど、つねに不安定な状態で時間軸のなかに吊り下げられ、〝宙ぶらりん〟の状態に放置されていることが多い。しかし、文献資料から裏付けられる「歴史」とは別の形で「記憶」は、出来事やそれにまつわる隠された事実、空気感などを情動的とも言える絶大な力をともない蘇生させる。極めて個人的な思い出の断片であったものが相互に連結して、私的な範疇を離れ、公的に近い価値を生み出すこともある。史料批判が必要としても、江戸以前の随筆や近代の回想録が文系分野の研究資料となることは言うまでもない。

取り毀されることが決まった宿舎であるが、様々な角度から切り込むと、そこには大学と地域にまたがった固有の「記憶」が複雑な痕跡として残り、住民たちによる時代の物語が確認できる。そうした意味づけ、新しい価値観を「地域社会」と共創して生み出せるのが「エコミュージアム」であり、大学博物館ではないだろうか。

豊中キャンパスの職員住宅は、清風荘に現存する「石橋宿舎（一）」と待兼山町の「石橋宿舎（二）」であり、修学館西側の「宿舎（二）」が「阪大宿舎」として親しまれてきた。地理的に、「阪大坂」に隣接し、目前には国道一七六号線と一七一号線のバイパスの交差点があり、阪急石橋駅や商店街、伊丹空港からも近い。

全五棟のうち一九五八年に、各棟五軒で成る第一号から第三号棟までが竣工し（全一五軒）、二年後に間取りなどを変更した各棟六軒で成る第四・五号棟（全一二軒）が竣工する。全棟とも鉄筋コンクリート造二階建で、小さな庭と木造物置が付設された。全体で敷地面積三五九九平米に五棟二七軒がならび、全体の延床面積は一一一七平米である。

図5―14　石橋職員宿舎と伊達伸明。伊達さんはここで幼少期を過ごした

一九五八年は東京タワーの建設された年で、大阪では難波の新歌舞伎座、フェスティバルホールが竣工し、豊中、吹田両市にまたがる千里ニュータウン開発を大阪府が決定したのも同年である。翌年にニュータウンの開発計画が公表され、一九六〇年にマスタープランがまとめ

られた。住居としても最新スタイルを採用したと見られ、千里ニュータウンの先取り的な建物と評価できるかもしれない。一九六四年の東京オリンピック、一九七〇年の大阪万博など、高度成長期から激動する日本の歴史を宿舎は経験している。

千里ニュータウンや万博は、大阪大学のアイデンティティーにも結びつく国家的な事業であった。浦沢直樹の『本格科学冒険漫画 二〇世紀少年』も、高度成長期に成長した世代の「記憶」をコラージュし、バブル崩壊へと推移する時代を痛烈に表現したが、万博四〇周年にあたる二〇一〇年に大阪大学でも、「大阪大学21世紀懐徳堂シンポジウム—街育て vol.3 大阪万博四〇周年の検証」を開催して時代の検証を試み、小松左京最後のインタビューのDVDを付した大阪大学21世紀懐徳堂編『なつかしき未来「大阪万博」人類は進歩したのか調和したのか』（創元社、二〇一二年）にまとめられた。

半世紀が経過した宿舎の取り毀しが決定されたとき、隣接した博物館では単に毀すのではなく、生きた教材として大学教育や研究材料として活用することはできないかと考えた。「記憶」をテーマに見慣れたキャンパスのあり方を問いかけ、閉鎖的な大学の日常を開放できないか。そこで生活してきた人間の「記憶」を蘇らせ、意識を加熱することで、通学路に過ぎない阪大坂や待兼山周辺を活性化し、精神的活力に溢れ心躍るような熱い空間を創造する。キャンパスへの関心を学内で高め、対外的には地域での大学の存在をより強く発信する、そんなキャンパス改造の可能性をアートによって試みる実験であった。

石橋宿舎での、おみおくりの日々

「おみおくりプロジェクト」で中心的に活動したのが、「記憶」をテーマに、取り毀される建造物の部材を採集してウクレレとして保存する「建築物ウクレレ化保存計画」の美術家伊達伸明である。二〇〇〇年にヴォイス・ギャラリーで「建築物ウクレレ化保存計画」の第一回個展を開き、《美章園温泉ウクレレ》《洋酒の店・

路ウクレレ》《えび家ウクレレ》《たかとり教会司祭館ウクレレ》《愛日小学校ウクレレ》《サンケイホールウクレレ》など多くの作品を制作している。

伊達の制作では、まず取り毀される建物の住人に、建物への思いを語ってもらい「記憶」を克明に採取する。また、毀される前の健在であった時の建物の細部に至る写真撮影も行う。私の実家もウクレレにしてもらい、二〇一一年の大阪歴史博物館開館一〇周年記念特別展「民都大阪の建築力」に出品された。

伊達の実父は、理学部で物性物理学を専攻した大阪大学名誉教授で、かつて石橋宿舎第三棟四号室に居住し、伊達も幼少時代をそこで過ごしている。伊達はかつて私に、自分の家が毀される時、それをウクレレにしたらどんな感情が沸くのか、それを制作することで自分も変化するのではないかと語っている。

伊達の存在なくしてこのプロジェクトはなく、待兼山の環境を活用したアートプロジェクトの可能性を問いかけたところ、伊達は自身の幼年期を題材に、「待兼山少年」と名づけた地域全体の「記憶」を呼び覚ますアイデアを企画した。なお伊達は「おみおくりプロジェクト」と同じ二〇一四年、解体された豊中市立市民会館（一九六八年竣工）をモチーフに、「豊中市立市民会館　おみおくり展」も豊中市市民ギャラリーに開催する。

プロジェクトは、伊達ゆかりの第三棟四号室での伊達によるインスタレーションを中心に、大学関係者による様々な試みがなされた。当時、博物館館長であった私としては、スケールは異なるが、廃屋を利用したプロジェクトとして「大地の芸術祭　越後妻有アートトリエンナーレ」「瀬戸内国際芸術祭」や、大阪圏では大阪市中央区空堀での「からほりまちアート」、「西宮船坂ビエンナーレ」など、地域振興も睨んだ新しい芸術祭の手法も意識した。

ほかのメンバーでは、本学大学院工学研究科の小浦久子（現神戸芸術工科大学教授）指導の大学院生による宿舎を改造する「リノベーション・プロジェクト」（図5―15）や、かんさい・大学ミュージアム連携から音

図5—15　小浦久子指導の院生による「リノベーション・プロジェクト」。大学院生たちが工具を手にリノベーションを進めていく

楽家・音楽プロデューサーである大阪芸術大学の宇都宮泰による宿舎の音響採集、大阪大学大学院文学研究科主催「声なき声 いたるところにかかわりの声 そして私の声《芸術祭》」のワークショップなどが行われ、大阪大学大学院国際公共政策研究科の富田大介（現追手門学院大学）によって石橋宿舎に居住した教員からの聞き取り調査がなされた。聞き取りを快諾した教員からは、阪神淡路の大震災をこの宿舎で体験した話や、大学としてせめて宿舎を一棟だけでも保存すべきと提案する声もあがった。

　阪大坂を下って帰路に就く学生や職員が、正面で目に付く第一号棟に「サッカードディスプレイ」をとりつけたのが、本学大学院情報科学研究科の安藤英由樹である。これは縦に一列に並んだ光源をコンピューターで制御し、それを見た人間がサッカードと呼ばれる高速眼球運動をするうちに、光源の点滅パターンが網膜上で二次元イメージとして知覚されるものである。分かりやすく述べると、縦方向に細かく光源が連なった一本の光の棒が細かく明滅するのをジッと見つめていると、光が横に広がって頭の中で文字や人間の顔などの画像が浮かび上がってくるという先端技術による表現媒体である。

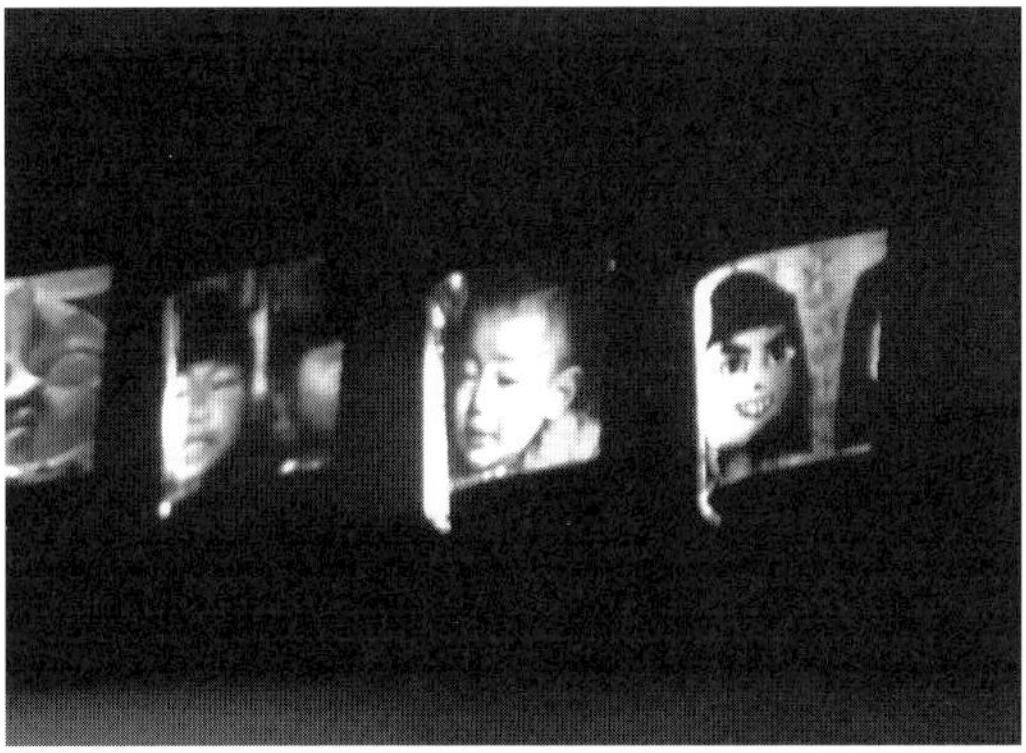

図5―16　「おみおくりプロジェクト」での「サッカードディスプレイ」。夜の宿舎に幻想的に浮かびあがった

二〇〇九年の日本科学未来館でのグループ展で公開されたほか、二〇一〇年の東京都現代美術館「サイバーアーツジャパン―アルスエレクトロニカの三〇年」、二〇一一年の佐世保市博物館島瀬美術センターの企画展「感じる文學― 動く・触る・薫る―」で展示された。オーストリア・リンツ市の「ARS ELCTRONICA Festival」では、五メートルを超える巨大な「サッカードディスプレイ」によって、「私はアルファであり、オメガである」（「ヨハネ黙示録」）の句から採った、Α（アルファ）とΩ（オメガ）が大聖堂内に浮かび上がった。「おみおくりプロジェクト」では日没後に点灯され、家路を急ぐ人々の目に、宿舎が元気だった昭和三〇年代から四〇年代のこどもたちの顔が浮かび上がるようプログラムされた（図5―16）。

プロジェクト終了後、総合学術博物館とかんさい・大学ミュージアム連携実行委員会主催で大阪市中央公会堂にプロジェクト担当者が会したシンポジウムが開かれ、宇都宮が現地採集した音響を、厳密に座標と距離を決定して録音した際のマイクの位置に何台ものスピーカーを配置して再生した。蓄音機の音楽や、爆音のような自動車、ヘリコプターの音が響いて印象的であった。

待兼山少年　大学と地域をアートでつなぐ《記憶》の実験室

二〇一五年、宿舎は取り毀されて更地となった。「おみおくりプロジェクト」自体が、「記憶」の彼方へと急速に遠ざかりはじめた。そこでプロジェクトの成果を博物館の閉鎖空間における「展覧会」の形式で公表したのが、第八回特別展「待兼山少年　大学と地域をアートでつなぐ《記憶》の実験室―」である。

基本的に伊達のコンセプトによる斬新な展示構成で組み立てられ、四つのコーナーに分けられた修学館の展示室の第一室には、石橋宿舎の歴史と、「工学研究科リノベーション・プロジェクト」の記録資料や写真、「声なき声 いたるところにかかわりの声 そして私の声《芸術祭》」による映像、オブジェなどを展示した。

第二室では、「おみおくりプロジェクト」でも展示された幼少時の伊達が描いた絵日記などを展示するとともに、伊達のスケッチを実物大に立体化した「実物大立版古《たてばんこ》」を制作した（図5―17）。立版古とは、幕末明治に浮世絵師などが制作したおもちゃ絵の一種で、切り抜いて組み立てると、有名な建造物や芝居の場面が再現され、内部に灯りをともして「ねぶた」のように浮き上がらせるものである。実物大になった伊達家のスケッチは壁に閉ざされた空間におかれ、壁にスリットが設けられ、そこからなかをのぞき見る展示である。スリットの位置は低く、少年時代の伊達の身長を想定した高さに設定された。

第三室には、待兼山や中山池の「記憶」として、これも「おみおくりプロジェクト」の伊達家に書かれていた昆虫採集やザリガニ釣りをした少年時代の記憶に残る地図を、あらためて伊達が古襖を屏風形式につないだ屏風に描き、そこに安藤による「サッカードディスプレイ」を設置した。伊達の少年時代の楽しい思い出を描いた待兼山界隈の絵地図に重なって、安藤による同時代のこどもたちの顔が浮かび上がった。

第四室は、石橋宿舎外壁から切り離された金属製の各棟の番号が吊り下げられた（図5―18）。伊達は、数字のみがグレーの暗い空間に漂うことで、取り毀された後の空虚感の表現を試みようとする。また、この第四室を中心に宇都宮が採集した石橋宿舎での音も再生された。

会期中の関連イベントとしては、共催の豊中市の都市活力部文化芸術課が中心となって「写真に残す少年時代のまち歩き」が開かれた。このイベントは、少年時代を豊中で過ごした三人の案内人と、その地域の写真を撮りながらまちを巡るツアーで、豊中市内の原田、待兼山、新田の三地域それぞれのスポットを巡り、当時の話を聞く。そして案内人のこども時代の等身大パネルを持参し、現地に立てて写真に収めるプロジェクトである。「原田少年」のガイドは、とよなか・歴史と文化の会、「待兼山少年」は伊達伸明、「新田少年」は豊中市民ガイドの山田昭治氏がつとめた。

「新田少年」では、周囲に大規模な開発で高層マンションが建ち並ぶなか、北大阪急行「桃山台駅」の東側にひっそりと残された古い家並みや神社仏閣をめぐり、地域の歴史を再発見する。コースの最後は、一九〇〇年（明治三三）に建造された府内最古の現存の木造平屋建ての旧新田小学校（府有形文化財）で撮影が行われた（図5―19）。

展覧会の締めとなったのが、「建築物ウクレレ化保存計画」による旧伊達家のウクレレによる再生である。二〇一五年

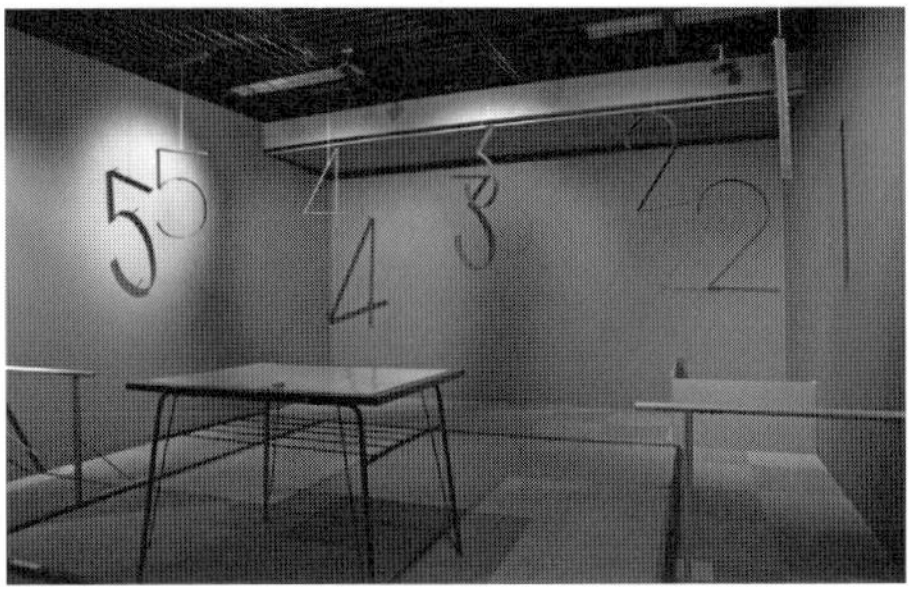

［上］図5―17　伊達による「実物大立版古《たてばんこ》」。少年の目の高さに設定された壁のスリットからなかをのぞきこむ

［下］図5―18　石橋宿舎各棟の番号プレートが吊り下げられた第四室

図5—19　「新田少年」府内最古の現存木造平屋建ての旧新田小学校にて。教壇に立つのが山田氏

一一月七日、大阪大学会館での「スペシャル・トーク　待兼山少年　最終章ウクレレ」における伊達伸明とゴンチチのチチ松村とのトークのなかで、完成したウクレレが公開された。

チチと伊達との関係は、二〇〇七年の読売テレビ「遠くへ行きたい」第一八五二回「浪花の街に響くウクレレの調べ　大阪市～神戸市」からはじまる。二〇〇九年のアートスペース虹での個展に際しての法然院大書院でのトーク、二〇一一年の前出「民都大阪の建築力」でもウクレレ展示と二人のトークが開催されている。「スペシャルトーク」では、かんさい・大学ミュージアム連携のつながりで依頼された関西大学天六学舎（大阪市北区、昭和四年竣工）のウクレレも披露されてチチ松村によって奏でられた。

キャンパスのアートリソース調査に端を発して、「大学」という「地域社会」を「エコミュージアム」の視点で空間的に解析するとともに、「記憶」を原動力とすることで廃止された宿舎から新しい価値の創造を試みた。前章で「漂流するモニュメント」は祝福されているかを問うたが、取り毀されて現在は駐車場となった「石橋職員宿舎」は、博物館での展示や、伊達自身の宿舎のウクレレへと収斂していく過程で、何度も繰り返しよみがえった。宿舎は完全に消滅し、もはや「記憶」のなかにしか存在しないが、前章であげた「漂流するモニュメント」と比べ、今も「記憶」のなかで祝福されつづけているのではなかろうか。

「ウェビング・プロジェクト　発酵を通しての空中浮揚の探求」

「待兼山少年」の会期中、インドネシアを中心に、デンマーク、リヒテンシュタイン等を拠点に活動する海外と日本のアーティストが中心となって待兼山を舞台に作品を制作／発表する「ウェビング・プロジェクト」を先の科研費「大学における「アート・リソース」の活用に関する総合的研究」で開催した。正式には「Webbing Project at Machikaneyama Searching Levitation through Fermentation　発酵を通しての空中浮揚の探求」がタイトルである。

特別展会期中に開催した理由は、石橋宿舎という土着的かつ私小説的でもある現場密着の実験的な展覧会に対し、ミュゼオロジーの実験として、同じ「記憶」をテーマにしながらも、国際的な視点の展示やイベントを重ね合わせ、来観者のこころに文化的な共鳴やゆらぎがおきることを期待したからである。修学館を舞台にして、待兼山周辺の自然軸と歴史軸の交叉に加え、「待兼山少年」と国際的なアートのクロスを試みた。

タイトルの「ウェビング」は、蜘蛛の巣や、蜘蛛が巣を張ることを意味し、「発酵」はある素材が別の素材へと変換する過程として、このプロジェクトでは理解される。それをキーワードとして「グローバリズム」「宗教」「伝統と現代」といった現代の国際社会が抱える問題にも波及させようというプロジェクトである。

招請されて来日した作家は、アワン・ベハルタワン（Awang Behartawan 一九七〇～）、ファウジ・アサド（Fauzie As'Ad 一九六八～）、レニー・ナトナサリ・ウェイヘルト（Lenny Ratnasari Weichert 一九七〇～）、リッケ・ダーリング（Rikke Darling 一九七五～）、ヤヤト・スルヤ（Yayat Surya 一九六八～）である。

例えばアサドの《ビジュアル・オーケストラ》（図5―20）は、来観者がメッセージや思い思いの絵を描いた方形の紙片を作家が持って世界中を回り、画廊や美術館、フリーなスペースで展示することでそれぞれの

図5―20　ファウジ・アサド《ビジュアル・オーケストラ》。左の机で方型の紙にメッセージを書く

思いが、今日もどこか遠い世界で、見知らぬ人々に対して発信されることになるというコンセプチュアルなものであった。

「ウェビング・プロジェクト」を組織した人類学者・芸術評論家のアントン・ラーレンツは、「異なる視覚的媒体（写真、インスタレーション、および絵画）を伴う芸術作品の展示」と「本プロジェクトの基本的理念を動きとダンスに変換するという、パフォーマーらとダンサーらによる共作」の二つの要素をあげ、「パフォーマーと観客との興味深い関係を創造し、様々なつながり方を理解するための異なる方法を模索し、コミュニケーション技術、神話、そして自然の交差点を、芸術を通して示す」とする。

蜘蛛の巣のようなネットワークの形成と、事象の質的な変換だが、キャンパスのアートリソース調査で私が感じたのも、貴重な里山である待兼山が豊中キャンパスにおける鎮守の森のような存在であり、その自然のなかから何か新しいものが湧き起こってくるイメージである。阪大坂を上っていると、大地に根ざした神楽やガムランの楽器の響きや、ギリシャ悲劇のコロス（舞踊合唱隊）の声が、風や木々のざわめきに揺らぎながら待兼山から聞こえてくる。そのことでキャンパス空間が異化されるのではないか…そうした私の夢想が、このプロジェクトにつながっていく。

「ウェビング・プロジェクト」会期中、インドネシア・ダンサーの佐久間新を中心に、修学館前の広場から屋上へと参加者が上るパフォーマンス「発酵曼荼羅」（図5―21）を開催したのも、待兼山の空間的変容のイメージにつながるものであり、「記憶」のゆらぎのなかから立ち上がる「歴史軸」と「空間軸」の交錯に、異なる文化圏のアートを網目で覆い尽くそうとしたのである。

図5―21　佐久間新を中心とした「発酵曼荼羅」。待兼山修学館の前にて

エピローグ

学術審議会の「答申」は、海外の大学博物館が優れたコレクションを所蔵し、積極的に社会に働きかけ、地域文化の中心拠点として「わが町の誇り」と呼ばれるケースもあるのに比べ、日本の大学博物館は圧倒的に見劣りがすることを指摘する。確かにそうだろう。大学博物館のあり方は、設立した大学の歴史や見識、ふところの深さとつながっている。停滞する日本の大学博物館事情には、目先の利益に右往左往し、

教養の涵養や基礎研究の重視に理解が乏しい日本社会のメンタリティーも強く作用しているように思う。

実学的な成果を優先させる現代日本の風潮では、博物館など大学全体にとって付け足しに過ぎず、オープンキャンパスでの広告塔や、来賓の時間調整といった程度にしか期待されていない印象もある。ランニングコストから入館料を取る取らないの議論が蒸し返されやすいのも、同じ精神風土の産物であろう。また、大学博物館の主要ミッションである学術資料の管理やデータベース化などの基本作業が、どこまで進むのか厳しい状況にあるなか、「社学共創」という理念が先行的に進むことも、大学博物館が存続のために大学経営側にすり寄る姿勢に映らないと言えないことはない。

だが、大阪大学総合学術博物館は「答申」にあるミッションのうち、社会に「大学」を開くことについては独自の取り組みを重ねてきた。その背景には「21世紀懐徳堂」などの組織が社会との連携を目的に設立され、博物館と並行して積極的に活動してきたこともあげられる。そして、博物館が試行してきた活動のキーワードが、キャンパス全体を博物館とみなす「エコミュージアム」であり、「記憶」をテーマとした実験的な展覧会の試みであった。「待兼山少年プロジェクト」も、予算やスペースの問題があって十分な成果をあげたとは言えないものの、国内外の多彩なアーティストや研究者、地域がかかわりあったユニークな企画であり、大学博物館でしかできなかった挑戦的プロジェクトであった。

現在は、二〇二〇年に訪れる一九七〇年の大阪万博から五〇年の記念の年に、北大阪のミュージアム群と連携してその検証の展覧会やシンポジウムなどの企画を計画中である。「太陽の塔」なども、高度成長期の時代のアイコンとして再び脚光を浴びているが、北摂地域が急激に発展し、新しい街作りが進んだのも、戦前の私鉄による宅地開発につづいての万博開催の影響が大きい。大阪大学も万博会期中にキャンパスの一部を駐車場として万博協会に貸し出しているほか、お祭り広場の大屋根の一部が、接合科学研究所の前にモニュメントとして展示されており、万博に関する地域の「記憶」は膨大である。

地域全体を「エコミュージアム」的な視点でとらえ直し、地域のアイデンティティーの形成過程や現状を批判的に再確認し、総合的に検証し直すことは、大学のみならず、豊かな未来を目指す社会の使命であるとも言える。

「社学共創」という言葉にしばられて、博物館活動を狭く限定したり、精神的に萎縮する必要はない。自治体や市民などの「社会」と「大学」とにおいて、計画を推進するときの手順の立て方や対話における専門用語や話法の違い、各種概念の定義の仕方は異なるにしても、恐れずに実験を試み、新しいミュゼオロジーを開拓していくことがまた、大学博物館だけがなし得る社会への貢献であり、ダイナミズムである。「地域社会」を刺激し、「地域社会」からも刺激されることで、大学博物館と社会との多様多彩な共創スタイルが生み出される。それが厚い層を形成していくことで、地域の「記憶」に刻まれるような新しい大学と博物館の時代をむかえることになるだろう。

第三部

社会と育む

第6章　クリエイティブ・アイランド・ラボ中之島

―企業・NPOとの共創「アートエリアB1」の実践と発展―

木ノ下智恵子

はじめに―水都大阪の象徴、第三の大阪〝中之島〟―

「中之島」は、大阪市北区、堂島川と土佐堀川に挟まれた東西約三キロの中州である。この地は、市役所や企業ビル、新聞社などのマスメディア、美術館、科学館などの文化施設といった、社会を構成する多様な機関・組織が集積している。「浪華の八百八橋」を代表する淀屋橋や、重要文化財の大阪府立中之島図書館、大阪市中央公会堂などの近代建築が、かつての大坂商人の心意気を感じさせる時代の物証として威風堂々と佇んでいる。周辺地域には、世界初とされる公設先物取引市場に源流を持つ大阪取引所（大阪証券取引所）のある「北浜」、製薬・薬品の本社などが集積している薬の町「道修町」、大阪地方裁判所や法務局、警察署が隣接する「西天満」がある。中之島を中心としたビジネス、文教エリアは水都大阪を象徴する都市機能を有していると言えよう。

この街のはじまりは、淀川下流のススキや葦が茂る湿地帯を、豊臣秀吉の命によって、伏見城造営や淀川堤防改修の際に高い土木技術を発揮した豪商・淀屋常安が、京都と大坂を繋ぐ水運の利に着目し、慶長の末に開拓したといわれている。江戸時代には、各藩の蔵屋敷が建ち並ぶ「天下の台所」の中枢であり、明治維新後は、五代友厚らが大阪経済復活の立役者となって改革を進める舞台の一つとなる。明治後期から大正期は、蔵屋敷跡地に官庁や学校、病院、公園などが建設され、残った土地は近代企業に払い下げられ、現在に至る財閥や大企業の礎が築かれた。（ちなみに中之島が天神橋まで延長して完成したのは大正期といわれている。）昭和に入り御堂筋開通によって、梅田や難波を中心に大阪が発展し、〝くいだおれ・お笑い・庶民の街〟といった、キタやミナミの風土がもたらす大阪の都市イメージが形成されていったが、歴史や都市機能からも中之島は大阪の中核であり、官庁・ビジネス・文教地区としての役割に変わりはない。

平成に入ってからは、民間の活力を中心とした「特定都市再生緊急整備地域」（都市の国際競争力の強化を図る上で特に有効な地域）として政令でも明示され、京阪電車中之島線の整備や大阪朝日ビルの建て替えによる中之島フェスティバルタワーの建設など、特に西部地区の都市再生整備事業が本格化している。企業等約三〇社で構成される「中之島まちみらい協議会」では、緑豊かで良好な都市空間の形成や積極的な市街地の整備を通じて都市拠点化を推進している。国全体の成長を牽引する都市・大阪の中核として、中之島をより一層強力な国際競争力を有する地域にしていくことを目指し、都市再生やシティプロモーションに資する取り組みが行われている。

中之島の歴史と風土を活かした〝第三の大阪〟の未来を見据える都市開発は未だ途上にある。

1　ことのはじまり　持ち寄りの社会実験から（アートエリアB1前史Ⅰ）

蓄積された歴史の土壌があり、旧世紀のモダニズムを継承する中之島においては、その伝統に敬意をはらいながらも、新たな可能性を求め続ける創造力が必要とされてきた。常に変化を遂げてきた中之島は新世紀に入ってからも様々な開発事業が展開されている。その一環として都市再生の中核となる京阪電車中之島線は二〇〇三年に起工された。中之島の東西約三キロを「なにわ橋駅」、「大江橋駅」、「渡辺橋駅」、「中之島駅」の四つの新駅で繋げる地下鉄の建設工事は、当然のことながら長期に亘って行われる。工事期間中は、水都大阪を象徴する中之島の各所の景観が工事塀で囲まれ、人と工事環境を遮断する閉鎖的なイメージは拭えない。そこで工事主体者らによって、二〇〇五年頃から建設プロセスを一部開放する新たな工事スタイルの提案が推進されたのである。

この一環として二〇〇六年に始動した「中之島コミュニケーションカフェ」がアートエリアB1の前身である。このプロジェクトは「なにわ橋駅」の工事現場を舞台に、大阪大学と京阪電車（現　京阪ホールディングス株式会社）とNPO法人ダンスボックスが、工事現場の開放という試みを通じて、都市空間における駅の可能性を模索する〝持ち寄りの社会実験〟である。大学・企業・NPOという異なる組織背景の三者がこのプロジェクトに参画した明確な理由や経緯は、実のところ曖昧である。ひとまず建設途中の駅の工事現場に集い、新駅開設後の茫漠としたビジョンを共有しつつも、明確なゴールや計画のフレームを決めずに対話を重ねた結果、各組織の特性を活かし、様々なプログラムの実践と検討を繰り返したというのが実情である。改めて各組織の参画の事由を示すならば、当初から関わる者の一人として、個人的見解や経験則に基づく推察を含めて、ごく簡単に概説する。

大阪大学は、二〇〇五年に「社学連携」（学術、文化及び教育を通じた本学と市民・社会との連携）というミッションを掲げた研究教育機関を開設し、様々な実践を試行していた。「社学連携」とは、企業等と大学とが新技術や新事業の研究開発による経済・産業の発展を目的とした「産学連携」に対し、NPOや個人団体や行政といった非営利団体を含む様々な社会活動の共同実践や支援、新事業の研究開発などを目的とした新しい考えである。大学のミッションに新たに加わった社会貢献という目的を、「社学連携」という独自の言葉に置き換えたことは、各大学が独自の大学運営を余儀なくされた時期にして、他に類を見ない先鋭的なコンセプトであっただろう。

おりしも時勢は、二〇〇三年に国立大学法人法が制定され、二〇〇四年には九九の国立大学が八九に法人再編化された国立大学の変革期である。加えて二〇〇五年は政府の「第三期科学技術基本計画」で明記されたアウトリーチ活動推進の方針を踏まえ、一部の研究費においては、研究者等が研究内容や活動を国民との対話によって信頼関係を醸成することを義務化するものもあった。そのアウトリーチ活動の一つに「サイエンスカフェ」があり、二〇〇五年は、日本各地で様々なスタイルのプログラムが実施されたため、同年は「サイエンスカフェ元年」とも呼ばれている。加えて大阪大学では、一九九五年に発足された臨床哲学研究会の取り組みの一つとして、二〇〇〇年に「哲学カフェ」を実施し、哲学カフェはその後の二〇〇五年頃から全国各地でも盛んとなる。

社会的課題に関する様々な情報の正負の両面に同時に触れ、それに対する素朴な疑問を呈し、異なる意見や関心を持つ人や、多様な人同士で対話する機会や場の創出が希求されていた。そのため、大阪大学では、縁のある中之島の活性化事業を対話の場の可能性を探る実践的研究活動として位置づけ、本事業に参画したと考える。

ダンスボックスは、コンテンポラリーダンスの環境づくりを目的に活動するNPO法人である。二〇〇二年からは、大阪市による一〇年計画の文化政策「新世界アーツパーク事業」に参画し、フェスティバルゲート跡地に拠点を置いていた。しかしながら、当時、大阪市が施設運用そのものを公募・売却するといった動きがあり、場所の閉鎖とプロジェクトの頓挫がささやかれていた。（二〇〇七年にダンスボックスは一時閉鎖、新大阪の休眠施設への移転を経て、二〇〇九年に神戸市からの誘致を受けて新長田に移転している。）しかしながらダンスボックスは、美術館や劇場といった既存の空間にとどまらないアーティストの表現活動を数々手がけており、二〇〇五年には泉北高速鉄道沿線地域におけるアートプロジェクトを通じた鉄道や駅における経験値があった。加えて、産業空洞化や地域荒廃の課題を芸術文化の創造性を活かした都市再生の試みとして、当時、ヨーロッパで起こった〝創造都市〟という理念などを踏まえ、本プロジェクト参加への意義を見出したのではないだろうか。

京阪電車（現　京阪ＨＤ）は、中之島線の新線開発の計画を進める上で様々なリサーチを経た結果、新線の利用者数の課題が浮上する一方で、なにわ橋駅の周辺環境を活かした文化的利用の目算を立て、非営利を前提とする文化的組織とのパートナーシップを築くことが不可欠であったと思われる。よって大阪大学の新たな機関とアートＮＰＯと連携することで、産業・経済とは異なる指標によるプロジェクトの立ち上げが可能になったのだろう。さらに踏み込んだ考察が許されるならば社風に由来するところが大きいのではないかと考える。京街道沿いの大阪と京都を結ぶ沿線は、史跡や住宅街を縫うように軌道が敷かれているので、いたるところに急曲線があり、その克服のための様々な技術が開発されている。また、戦前には

図6―1　「中之島コミュニケーションカフェ（地上の工事現場）」２００６年10月

転換クロスシートを備えた「ロマンスカー」や、TVが普及していなかった時代に移動時間が娯楽空間となる「テレビカー」、二階車両の「ダブルデッカー」など、独自の開発を行っている。集客策としては、菊人形展の開催やひらかたパークの開設、そして江戸時代から続く大阪で唯一残る焼物の「吉向窯」を誘致するなど、一風変わった前例のないアイデアに挑む社風がうかがえる。よって、中之島新線を知と芸術の拠点とする構想や工事プロセスを開くことも、開発の一環として位置づけることができたのではないだろうか。

「中之島コミュニケーションカフェ」は、そうした三者三様の事情が混じり合いながらも、〝とりあえずやってみる〟ことを基本理念に、各々の〝人と智恵〟を持ち寄ったことが、ことのはじまりである。大学のアカデミックリソース、企業等のイノベーション力、NPOの市民力を活かし、全体のコンセプトは共有しつつも、個別性を重視した実践をしている。大学は会場構成や広報デザイン、来場者対応のスタッフマネジメントを、NPOは音響・舞台・照明などのテクニカルスタッフのディレクションを、企業は関係各所との交渉折衝や事業予算の確保などを担い、半年にも満たない準備期間を経て、一〇月の三日間、地上の公園と地下駅の建設現場の工事空間をカフェや劇場やギャラリーに見立て、様々なプログラムを実施した。この年の実践では、単にイベントを成功裏に収めただけではなく、三者が試行を通じてプロジェクトの可能性を実感するとともに、現在に至る各々の役割や関わり方の輪郭が見えたことが大きな成果だと言える。

2　ex-station　駅を超える新たな駅の試み（アートエリアB1前史Ⅱ）

なにわ橋駅のホームや線路は、御堂筋と堺筋の地下鉄を迂回すべく地下三〇メートルも掘り下げる必要があったため、堂島川と土佐堀川に挟まれた地下河川の軟弱地盤でも掘り進むことが可能なシールドトンネルという特殊工法が採用されている（ちなみに中之島駅には、シールドマシンのカッターの一部がモニュメントとして保存されている）。二〇〇六年の実績を踏まえて継続実施することとなった二〇〇七年の「中之島コミュニケーションカフェ」は、翌年に竣工・開業を目前としていたため、地下三〇メートルを貫く構造柱が神殿さながらに起立する〝土木空間の圧倒的な美〟を堪能できるラストチャンスであった。当然のことだが、地下三〇メートルの工事現場に出入りする際には〝軍手・ヘルメット・ベタ靴〟が三種の神器である。勿論、企画する我々もこのスタイルを厳守する。しかしながら、地下空間の会場を埋め尽くす全員が〝軍手・ヘルメット・ベタ靴〟で佇む姿には、ユニークさと同時に違和感を感じていたことは否めない。関わるスタッフの多くが、せっかくの土木空間の美が台無しになってしまう状況を何とか解消できればと考えていた。この課題を如何に正統的に、なおかつクリエイティブに乗り越えるかが思案のしどころであった。その結果がファッションをテーマにした「ハイブリッド・ショーケース」である。ファッションショーを実施する上では、鑑賞の妨げとなる装備や装飾を控える

図6―2　「ハイブリッド・ショーケース（地下の工事現場）」2007年10月

必要性を唱え、安全対策や参加者の事前同意を得ることなどを条件に〝軍手・ヘルメット〟の着用を免除することができたのである。ホームとなる中心部はランウェイに、電車の線路は観客席に、一六メートルの構造の柱が印象深い土木空間は神殿のように荘厳な舞台装置と化し、工事現場における最後の社会実験は、一夜限りの幻想的なショーに結実したのである。

従来、駅などの公共施設は元より、大規模な建造物の建設を含む開発事業では、国や行政・企業などの複数機関が長期的かつ段階的に事業計画を策定しており、それに基づいた建設工事が行われる。そのため、既に計画が進行中の段階において、事業関係者以外の組織が介入し、当初計画には無い要素を組み込む可能性を検討するために、本来の工事計画とは無関係の試行を繰り返すことは稀だろう。ましてやそれは、建造物の竣工後ではなく、建設工事の真っただ中の現場に不特定多数の人々を迎え入れるリスクが前提となる。しかも工事工程を停止・変更し経済的にはマイナスとなることは自明の理であったが、企業と大学とＮＰＯが〝曖昧な何か〟を仕掛けるために共同プロジェクトを遂行できたことは前代未聞である。少なくとも法令規則の基準が高く、保守的自主規制を重んじ、目的と成果を明確にした事業計画を全うする日本国内においては、唯一無二といっても過言ではない。

3　七変化するコンコース—多様な価値観を生成する実験場—

企業と大学とＮＰＯによる二年間にわたる社会実験は、二〇〇八年一〇月の中之島線開業とともに、なにわ橋駅の地下コンコースに「アートエリアＢ１」という〝文化・芸術・知の創造と交流の場〟を創り出した。本拠は、ギャラリーや小劇場として利用可能な最低限の設備はあるが、通常の文化施設にあるはずの搬入口や専用エレベーターはなく、地上の外気が直接入るために湿温度管理もままならない。なおかつ駅のアナウンスが流れるので音響環境を含む、様々なハードの課題はある。加えて、場所はあっても、運営組織やガイドライン、事務局等の人員配備、予算問題などが未設置のため運用スキームは万全ではない。よって開業後約一年間はプログラムの実施時にのみ開館し、常時開館は、一年間の試験運用を経て運営委員会と事務局を立ち上げ、二〇〇九年の水都大阪を契機に本格始動している。

事業内容は、工事現場で試行したプログラムを継承し、運営三者の各々が企画主体となるものと、三者協働による企画展がある。「ラボカフェ」は、大阪大学が社会の様々な組織や個人とのコラボレーションしながら、カフェという環境装置をラボラトリー（実験室）的に用いて、主題に応じた対話を繰り広げる社学連携事業である。平日夜を中心に、哲学、アート、サイエンス、音楽、漫画、演劇、ライフワーク、減災、医療等、多岐にわたるテーマに基づき、対話、レクチャー、アートイベント等の様々なプログラムを年間七〇回程度実施している。

「ブリッジシアター」は、ダンスボックスが様々な分野の表現者や研究

図6―3　アートエリアB1（なにわ橋駅コンコース地下1F）

［上から］
図6−4　ラボカフェ日本惑星科学会「月の科学の最前線」
図6−5　日本センチュリー交響楽団メンバープレゼンツ「ミュージックカフェ」
図6−6　ブリッジシアター「ぽこぽこアワー」
図6−7　サーチプロジェクト「アパートメント・ワンワンワン」（クロージングイベント劇団子供鉅人）

者たちと協働し、コンテンポラリー・ダンスのパフォーマンスのほか、レクチャーやワークショップなどを実践するプログラムである。専門的な文脈だけでなく、日々の身体の「感触」から発想することで、都市の身体のリアリティにハイライトを当て、駅コンコースという空間を活かした多彩な企画を展開している。「ミュージックカフェ」は、京阪電車と日本センチュリー交響楽団が共同し、月一回程度のペースで無料のアンサンブルコンサートを開催し、クラシック音楽を身近に感じられる機会を提供している。

三者共創事業としては、年間二本の企画展を春と秋に三か月間程度の期間で開催している。秋の企画展「鉄道芸術祭」は、駅コンコースというアートエリアB1の立地的文脈を踏まえ、鉄道にまつわる様々な特性に着目し、毎年、異なる共同企画者を迎えてプロジェクトを展開している。車両や沿線図、列車が走る線路や駅舎・ホームなど、先進的な技術や魅力とともに、そこにまつわる文化や歴史があり、芸術の新たな可能性を示唆すると共に、様々な人々に先駆的な表現世界に触れる機会を提案している。春の企画展「サーチプロジェクト」は、取扱うテーマや表現は限定せず、多岐にわたる主題や形式による表現の試行と実践の場としてアートエリアＢ１を活用することを目的としている。アーティストのほか、多分野の研究者との協働による企画やアートプロジェクトとの連携事業を通じアートや知の可能性を探求（search）している。

各々の事業毎に対象や参加層は異なり、場所の意味も変化する。見知らぬ人と哲学的議論を交わすカフェ。最先端の学術研究に関するシンポジウム会場。クラシック音楽のミニホール。現代美術ギャラリー。ダンスパフォーマンスのスタジオ。子どもたちが走り回る公園やフットサル場など。サイエンスカフェの参加者が展覧会を見たり、クラシック音楽を聴きに来た人が哲学カフェの常連になったりする。そして駅の利用で通りがかった人が開催中のプログラムに偶然参加する、といったケースも少なくはない。取り扱う主題の複合性が、予期せぬ出会いを生み、オールマイティーな場として機能させているのだろう。その反面、施設の役割や表現分野を一つに規定しないために、常に仮設的で不可解な場として認識されることも否めない。しかしながら、だからこそ、企業・大学・ＮＰＯのいずれでもあり、いずれでもない第三の人格を持つ共創拠点としての「アートエリアＢ１」が誕生し、真の多様性を問う場として息づいているのである。

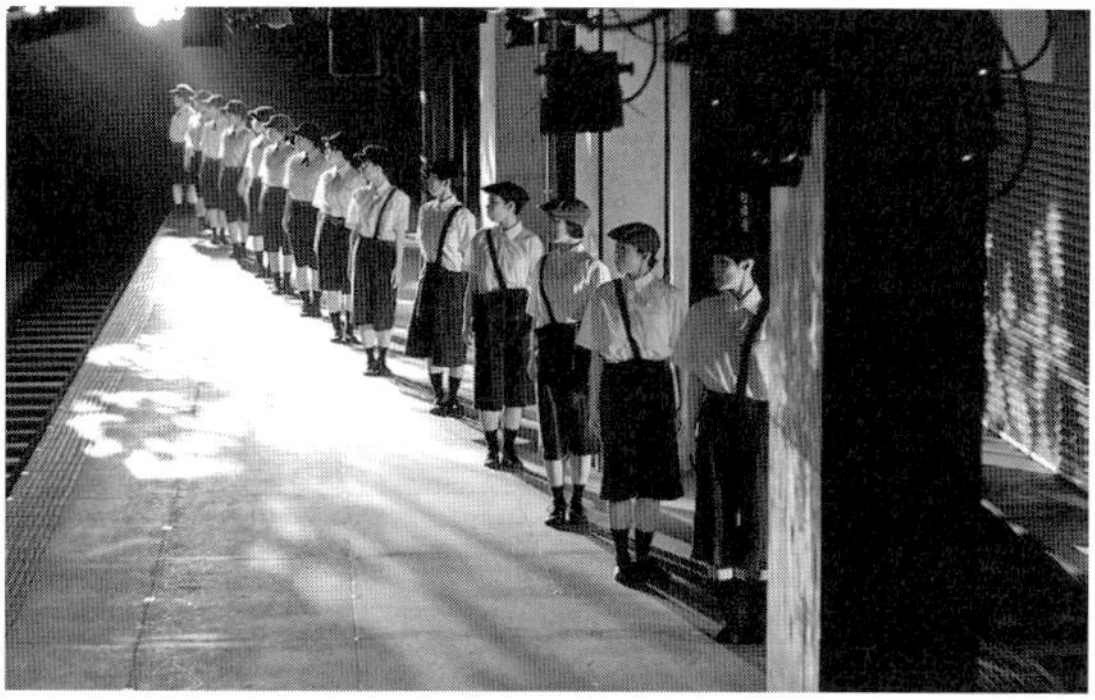

図６―８　やなぎみわプロデュース鉄道芸術祭「駅の劇場」（「維新派」松本雄吉演出パフォーマンス「構成 ２３１」）

4　アートの実験場から知と感性のネットワークのＨＵＢへ

ＪＳＴ（科学技術振興機構）「科学技術コミュニケーション推進事業ネットワーク形成型」

アートエリアＢ１は、大学・企業・ＮＰＯの異なる機関の共創による、スペースマネジメントと多彩なプログラムの実施を通じて、多世代・多層的な人々が出会い対話し、新たな価値創造に繋がる知と感性の拠点として定着しつつある。大阪大学が主体的に実施している対話プログラム「ラボカフェ」は、【国民との科学・技術対話（アウトリーチ）の義務】に対応する学外のアウトリーチ活動拠点の一つとして定着している。三者協働による年二回の企画展（「鉄道芸術祭」「サーチプロジェクト」）等を通じて、【文化庁長官賞】受賞や各種マスコミで取り上げられる機会が多く、高い社会的評価を得ている。しかしながら、様々な企業が集中する中之島地域においては、オープンイノベーションの潜在的な可能性が多分に含まれており、そうした活用は未着手である。また、社会全般では、既存分野・組織の壁を取り払い、企業だけでは実現できない革新的なイノベーションを産学連携で実現するための共創と、その仕組みづくりをテーマにしたプロジェクトが芽吹いている。これまでの産学連携においては、特許獲得を目指した独創的な技術開発や、企業戦略やマーケティング推進など、企業の生産活動に直結するものが前提とされてきたが、近年では「ものづくり以前」に不可欠な、アイデアの創発に繋がる社会のニーズやシーズ、コンセプトに関する、多様な対話を通じた研究開発が求められている。

そこで本拠では、工事現場の社会実験から一〇年目を迎えた二〇一五年に、三者運営の拠点という枠組みから、中之島や関西エリアにおける【知と感性のネットワーク拠点のＨＵＢ】としての可能性を高め、より社会に開かれた公共・公益性を拡張する機会の創出に着手することとなる。具体的には、大阪大学の一つの機関がＪＳＴ（科学技術振興機構）による「科学技術コミュニケーション推進事業ネットワーク形成型」に応募・採択され、「科学リテラシーに資する複眼思考と知と感性のネットワーク」という事業を立ち上げたのである。アートエリアＢ１は、そのＨＵＢ機関として位置づけ、二〇一五―二〇一七年の三年間を通じたプロジェクトを展開した。

【アートエリアＢ１の既存枠の活用と新規取り組みとしてのネットワーク事業】※申請書および報告書の抜粋

□ 社会的課題の解決のための個別活動からネットワーク構築へ
（企画委員会の設置、ラウンドテーブルの実施）
□ アート（芸術文化）中心からサイエンス（科学技術）の焦点化
（社会的課題に関する既存プログラムの活用）
□ コミュニケーションからイノベーションへ
（異業種カフェ・イノベーションミーティングの実施）

ここでは、多岐にわたるプログラムの中から、アートエリアＢ１の三者協働事業である「サーチプロジェクト」の枠組みを活用した大阪大学の研究者が深く関わった企画展と、新しいタイプの産学連携イノベーションとして展開した「中之島まちみらい協議会」との協働企画について紹介する。科学技術リテラシーや社会的課題に関する考察や解決の糸口を見出すためには、講座・対話プログラム等の直接的手法も有効であるが、複眼思考の醸成にはヴィジュアル・シンキング・ストラテジー（ＶＴＳ）が有効であるとともに、アート（展覧会）や哲学カフェや演劇やダンス等の複合分野と融合した手法を用いることで、科学技術や学術的テーマには関心が希薄な参加者へのアプローチが可能となる。よって二〇一五～二〇一七年度の三年間に「ニューコロニーアイランド」というタイトルのもと、段階的にテーマを展開させて企画展を実施し、社会的課題をテーマとするビジュアルコミュニケーションの機会を創出している。

【サーチプロジェクト vol.4, 5, 6「ニュー〝コロニー／アイランド〟1, 2, 3」キーワード】
（1）島（中之島）、都市、粘菌の知、生物模倣工学、コロニー（共同体、集落）
（2）地球、日本列島、地球の営みとしての災害、災害文化、所作と対話
（3）人間、身体、身体拡張・変化、自我、自意識、願望、乖離、違和感、能力、欲望

「ニュー〝コロニー／アイランド〟1―〝島〟のアート&サイエンスとその気配―」

企画展の立案には、アートエリアB1運営委員を軸に、学術研究者（大阪大学）、建築家、メディア・アーティストといった分野融合型のプロジェクトチームを結成した。テーマには、〝知と感性のネットワーク〟という抽象度の高いイメージを視覚的に具現化することと、一六一五年の開拓から四〇〇年を迎える人工島である中之島の存在そのものに着目し、「ニュー〝コロニー／アイランド〟1―〝島〟のアート&サイエンスとその気配―」と冠した。具体的なキーワードやモチーフは、〝島やコロニーの実験・創造性〟と〝粘菌の知と工学的ネットワーク〟と設定し、企画展と講座やワークショップ等の多彩なプログラムを開催した。〝島やコロニーの実験・創造性〟とは、ネットワークの対象エリアである中之島は元より、島という文化の特異性とともに独立した構造を活かした実験場を意味している。〝粘菌の知と工学的ネットワーク〟は、菌類の生体が、生物模倣工学、都市・情報工学、地理学などの学術分野を横断し、なおかつ研究者や表現者の核＝メディアとなっている様々な事例や事象に着目して企画展を展開した。

【プロジェクトメンバー】
上田昌宏（大阪大学理学研究科教授）、中垣俊之（北海道大学電子科学研究所教授）
dot architects（建築ユニット）、yang02（アーティスト）、稲福孝信（アーティスト、プログラマー）

また本展は、【一五〇分の一の一中之島の特性模型＝粘菌培地、特殊ミスト、スマートフォンとGPSデータ、CGプロジェクション、3Dプリンター、椎茸栽培、粘菌観察スケッチ、科学映画や資料等々】の多種多様なアイデア・手法・技術が盛り込まれており、「デザインとアートと科学技術の融合」というテーマにおいても、全く新しいタイプの提案となった。加えて会期中には、中之島の建物などをスマートフォンでスケッチした画像データを3Dプリンター出力して都市を形成していくワークショップや、人工知能、科学映画等に関する講座や対話企画を実施。その結果、企画展の来場者やワークショップなどの一般参加者は元より、プロジェクト

［上］
図6―9　上田研究室での会議
［下］
図6―10　会場風景　画面中央中之島150分の1模型粘菌培地

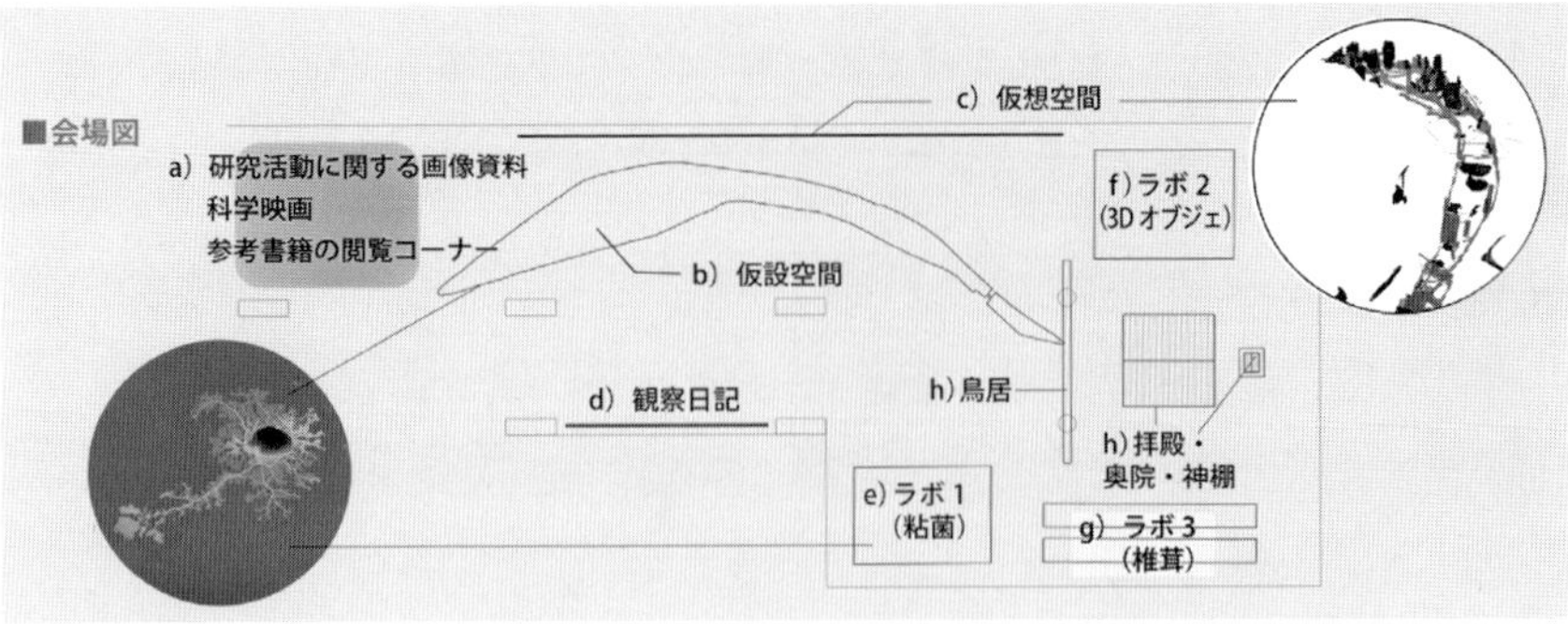

図6—11 「ニュー〝コロニー／アイランド〟1—〝島〟のアート&サイエンスとその気配—」会場図

メンバーやゲスト講師からも、異なる専門性に触れる機会やバイオアートの先駆的事例としての評価が高く、研究や創造活動のイノベーションを誘発する試行的役割を担ったといえる。事実、ゲスト講師同士が共同研究グループを発足し、科研費に申請・採択されたという事後展開があったと聞いている。これは、本企画がアウトリーチの新様態として機能したことを示すと同時に、異なる専門知によるイノベーションの機会創出を可能にした、と言っても過言ではない。

「ニュー〝コロニー／アイランド〟2—災害にまつわる所作と対話—」

二〇一六年は、東日本大震災発生から五年目を迎えた年である。そこで「災害にまつわる所作と対話」をテーマに企画を立案。本展では、地震・津波・台風などの自然災害、および、放射能汚染などに関する科学的根拠を示すデータや情報だけではなく、人間の見地からは災害（負の状況）として捉えられる自然災害が、別の見方をすれば地殻変動という地球の営みである、という事実も考慮している。企画展アドバイザーには、惑星地質学／鉱物学研究者と災害文化／民俗学研究者を迎え、

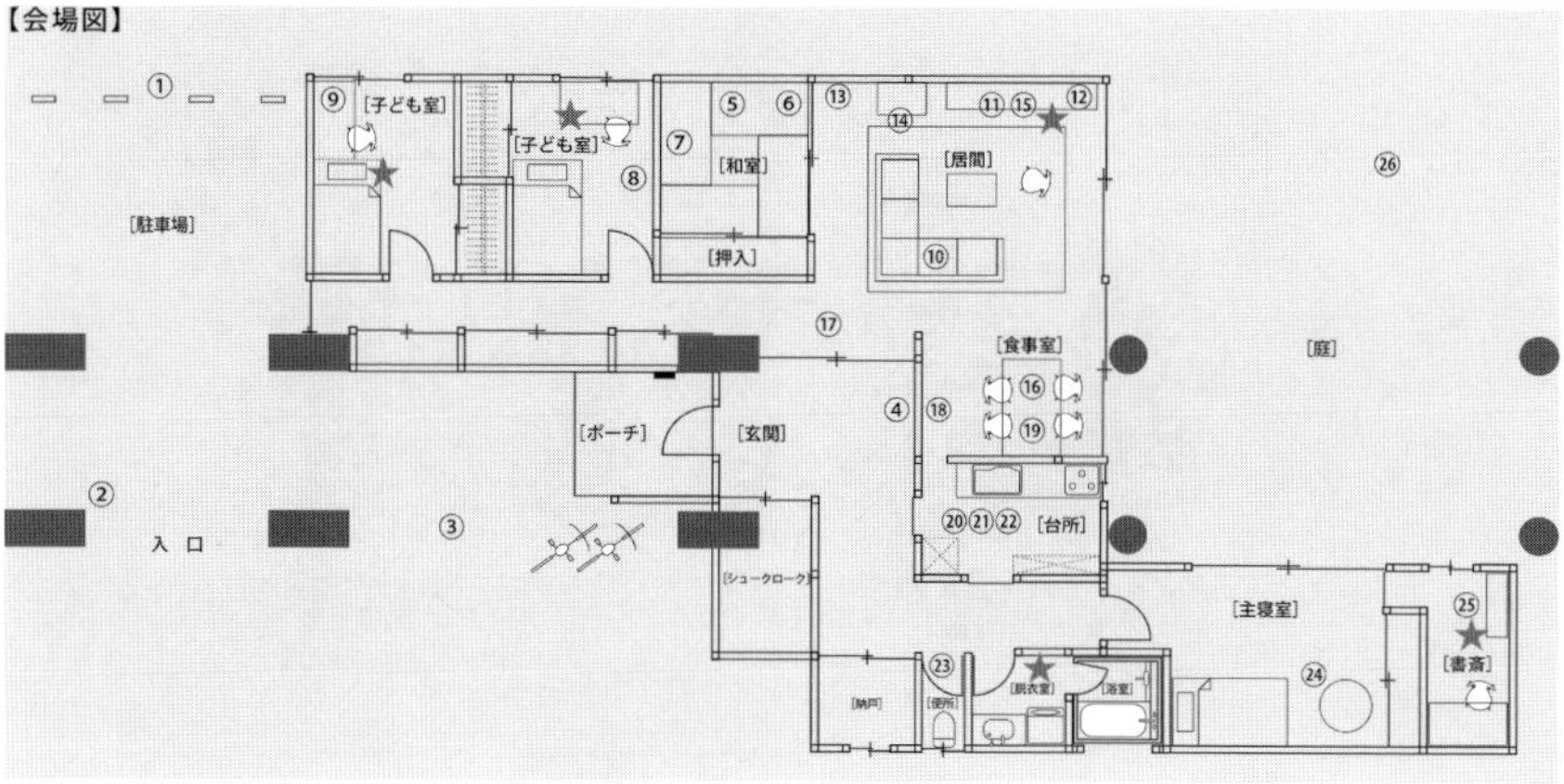

地震や台風、津波、火山噴火など、自然の猛威に晒されながらも、一方でその恩恵に感謝し生きてきた先人たちの知恵や記憶の伝承といった「災害文化」と、惑星や地球規模で捉えた場合の最先端研究を射程に、企画の骨子を組んでいる。展覧会では、アートエリアB1を一軒の家に見立てて展示環境を構成し、現代美術家、写真家、漫画家などの表現作品は元より、NPOやまちづくり協議会や行政等の資料・データなど、過去の災害に関する事物を様々なメディアに変換して居室空間に配置した。

【アドバイザー】佐伯和人（惑星地質学／鉱物学研究者／大阪大学大学院理学研究科 准教授）
川島秀一（民俗学者、東北大学災害科学国際研究所 教授）

図6—12 「ニュー〝コロニー／アイランド〟2—災害にまつわる所作と対話—」会場図
【参加者・団体】①畠山直哉 ②⑧⑩しりあがり寿 ③米田知子 ④加藤翼 ⑤京阪電車 ⑥ジョルジュ・ルース（Ufer! Art Documentary）⑦「大阪府風水害誌」⑨contact Gonzo ⑪⑫⑬小山田徹 ⑭高嶺格 ⑮⑯⑰せんだいメディアテーク ⑱㉔ホンマタカシ ⑲中之島まちみらい協議会 ⑳㉑㉒対話工房 ㉓川島秀一 ㉕佐伯和人 ㉖志賀理江子

［右上］図6―13　駐車場（映像　畠山直哉《陸前高田》2011―2015）

［右下］図6―14　子ども室（壁紙　しりあがり寿《海辺の村》原画出力、クッションカバー《放射能可視化》出力ほか）

［左上］図6―15　居間（TV映像　高嶺格《ジャパン・シンドローム》、対話工房「女川カレンダー 対話新聞」等）

［左下］図6―16　食事室（テーブルクロス　せんだいメディアテーク「3月12日はじまりのごはん」2014―2015ほか）

具体的には、〝家〟という日常空間において、過去は室戸台風、海外ではスマトラ沖地震、阪神淡路大震災、東日本大震災などに関連した様々な資料や作品を、部屋の壁紙やリビングの本棚、食卓のテーブルクロス、クッションのファブリックなどに変換し、災害にまつわる対話や所作を日常的に感じ考える機会創出を意図している。

会期は三・一一のスタートから約一〇〇日間に設定し、期間中には、惑星学や災害文化などの研究者、アーティストや公共施設など、本企画展の出展者をゲスト講師に迎え、様々な主題に関する対話プログラムや、災害碑をめぐるワークショップを開催した。具体的なテーマとしては、「地球と人の営みから見えてくる災害」、「今日、なにをどうやって食べますか?」、「中之島から防災・減災を考える、その一」、「記録と想起／災害とアーカイブ」、「災害ボランティアのいま」、「私たちの暮らしと科学技術」、「海の文化と気象判断の知恵について」などの一七本のプログラムを開催し、一般参加者と専門家などが一つの場に集い、様々な主題に関する対話が繰り広げられたのである。また本展開催中には熊本地震が発生したことにより、現場状況を知る災害ボランティアの最前線に関する情報や、各種メディアによる取材や媒体掲載が多数あり、これらを元に、さらに対話を深める機会となったのである。本展は、被災者や地域の傷を癒やすことだけが目的ではない。一定の価値を持った作品や災害文化は、災害被害の当事者・非当事者という心理的・物理的な距離感を超えて国内外に広がり、様々な人々が出来事を語る場を生み出し、報道とは異なる回路で向き合うことを可能にする、ということを明らかにしたといえる。

［上］図6—17　大阪の活断層をめぐるツアー（清水寺の「玉出の滝」）
［下］図6—18　街の災害碑をめぐるツアー（「大地震両川口津波記」）

サーチプロジェクトvol.6「ニュー〝コロニー／アイランド〟3—わたしのかなたへ—」

二〇一五年度から三カ年のシリーズで開催してきたアート&サイエンス企画展「ニュー〝コロニー／アイランド〟」の最終年は、〝わたしたち自身〟に着目している。主には、ノーベル生理学・医学賞を受賞した大隅良典東京工業大学栄誉教授の研究「オートファジー」から着想・発展させ、アミノ酸とたんぱく質の構造をテーマに企画を立案している。人体の内部では、体内で分泌される神経伝達物質とそれを受けた身体の変化、あるいは古い細胞が死滅して新しい細胞に置き換わる運動など、わたしたちはそのことを意識せず（できず）に生きる動物でもある。しかし一方で、とてもダイナミックな出来事が刻一刻と繰り広げられている。よって本展では、体の内部でおこる目に見えないぐらい小さく、しかし大きく人間を変化させる様々な事象や、眩暈や忘我の恍惚を求めて危険を承知で浮遊感に身を委ねる遊びの欲望など、〝わたしたち〟の内にある、巨大な宇宙と似て非なる未知なる世界（彼方）について考察を深める空間を創出した。具体的には、細胞内で起きている様々な現象とその力学を体験する会場構成によって、最先端の研究内容を、わたしたちの身近な事項として捉えられるようなアウトリーチ活動を実践している。また会期中には、細胞生物学・ゲーム・宗教学・物理学・脳科学・美学に関するラボカフェや、映画「ミクロの決死圏」ではないが、体内公園を縦横無尽に行き交うドローンやローラーブレードパフォーマンスによるイベントを実施。様々な遊戯的装置で自らの体を動かしながら、その仕組みや人間という不可思議な宇宙へと思いを馳せる機会を創出したのである。

【プロジェクトメンバー】

吉森保（大阪大学大学院生命機能研究科／医学系研究科 特別教授）、dot architects（建築ユニット）、yang02（アーティスト）

ここは私達の身体をつくる、たんぱく質をイメージした細胞的遊戯装置が点在する体内公園です。

「仮設空間」と「仮想空間」の２つの空間から成るこの体内公園は、細胞内で起きている様々な現象とその力学を体験する場所です。体験には「見る」と「遊ぶ」の２つの方法があります。

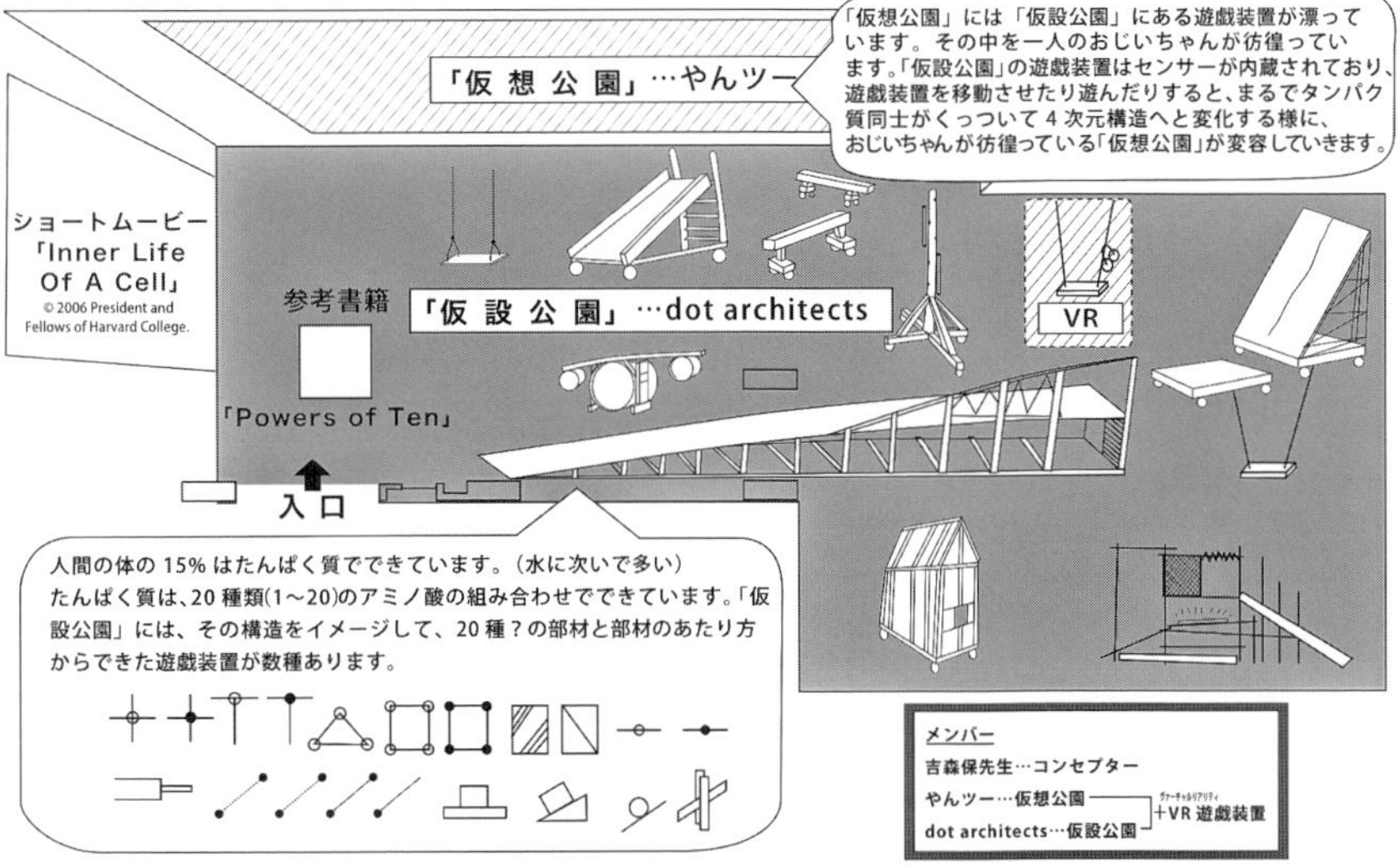

［上］図6−19「ニュー〝コロニー／アイランド〟3—わたしのかなたへ—」会場図
［中］図6−20　会場風景（体内公園＝アミノ酸・たんぱく質の構造をイメージした遊戯装置）
［下］図6−21　ＶＲブランコを体験する様子

5　人文・社会科学の知見を取り入れた新しいタイプの産学連携イノベーション

中之島まちみらい協議会「中之島から防災・減災を考える」、「中之島夜会」等

これまでのアートを主軸にした事業から、人文・社会科学の知見を取り入れた新しいタイプの産学連携イノベーションの試行として、企業等三〇社で構成される「中之島まちみらい協議会」との協働企画も展開している。主にはラボカフェの枠組みを活用した「中之島の社会的課題を考える」シリーズを数回実施し、「都市防災、環境・エネルギー・スマートコミュニティ」と「都市魅力創造、都市プロモーション」の二つの課題を抽出し、それらに基づいた各種プログラムへとつなげている。

「都市防災、環境・エネルギー・スマートコミュニティ」をテーマにした企画では、大阪府・大阪市・北区の各危機管理室や防災計画担当者などの講師と一般参加者を交えたラボカフェ「中之島から防災・減災を考える」を実施。従来の行政主導の防災活動は、主に地域住民を対象としたものが主流であることが多い。しかし中之島は大阪市役所や梅田エリアを含む北区に区画され、御堂筋線・堺筋線・四つ橋線といった大阪の南北をつなぐ地下鉄網や、大阪～京都間にある守口市・門真市・寝屋川市・枚方市などの京阪電鉄沿線の防災計画へと発展する可能性がある。よって中之島まちみらい協議会を主体とした「都市再生安全確保計画」の作成に関連したプログラムを展開した。具体的には、「大阪駅周辺・中之島・御堂筋周辺地域」のエリア防災・大阪駅周辺帰宅困難者協議会の設置状況・ハザードマップや携帯アプリ・区民による地域活動と連携した防災プログラムなどの事例を紹介。その後の行政・企業・市民を交えたワークショップでは、防災情報の発信側と受信側の視点の差異やデザイン的な観点の検討において、予め、行政の防災担当者などの参加者の立場を明らかにしていたものの、それぞれの立場を超えた議論へと発展していった。本企画では、防災政策を周知し実装させるため不可欠な官民一体の連携とともに【自助・公助・共助】の重要性を実体験できたことは

大変意義深い。

「都市魅力創造、都市プロモーション」をテーマにした企画では〝夜の中之島〟に着目。〝昼の中之島〟には、ビジネス街として経済的活力を生み出すエネルギーがあるが、〝夜の中之島〟は知性や感性を養い人々が自由に意見交換しあう場がある。しかしながら、中之島まちみらい協議会メンバーとの議論では、働く環境とは別の視点で中之島のポテンシャルを捉え直し、創造性に富んだ取り組みへと発展させることは困難であることが明らかとなった。その原因および改善策としては、行き過ぎた「効率化」「合理化」を見直すための創造的発想法＝クリエイティブ・シンキングが有効ではないか、という観点が浮上した。そこで中之島を創造的な観点で捉え直す「中之島夜会 NAKANOSHIMA NIGHT」を実施。具体的には、国立国際美術館・堂島リバーフォーラム・朝日新聞本社やダイビルなど、中之島の文化施設や企業本社と連携した企画を展開した。これらは中之島の夜の創造性を実感するとともに、各所とのネットワーク構築のために不可欠な各組織の個人が当事者となって企画に関わる仕組みを試行でき、今後の関係性の糸口となったのである。

課題解決に資するネットワーク構築と活動の継続を指向

[上]図6—22「中之島エリアの防災ワークショップ」（サーチプロジェクト「災害にまつわる所作と対話」会場にて）

[下]図6—23「中之島から防災・減災を考える」

［右上］図6―24　国立国際美術館ツアー

［右下］図6―25　朝日新聞本社ロビートーク（テーマ　音楽に関する対談）

［左上］図6―26　大阪大学シンポジウム２０１５「成熟する社会の生態系〜クリエイティブアイランド中之島の共創に向けて」登壇者　加藤好文（京阪電気鉄道　代表取締役社長ＣＥＯ兼ＣＯＯ　執行役員社長）、後藤尚雄（朝日新聞社 常務取締役 大阪本社代表）、山梨俊夫（国立国際美術館　館長）、脇阪聰史（朝日放送代表取締役社長）、西尾章治郎（大阪大学総長）、進行　木ノ下智恵子（大阪大学ＣＯデザインセンター特任准教授）

［左下］図6―27　中之島夜会シンポジウム「クリエイティブアイランド中之島の可能性〜都市魅力創造拠点の醸成に向けて」登壇者　小川哲生（大阪大学理事・副学長）、菅野幸子（国際交流基金コミュニケーションセンタープログラム・コーディネーター）、岸田文夫（中之島まちみらい協議会　代表幹事）、服部滋樹（ｇｒａｆ代表、クリエイティブディレクター）

するＨＵＢ機能の基盤整備の推進には、アートエリアＢ１を主軸にしながらも、常に異分野間のマッチングを心がけ、中之島全体を視野に入れた拠点形成が不可欠である。そうした観点からも特筆すべき企画としては、西尾章治郎大阪大学新総長の就任初となる二〇一五年の大阪大学シンポジウム「成熟する社会の生態系〜クリエイティブアイランド中之島の共創に向けて」がある。中之島に縁ある組織（朝日新聞社・朝日放送・京阪電気鉄道・国立国際美術館・大阪大学）の代表者を登壇者に迎え、地域社会の生態系（ネットワーク）

と未来を共創することの可能性について討議したもので社会的影響力のある機関代表者が、公人＝組織論に留まらず個人的意見の交換を公開することにより、連携体制の実績根拠となっている。

翌年二〇一六年には、大阪文化を象徴する大阪市中央公会堂の一〇〇周年のプレ事業と連携したシンポジウム「クリエイティブアイランド中之島の可能性〜都市魅力創造拠点の醸成にむけて」を開催。大学・企業などの組織人・国際文化の専門家・クリエイターといったクリエイティブ・シンキングを実践する登壇者を迎え、中之島のポテンシャルを活かした組織連携や様々な個人が当事者として関わる仕組みと都市魅力創造拠点の醸成に向けた対話を繰り広げるとともに、参加者からの意見収集を含め、様々な知見を蓄積することができた。

6　NEXT10　駅を超える試みから創造的な実験島の活動へ

文化庁戦略的芸術文化創造推進事業
都市の地質調査・再耕事業「クリエイティブ・アイランド・ラボ 中之島」

二〇一八年、アートエリアB1（中之島線）は開設一〇周年の節目を迎えている。JST支援事業の三年間の実践を通じて導き出された中之島の複数のポテンシャルとコンセプト「クリエイティブ・アイランド」から派生し、次の一〇年を見据えた駅を超える試みから創造的な実験島の活動へと拡張させた新たな事業に着手している。約三キロメートルの中之島は、都市の中州・島の特異性を有する世界各国の類例（シテ島／パリ／フランス＝約五キロメートル、ルーズベルト島／ニューヨーク／アメリカ＝約三キロメートル、サウス・バンク地区、ロンドン／イギリス＝約四キロメートル、ムゼウムスインゼル／ベルリン／ドイツ＝約二キロメートル）と比較しても、

「クリエイティブ・アイランド・ラボ 中之島」

7月	8月	9月	10月	11月	12月	1月	2月	3月
【事業実施】 A 中之島の地の利を活かした作品やプランニングのための思考実験とフィールドワーク B 中之島の文化資産の再発見とネットワーク構築のためのトーク／ツアー C 「クリエイティブ・アイランド・ラボ中之島」が目指すビジョンを語るシンボルイベント D アーカイブと情報発信「クリエイティブ・アイランド・ラボ中之島」特設サイト								振り返り次年度準備

海外からの企業・人材の受け皿となる都市拠点化を推進し、国全体の成長を牽引する国際都市大阪の中核となり得る。開発の観点から言えば、まちづくりの規模としては広域であり、一つのテーマでは括ることができない多様な要素、属性、地権者によるゾーニングが不可欠な特殊なエリアである。また、川に囲まれた人工島である中之島地域は、島全域が広域避難区域に指定されているため、エリア防災やスマートコミュニティとしての実装実験（モデル）の可能性が多分に含まれている。そこでアートエリアB1では一〇周年を機に、文化庁戦略的芸術文化創造推進事業として「都市の地質調査・再耕事業「クリエイティブ・アイランド・ラボ 中之島」」と題し、中之島エリア全体を持続可能な芸術文化環境をそなえた「創造的な研究所」として見立てた様々な思考実験を繰り広げている。主には、中之島の一五機関施設との連携事業やアーティストや研究者による思考実験とフィールドワークなどを展開しているが、本事業は実践の只中にあるため、検証報告の機会は改めたい。

7 持続可能な共創の本質を追求する創造的実験、その途上

一九九〇年代のバブル経済崩壊後の日本企業では、メセナ（企業による芸術文化支援）に続き、二〇〇〇年代の金融危機以降はCSR（企業の社会的責任）など、利益追求とは異なる企業倫理の実現が責務となっている。また、課題先進国といわれる日本政府や地方自治体においては、独自の政策だけでは立ちゆかなくなった社会的

課題に対応するソーシャルビジネスの支援や、芸術祭などを活用した文化政策が主流となっている。それらは当然のことながら、これまでの利潤の最大化ではない、新たな評価指標が必要となり、多様なステークホルダーとの関係構築が求められている。よって昨今の企業、NPO、財団、有志団体などでは、社会的課題の解決を目指すソーシャル・イノベーションをミッションに掲げたプロジェクトが芽吹いている。さらにこの数年は、社会起業家や行政や企業や大学など、立場の異なる組織がバラバラに活動するのではなく、組織の壁を越えてお互いの強みを出し合い、より大きなインパクトを効果的・効率的に出していくために横の連携を推進する「コレクティブ・インパクト」というアプローチも注目されている。

企業と大学とNPO三者の運営委員会と二〇一四年に法人化した事務局による喧々諤々の対話とトライ・アンド・エラーの共創モデルは、複数の動力源を組み合わせることで単独では得られない機能を達成するハイブリッドエンジンに喩えられるのかもしれない。そうした観点からもアートエリアB1は、企業と大学とNPOによるコレクティブ・インパクトと言えるだろう。

駅のコンコースという公共空間においては、アートや哲学といった個人を尊重する主題を扱い、科学技術や医療福祉などの社会的課題について、意見が異なる複数人と議論を交わす場を提供することは容易ではない。ただ本来〝公私〟とは表裏一体であり、匿名ではなく他者の批評性にさらされる覚悟のある個人と個人が、各々の発言や表現を許容し、自問自答を含めて一つの場と時間を共有することで真の公共性は担保される。自身の好奇心と欲望、他者への想像力と信頼感によって確保される公共性や安全性は、アートエリアB1の理念や構造に通じるものがある。

企業と大学とNPOの異なる組織（や個人）によるカタチだけではない真の共創では、複数の目的や知情意が混在しながら、自ずとシナジー効果が発揮される。特に三者協働の企画展はそれが顕著である。まずは複数名のディレクターが社会情勢や時世を勘案しつつも個人の関心事項を踏まえてキーワードを出し合い、大まかなテーマや方向性を定める。確定した骨子を全員が完璧に理解や納得をせずとも、ひとまず違和感を受け入れて他者のアイデアに相乗りし、個別の解釈によってイメージを膨らませる。その上で関連する資料や情報を持ち寄り、一つの軸から複数の軸を連鎖反応的に派生させることで、独善的ではない批評性に根ざした「主旨・目的・根拠と内容」が構築される。その後各自の専門領域や特性に応じて役割を分担していくのだが、決してスムーズに事が運ぶことはない。各自の誤解や矛盾を孕みながらも摩擦を避けず、企画者自身も既知を覆され、未知との出会いの驚きや喜びを期待しているのである。

短期的利益を重視する経済産業的価値ではマイナスと思われる事象も、思想や人間の精神に寄与する長期的利益の追求を基本とする芸術や学術といった文化的価値に置き換えることで、プラスのベクトルが見えてくる。出会うはずのなかった企業と大学とＮＰＯの〝三者三様〟が時と場所を共有し、継続するための〝文殊の知恵〟をフル活用することで、共創のチカラというイノベーションが生まれる。しかも相応の規模の組織が関わる事業としては、〝目的を定めずとりあえずやってみる〟ということからスタートできるプロジェクトは極めて稀である。しかしながら、そのトライアル感覚がプロジェクトを軽快に推進させる機動力となり、膨大な書類や会議に時間と労力を費やすのではなく、個々の組織（に関わる個人）の専門性や特異性を信頼・許容し、相応の責任を分担することで、単一の組織では実現不可能な社会的価値を創出する共創が可能になるのではないだろうか。

二〇一八年で一〇周年を迎える現時点では、そのシステムの解明と言及には至らないが、機会を見定め、改めて各所との共創の実践を検証したい。

【アートエリアＢ１沿革】

２００６

「中之島コミュニケーションカフェ」始動

駅建設現場を舞台にした「駅ができる！―中之島新線・新北浜駅創造ものがたり―」開催

（施設常設を目指した社会実験として位置づける）

２００７

「中之島コミュニケーションカフェ」

駅建設現場を舞台にした「ex-station　可能性の駅」開催

２００８

京阪電車（現：京阪グループホールディングス）、大阪大学、ＮＰＯ法人ダンスボックスが協働し「中之島コミュニケーションカフェ」プロジェクトチームを結成

京阪電車中之島線開業

なにわ橋駅地下一階コンコースの一部を「アートエリアＢ１」として整備

２００９

企画展「パラモデリック・グラフィティ at なにわ橋駅」開催

大阪大学、京阪電車、ＮＰＯ法人ダンスボックスによる運営委員会の設置

「アートエリアＢ１」常時オープン

水都大阪 2009 連携 中之島コミュニケーションカフェ「トらやんの大冒険―サヴァイヴァル・システム・トレイン―」開催

「メセナ アワード 2009」文化庁長官賞を受賞

２０１０

鉄道芸術祭 vol.0 開催

２０１１
サーチプロジェクト vol.1 加藤翼展「ホーム、ホテルズ、秀吉、アウェイ」開催
鉄道芸術祭 vol.1「西野トラベラーズ―行き先はどこだ?―」開催
共催事業を開始
大阪大学八〇周年記念事業「ラウンドテーブル 知のジムナスティックス」
日本センチュリー交響楽団メンバープレゼンツ「アートエリアＢ１ミュージックカフェ」
（二〇一一年度〜、毎年開催）

２０１２
鉄道芸術祭 vol.2　やなぎみわプロデュース「駅の劇場」

２０１３
サーチプロジェクト vol.2「山本キノコシアター―ＤＩＹの視点でみつめる、身体・ファッション・こどもの創造性―」
五周年記念事業／鉄道芸術祭 vol.3 松岡正剛プロデュース「上方遊歩46景―言葉・本・名物による展覧会―」

２０１４
サーチプロジェクト vol.3「アパートメント・ワンワンワン―中之島1丁目1―1で繰り広げる一一一日―」
鉄道芸術祭 vol.4「音のステーション」

２０１５
一般社団法人アートエリアビーワン（事務局）の設立
サーチプロジェクト vol.4「ニュー〝コロニー／アイランド〟1―〝島〟のアート&サイエンスとその気配―」（ＪＳＴ（科学技術振興機構）支援事業）
鉄道芸術祭 vol.5　ホンマタカシプロデュース「もうひとつの電車 ― alternative train ―」

２０１６
サーチプロジェクト vol.5「ニュー〝コロニー／アイランド〟2―災害にまつわる所作と対話―」（ＪＳＴ（科学技術振興機構）支援事業）

鉄道芸術祭 vol.6「ストラクチャーの冒険」

2017

サーチプロジェクト vol.6「ニュー〝コロニー／アイランド〟3 ―わたしのかなたへ―」

（ＪＳＴ（科学技術振興機構）支援事業）

鉄道芸術祭 vol.7「STATION TO STATION」

2018

開館一〇周年記念　鉄道芸術祭 vol.8「超・都市計画」

文化庁委託事業／都市の地質調査・再耕事業「クリエイティブ・アイランド・ラボ中之島」

＊本章は筆者による以下を元に加筆訂正している。
『アートエリアＢ１ ５周年記念記録集 上方遊歩46景』（二〇一六）〈大阪大学出版会〉
科学技術コミュニケーション推進事業「ネットワーク形成型」採択企画「科学リテラシーに資する複眼思考と知と感性のネットワーク」報告書

〔参考文献〕
『アートエリアＢ１ ５周年記念記録集 上方遊歩46景』（二〇一六）〈大阪大学出版会〉
中之島スタイル.com　https://www.nakanoshima-style.com/
アートエリアＢ１　http://artarea-b1.jp/
ダンスボックス　https://db-dancebox.org/
カフェフィロ　http://cafephilo.jp/about/

第7章　市民参加型芸術祭と大阪大学

山﨑達哉

1　大阪大学の芸術研究とアウトリーチ

大阪大学文学部・大学院文学研究科文化表現論専攻には、美学・文芸学専修、音楽学・演劇学専修、美術史学専修など、芸術を研究対象とする専攻・専修があり、その分野は、美学、文芸学、音楽学、演劇学、東洋美術史学、西洋美術史学など、多岐にわたっている。内容も、理論的な研究だけでなく、具体的な作品研究まであり、芸術を研究・教育の対象とする場として、際立った存在だといえる。また、大学院文学研究科の文化動態論専攻にも、アート・メディア論として芸術を研究するコースがあり、文学部・文学研究科以外でも、COデザインセンター[1]や総合学術博物館など、芸術や芸術作品などを研究対象とする機関や、芸術を研究対象とする教員を抱える専攻があるなど、芸術に関する研究は様々な方面から行われてきた。

このように、大阪大学における芸術研究・教育の成果は十分な蓄積をもっており、研究・教育の成果を地域社会に還元すべく、アウトリーチ活動を行うことが企図されていた。

同時期に、社会的な背景として、二〇一二（平成二四）年に「劇場、音楽堂等の活性化に関する法律」（いわゆる「劇場法」）が制定され、芸術諸機関の活性化が求められていた。また、文化庁は「文化芸術による豊かで魅力のある地域づくりの推進」を目的として、先の「劇場法」の制定を背景とした「劇場・音楽堂等活性化事業」とあわせ、「大学を活用した文化芸術イノベーション―大学からの文化力発信事業―」を二〇一三（平成二五）年度より推進することを目指していた。「大学を活用した文化芸術イノベーション―大学からの文化力発信事業―」では、芸術系大学等がもつ研究資源を活用し、人材育成の講座や、芸術諸機関との連携による公演等を開催することで、文化芸術を振興することが望まれていた。この「大学を活用した文化芸術イノベーション―大学からの文化力発信事業―」は、二〇一三（平成二五）年度より「大学を活用した文化芸術推進事業」として正式に実施されることとなり、公募によって全国の大学から様々な企画が集められた。

大阪大学大学院文学研究科では、計画のあった芸術研究や教育を活用したアウトリーチ活動のひとつとして、「大学を活用した文化芸術推進事業」において、社会人リカレント教育を実施することとなった。これにより、地域や社会における様々な問題をみつけ、それらを解決する一助とし、地域や社会における文化芸術活動を活発にすることを目指した。その方法として、「芸術祭」を開催し、「芸術祭」を通して教育することをねらいとした。「芸術祭」を開催する大きく三つの理由がある。

第一には、大阪大学の芸術研究のもつ多様さである。先にも紹介したように、大阪大学文学部・大学院文学研究科の芸術ブロックには、美術、音楽、演劇、文芸、美学など多種多様な芸術ジャンルを対象とした研究・教育が行われている。また、先にも述べたアート・メディア論コースや、コミュニケーションデザイン・センター（当時）などにおいては、いわゆる「芸術」ジャンルから漏れ落ちる「芸術」ジャンルを拾い集める研究・教育や実践的なアートプロデュースの研究・教育も行われてきた。そのため、大阪大学の芸術研究や教育の成果を十分に発揮するために「芸術祭」として実施した。

第二に、現代の芸術ジャンルの多様さと芸術諸機関に求められる多様さがある。現代の芸術においては、ひとつの芸術ジャンルのみで成立している作品はほとんどなく、美術、演劇、音楽等がいくつもの層を成してつくられている。また、芸術諸機関においても、ひとつの芸術ジャンルに重点を置いた公演や展覧会の開催だけでなく、複数の芸術ジャンルに精通し、柔軟に対応できる能力が求められている。そのため、様々な芸術ジャンルを講座として提供できるよう「芸術祭」として開催した。同時に、協力を要請した連携先の芸術諸機関も、美術、演劇、音楽等のひとつの専門をもちながらも様々な芸術ジャンルを扱う機関が選ばれた。

第三に、受講生への人材育成の場としての必要性である。上記の二つの理由からみてもわかる通り、大学には様々な芸術研究の蓄積があり、劇場や芸術そのものにおいては領域横断的な芸術への理解が求められている。そこで、芸術を活用した活動を進めたい受講生だけでなく、これまで芸術に関心がなかった受講生にも、教育を行うには、様々な芸術ジャンルを扱う「芸術祭」として実施する必要があった。受講生は、「芸術祭」のなかで、理論的な教育を受けるだけでなく、芸術祭や芸術イベント等の開催を実現するノウハウを学ぶことで、様々な芸術ジャンルに触れる機会をもつことができた。

「大学を活用した文化芸術推進事業」では、全国の様々な大学が採択を受けるなか、大阪大学大学院文学研究科も「劇場・音楽堂・美術館等と連携するアート・フェスティバル人材育成事業―〈声なき声、いたるところにかかわりの声、そして私の声〉―芸術祭」が採択を受けた。大阪大学において「芸術祭」を開催することで、一般的な芸術祭とは異なり、プロの芸術祭キュレーターや実行委員会などによる下準備のない芸術祭の開催となった。これにより、受講生が自分たちで考え、意見を出し、大学教員や地域の芸術諸機関とともに「芸術祭」をつくっていける場が生まれ、実践的な人材育成の場となった。また、「芸術祭」を開催する上での三つの理由を昇華するようなかたちで、「芸術祭」では二つの大きな目標をもった。すなわち、大阪大学の芸術研究や教育を活用し実践するための「リサーチとしての芸術祭」の試みと、多種多様な芸術ジャンルに柔軟に対応できるような「ジェネラリストとしての人材育成」である。

これらの目標の達成や育成の実現に向けてどのように芸術祭は開催されたのか。「芸術祭」の概要、詳細なプログラム内容などについてこれからみていきたい。

2　芸術祭の概要

大阪大学大学院文学研究科が主催した「劇場・音楽堂・美術館等と連携するアート・フェスティバル人材育成事業―〈声なき声、いたるところにかかわりの声、そして私の声〉―芸術祭」（通称「声フェス」、以下同じ）は、文化庁「大学を活用した文化芸術推進事業」の助成を受け、二〇一三（平成二五）年度から二〇一五（平成二七）年度までの三年間にわたって開催したアートマネジメント人材育成事業である。主催の大阪大学大学院文学研究科芸術ブロックが中心となり、大阪大学コミュニケーションデザイン・センター（当時）、大阪大学大学院国際公共政策研究科稲盛財団寄附講座、大阪大学総合学術博物館といった、大阪大学内の諸機関が共催し、大阪大学21世紀懐徳堂の協力も得て開催した。それぞれの講座を担当者した教員を事業担当者と称した。事業担当者一覧は表7―1の通りである。[2] また、芸術祭事務局を設置し、専任の事務局員と事業担当者数名によって構成された。事務局の担当者は表7―2の通りである。

また、本事業では近隣の劇場、音楽堂、美術館等といった様々な芸術諸機関と連携して行われた。これらの芸術諸機関から各一名をアドバイザーとして招いた。アドバイザーの所属機関や担当年度は表7―3の通りである。アドバイザーには、芸術祭運営や事業全体に関するアドバイスを頂戴するとともに、事業の評価などを依頼した。これらの芸術諸機関からのアドバイザーと大阪大学の事業担当者で「アート・フェスティバル人材育成推進協議会」を組織し、事業全般にわたる重要事項を決定した。このように、本事業は大阪大学の芸術系教員と近隣地域の諸芸術機関およびアドバイザーとの連携を基にして実施された。

本事業には大きく二つのねらいがあった。すなわち、受講者が「ジェネラリストとしての専門家」として育成されること、「Festival as Research（リサーチとしての芸術祭）」という新しいタイプの芸術祭を創出する

表7–1 「声フェス」事業担当者一覧

事業担当者名	所属	担当年度
永田靖	大阪大学文学研究科・事業推進者	2013年度、2014年度、2015年度
伊東信宏	大阪大学文学研究科・事業推進者	2013年度、2014年度、2015年度
市川明	大阪大学文学研究科	2013年度
奥平俊六	大阪大学文学研究科	2013年度、2014年度
加藤瑞穂	大阪大学総合学術博物館	2013年度
木ノ下智恵子	大阪大学コミュニケーションデザイン・センター	2014年度、2015年度
古後奈緒子	大阪大学文学研究科	2014年度、2015年度
田中均	大阪大学文学研究科	2013年度、2014年度
富田大介	大阪大学大学院国際公共政策研究科 稲盛財団寄附講座	2013年度、2014年度、2015年度
蓮行	大阪大学コミュニケーションデザイン・センター	2013年度、2014年度、2015年度
渡辺浩司	大阪大学文学研究科	2013年度、2014年度、2015年度

表7–2 「声フェス」事務局担当者一覧

担当者名	所属	担当年度
永田靖	大阪大学文学研究科・事業推進者	2013年度、2014年度、2015年度
伊東信宏	大阪大学文学研究科・事業推進者	2013年度、2014年度、2015年度
古後奈緒子	大阪大学文学研究科	2014年度、2015年度
渡辺浩司	大阪大学文学研究科	2013年度、2014年度、2015年度
岡島範子	芸術祭事務局	2013年度、2014年度
石光美紀	芸術祭事務局	2014年度、2015年度
山﨑達哉	芸術祭事務局	2014年度、2015年度

表7−3　「声フェス」アドバイザー一覧

アドバイザー氏名	所属機関	担当年度
尾西教彰	兵庫県立尼崎青少年創造劇場（ピッコロシアター）	2013年度、2014年度、2015年度
菅谷富夫	大阪新美術館建設準備室	2013年度、2014年度、2015年度
谷本裕	あいおいニッセイ同和損保ザ・フェニックスホール	2013年度、2014年度、2015年度
並木誠士	京都工芸繊維大学	2013年度、2014年度
古矢直樹	吹田市文化振興事業団（吹田メイシアター）	2013年度、2014年度、2015年度
松田正弘	能勢淨るりシアター	2013年度、2014年度、2015年度
山下善也	京都国立博物館	2013年度

こと、である。ここでの「ジェネラリストとしての専門家」とは、現代日本の芸術諸機関で求められていると考えられる、演劇、音楽、美術、アートなど多領域の知見をもつ人材を指す。本プログラムの受講者は、多領域にわたる本芸術祭の企画と運営に参加し、アート・イベントの実践的教育を受けることができた。「Festival as Research（リサーチとしての芸術祭）」とは、大学が主催する芸術祭である利点を生かし、芸術と大学における人文学的知との相互接触を通じて、芸術祭そのものにも、また翻って大学知にとっても、相互に影響を及ぼすことを企図したものである。新しいタイプの芸術祭を創出することを通じ、大学と地域芸術諸機関との連携によるSocial Engagement（社会従事）的な企画展や上演活動をいかに実現していくかという今日的な課題にも応えられるようにした。

芸術祭を企画運営しつつアートマネジメントについての人材を育てるプログラムとして開催された本事業では、主として社会人を対象に受講生を迎えた。本事業の受講生は、「フェスティバル・フェロー」として参画し、新しいアート・フェスティバルを創出していけるよう、プログラムを用意した。プログラムの内容には、各担当者の専門である、演劇、音楽、美術、パフォーマンスなどの現代芸術などを用意し、様々な分野を広くカバーして多様な芸術ジャンルに対応できるようにした。さらに、単に芸術祭の実務面でのマネジメント能力だけでなく、芸術祭のコンセプトや内容にまで立ち入って企画運営に関与できる人材を育成することも目的とした。また本プログラムで企画するのは一方的に提供していく芸術祭ではなく、市民参加による芸術祭である。そのため、参加する社会人受講者がそれぞれもつ社会的な経験と、大学教員のもつ学知や実践的経験を共有し、双方向的な知識や経験の交換が活発に行われた。そのことにより、従来よくみられた座学中心の一方向的な講座のみに留まらない実践的な体験ができるプログラムが実現でき、受講者からの評価も高いものとなった。それだけでなく、大学教員を中心とした事業担当者やアドバイザーにとっても、新しい知見や方法論を得ることのできるまたとない機会にもなった。

先の二つのねらいを実現するためにも、芸術祭にはひとつのテーマが与えられた。それが、芸術祭の名称ともなっている「声なき声、いたるところにかかわりの声、そして私の声」であり、三つの声に注目したものである。「声なき声」とは、個人や共同体の「記憶」や抑圧された声、そして記憶の彼方に埋めてしまった感情など、普段は表に現れない、内奥に秘められた声のことを指す。「いたるところにかかわりの声」とは社会や組織、歴史に関わろうとするデモクラシーの声を意味した。そして、「私の声」とはこの広い世界のなかで居場所をみつけようとする内奥の拠り所を求める個そのものの声である。これらの「記憶」、「デモクラシー」、「個」というそれぞれの声は、いずれも自己と他者との狭間に生じる問題や可能性を内包しているいると考えた[3]。芸術祭では、これらの問題を考察していけるよう、多分野の様々な芸術ジャンルに触れられる機会を設けた。さらに、できあがった作品を享受するばかりではなく、フェスティバル・フェロー自らがその企画に関わることでこれら三つの声について考察していくことにより、「リサーチとしての芸術祭」の実現も試みた。実際に、企画、制作、実施を体験することで、「記憶」、「デモクラシー」、「個」という、自己と世界を結ぶファクターをいかに芸術と結びつけるのかを考えた。これらの本芸術祭の実践経験を活かし、フェスティバル・フェローには、新しいアート・イベントやアート・フェスティバルを創出し、関西や日本の文化芸術シーンを活性化することにも繋がっていくことが期待された。

3　芸術祭の内容

それでは、三年間にわたって開催された芸術祭の内容を簡単に紹介したい〈4〉。

二〇一三（平成二五）年度には七つの研修科目を用意し、それぞれ①「フェスティバルの企画運営と実際」、②「市民参加型演劇の制作と上演」、③「国際的パフォーマンスのワークショップと制作」、④「リサーチとしてのアート・ワークショップ」、⑤「レクチャー・コンサートの企画運営」、⑥「美術と絵画資料の展覧会企画と運営」Aプログラム（西洋美術関連）・Bプログラム（日本美術関連）、⑦「サイトスペシフィック・パフォーマンスの方法と実践」と題し、座学だけでなく実践的な研修も行った。

二〇一四（平成二六）年度には科目をひとつ増やし、八つの研修科目とした。①「フェスティバルの理念と運営」、②「市民参加型演劇とアウトリーチ」、③「ＡＩＲ（アーティスト・イン・レジデンス）」、④「国際ワークショップ―芸術と公共性」、⑤「レクチャー・コンサートの企画運営」、⑥「美術と絵画資料の展覧会企画と運営」、⑦「サイトスペシフィック・アートと都市魅力創造」、⑧「伝統芸術の現代化」の八つである。研修内容はそれぞれ、Ⅰ芸術祭理念運営セミナー（座学）、Ⅱ参加制作型、Ⅲ招聘研修型、という三つに分けられ開催した〈5〉。

二〇一五（平成二七）年度にも八つの研修科目を用意したが、当該年度においては、過去の二年間で学んだ受講生（フェスティバル・フェロー）を「シニア・フェロー」として迎え入れ、「シニア・フェロー」は事業担当者と同様に企画を担当した（受講生企画）〈6〉。また、過去二年間の実施の過程と成果のアーカイヴ化に対する要望、本芸術祭のドキュメンテーションの必要性に対する認識に基づき、「記憶」「デモクラシー」「個人」というコンセプトのうち、改めて「記憶」に焦点をあて、「ドキュメンテーション／アーカイヴ」という活動を設けた。二〇一五年度の八つの研修科目は、①「フェスティバルの理念と運営」、②「市民参加型演劇の企画とアウトリーチ」、③「国際イベントの運営─芸術と共生─」、④「アーティスト・イン・レジデンス」、⑤「音／身体／メディアをめぐるワークショップ」、⑥「都市魅力創造と芸術祭」、⑦「伝統芸術の現代化」、⑧「ドキュメンテーション／アーカイヴ」である。このうち④「アーティスト・イン・レジデンス」を受講生企画Vol. 1、⑦「伝統芸術の現代化」を受講生企画Vol. 2とした。また、これまでの事業は無料で行われたが、二〇一五年度には大阪大学エクステンション講座として開催され、同時に受講料を徴収して開講した。

このように、三年にわたり様々なプログラムを用意したが、本事業全体を統括するセミナー（オープニング・セミナーとクロージング・シンポジウム、各年度の①に該当する）以外は、それぞれ事業担当者の専門性によって、演劇、ダンス、音楽、美術、美学、その他複合的なものに分けられる。これらは、本事業の名前にもある「劇場・音楽堂・美術館等」にそれぞれ振り分けることができる。すなわち、演劇やダンスは劇場、音楽は音楽堂、美術は美術館、そして美学やその他複合的なものは、最後の「等」において含むことができる。このことは、多様なジャンルの芸術プログラムを用意することで、本事業がねらいとする「ジェネラリスト」人材を育成しようとしていたことを表している。それぞれの芸術ジャンルを、各事業担当者が担当した。演劇が永田靖と蓮行、シニア・フェローの高安美帆（永田靖が監修）、ダンスが富田大介（二〇一三年度・二〇一五年度）、音楽が伊東信宏、美術は奥平俊六と加藤瑞穂、美学は田中均、複合的なものには、木ノ下智恵子と古後奈緒子、富田大介（二〇一四年度）、シニア・フェローの若月万平（富田大介が監修）の担当であった。また、それぞれのプログラムは先に記したⅠ芸術祭理念運営セミナー（座学）、Ⅱ参加制作型、Ⅲ招聘研修型、の三つに当てはまるが、四つ目の柱として、Ⅳ発展・実践型を加えることができる。最終年度の二〇一五年度には、それぞれのプログラムにおいて、実践的な力を身につけた受講生によって、Ⅳ発展・実践型の企画が多数生まれた。

それぞれのプログラムの内容とともに、その成果を確認したい。

まず、本事業全体を統括するセミナーのオープニング・セミナーとクロージング・シンポジウムは、Ⅰ芸術祭理念運営セミナー（座学）に該当する。三年間、年度の始めにはオープニング・セミナーを、年度の最後にはクロージング・シンポジウムを開催した。二〇一三年度のオープニング・セミナーは、「未来の芸術祭に向けて」と題し、「芸術祭と文化行政」をテーマに、芸術家からみた、あるいは文化行政からみたアート・フェスティバルについて講演があった。その後、ディスカッションを行い、文化行政と芸術祭とのあり方について現実の具体的な問題点や理念等を共有し、本芸術祭の意義を確認した。クロージング・シンポジウムにおいては、「フェスティバルの企画運営と実践」をテーマに、活動報告とマネジメントに関する教育内容を含む総括シンポジウムを開催した。また、現代アートとアートイベントとの関わりについて講演を受けた。続いて、各事業担当者や受講生による活動報告があり、初年度の活動を通して浮き彫りになった課題を認識した。二〇一四年度のオープニング・セミナーでは、芸術祭の企画と運営のための理念と方法を、文化政策論、企画書・助成申請書等の作成方法、現代芸術論、美学、演劇史、音楽史、現代アート論などから多面的に講義した。また、文化財団が具体的にどのような文化支援活動を行っているのか、また文化財団が今日かかえている問題は何か、さらに広く現在の日本における文化行政や文化政策における文化財団のあるべき姿とは何かについての講演もあった。本年度のクロージング・シンポジウムは受講生が企画運営し、事業担当者による振り返りと受講生による振り返りの二つの部分に分かれた。前半で各事業担当者が本年度の各事業を報告し反省点問題点を指摘した後に、後半で受講生の代表四名による本年度の活動の振り返りがあり、それらをうけて受講生と事業担当者全員で討論して、今年の芸術祭の意義と課題を総括した。二〇一五年度のオープニング・セミナーは、「アート・フェスティバル基礎講座」と題して連続講座を開講した。連続講座では、各事業担当による講義が四週にわたり行われた。さらに最終日には、カイ・ファン・アイケルスによる「想像の身体と想像の共同体」と題した講義とワークショップを開催し、世界の芸術祭のあり方、日本の芸術祭の現状さらには文化行政についてご紹介いただいた。クロージング・シンポジウム「芸術祭の未来」は、受講生（植村阿津子、日笠弓、津村長利、福山隆志）によって企画運営実施された。内容は、「芸術祭の未来　ひとを支える、まちを変える、しごとをつくる〝アートのちから〟―神山町アーティスト・イン・レジデンスの軌跡―」と題して、神山アーティスト・イン・レジデンス初代会長の森昌槻による講演と受講生との対談、一般参加者とのディスカッションから構成された。アーティスト・イン・レジデンスに関する具体的な仕事や運営に関する理念や方針、その決定の仕方を学んだ。また企画した受講生は、シンポジウムの企画運営の全体を学ぶことができた。それでは、これから具体的な芸術プログラムについてそれぞれみていきたい。

演劇においては、永田靖と蓮行が担当し、三年目には受講生（高安美帆）による講座も開催した。永田靖が担当した講座はⅢ招聘研修型に分類され、蓮行の講座はⅡ参加制作型に該当する。また、受講生による企画はⅣ発展・実践型といえる。

永田靖が担当した演劇関連のプログラムでは、二〇一三年度には維新派と能勢人形浄瑠璃を、二〇一四年度には能勢人形浄瑠璃と台湾の林文中舞踊団を取り扱った。二〇一三年度には、「場所」のもつ記憶、歴史性、特性をいかに芸術と結びつけていくかを考えるサイトスペシフィック・パフォーマンスに関するセミナーを行った。Vol. 1「維新派犬島公演参加とレクチャー」では、犬島での維新派公演を観劇し、松本雄吉（維新派主催者）のレクチャーを受けた。犬島は近代化遺産の島であると同時に観光化されており、維新派がこの地で公演を続けていることは、その作品内容と密接な関係をもっていたことを理解した。Vol. 2「「能勢町と伝統演劇の潜在力」セミナーとワークショップ」では、地黄城址と公民館を見学の後、能勢浄るりシアターにて、バックステージと楽屋の見学を行った。その後、能勢浄瑠璃と能勢浄るりシアターについての学習を踏まえて、次年度に地黄城址で開催される地黄城開城四〇〇年記念能勢浄るり公演についての考察を行った。二〇一四年度には「伝統芸術の現代化」として演劇のプログラムを用意した。Vol. 1「「能勢町と伝統演劇の

図7―1　2015年度「伝統芸術の現代化」より展覧会の様子

潜在力」セミナー」では、能勢浄るりシアターの見学を行い、劇場設立と鹿角座創設の経緯などについて説明を受けた。その後、地黄公会堂にてパネル・ディスカッションを行い、能勢浄瑠璃の歴史的価値を現代において維持し、また現代化していくことの様々な問題点を認識することができた。その後、能勢人形浄瑠璃鹿角座地黄城公演を鑑賞した。

Vol.2「林文中舞踊団「小南管」の招へいと上演」では、台湾の伝統音楽「南管」を活用したダンスカンパニー林文中舞踊団WC danceの招聘公演『小南管II』およびセミナーを行った。事前勉強会において学習、打合せした準備事項を踏まえ、劇場の仕込みを見学、体験をした。公演後にはセミナーも開催し、作品についての理解を深めた。

永田靖が監修し、シニア・フェロー高安美帆が担当した「伝統芸術の現代化」では、「浪速神楽の今」と題して、地域社会のなかで神楽がどのように継承され発展しているのかを理解するために実地研修・ワークショップを開催した。講演「浪速神楽の歴史と現在」や「神楽ビデオジョッキー」、演劇ワークショップを通し、浪速神楽について学習するとともに、神楽舞をもとにした現代パフォーマンスのつくり方を学んだ。最終的には、受講生とともに作品製作を行い、「伝統芸術の現代化」展覧会と、パフォーマンス作品Plant M+takayasu kagura「祭礼二〇一六—koefesversion」の上演、MOGURA KAGURA「KAGURA_koefesversion」のライブパフォーマンス、伝統芸術の現代化総括シンポジウムを実施した。

蓮行担当の講座では、三年間にわたり、オリジナル地域伝承劇の企画やセミナーやワークショップ、小学校へのアウトリーチ活動を展開した。二〇一三（平成二五）年度には、メイシアター・大阪大学共同事業の吹田市民劇を「活きた教材」と捉え、公演の制作に参画しながら、「劇場と大学と街をつなぐ」アートマネジメント人材を育成するためのセミナー、ワークショップを行った。さらに、オリジナル市民劇の公演を鑑賞し、市民劇開催までの流れや関連の小学校でのアウトリーチを教材に、ディスカッションを行った。

翌二〇一四（平成二六）年度には、市民劇の企画とアウトリーチをコアとした効果検証と説明責任を担えるアートマネジメント人材の育成のため、大阪大学と吹田メイシアターが連携する「市民劇」のアウトリーチプログラムとして、吹田市内の小学校で演劇ワークショップを開催した。事前セミナーでは、小学校における演劇ワークショップのマネジメントに関するレクチャーや教育学とまちづくりについてのレクチャーなどを開催した。

最終年度には、アウトリーチ活動と公募型ワークショップを実施した。事前講義では、マネジメント（道具・機能・機関）を①企画の目的・顧客の創造②個々の企画の目的・ミッション③目標達成のためのマネジメント④目標達成のための方向性（戦略）⑤目標達成のための機能⑥マーケティング&イノベーションという工程に分け、グループワークを行った。また、市民参加演劇のアウトリーチとして、公募型ワークショップや小学校での演劇ワークショップを行った。

音楽では、伊東信宏によるプログラムを三年間行った。初めの二年は、Ⅲ招聘研修型の、研究者による解説と演奏会を組み合わせたレクチャー・コンサートを開催した。レクチャー・コンサート開催に向けて事前にワークショップや勉強会を実施した。二〇一三年度には、中欧の音楽に造詣の深いピアニスト・北住淳を招き、「ベーゼンドルファーを囲んで聴く―ハプスブルク周縁の響き―」と題した演奏会を開催した。演奏会は、音楽における響きとその記憶のあり方をテーマに、大阪大学会館に導入されているウィーンのベーゼンドルファー社の一九二〇年製と、同年に製造されたフランスのエラール社の楽器を並べ、両者の比較をしつつ、ピアノの歴史に関する講演を交えて開催した。

続く二〇一四（平成二六）年度には、ピアノ四重奏を基本とする世界的室内楽団アンサンブル・ラロによる「アンサンブル・ラロ―ハプスブルクと室内楽―」を開催した。前年度から話題になっていたハプスブルクの文化、あるいはウィーンの社会を出演者のヘーデンボルク・直樹に語ってもらった。また、レクチャーでは、室内楽のアンサンブルを「同質性／異質性」というキーワードから読み解き、ヘーデンボルク・直樹との対話を通じて、今回の演奏会の意図について説明しながら、演奏会を開催した。

最終年度の二〇一五（平成二七）年度はⅡ参加制作型で、必ずしも音楽の専門的訓練を受けたわけではない受講生が、自ら参加して作品のプロデュースを行うことを目指して開催した。三輪眞弘の作品『みんなが好きな給食のおまんじゅう』を、受講生を中心とする二グループによって上演した。衣装、小道具や演出について、参加者全員が議論しながら作品をつくり上げていく、という経験は、音楽とは特に関係のない仕事をしている人にとってはもちろん、普段演奏を仕事としている人にとっても新しいものであり、音楽における「作品」や「演奏」といった概念について考え直すきっかけとなった。上演後の作曲者自身を交えた「アフタートーク」においても、積極的な意見交換がなされた。なお、大阪大学における上演のみならず、おおがきビエンナーレの前夜祭においても同作品を上演し、本学の活動が広く社会に還元されたことは、当初の予定を上回る大きな成果だった。

美術においては、加藤瑞穂、奥平俊六の二名が担当し、前者がⅢ招聘研修型、後者がⅡ参加制作型であった。加藤瑞穂は、「「具体美術協会」セミナー・ワークショップ―アメリカにおける戦後日本美術展―」として、二〇世紀の前衛芸術の資料と記憶をめぐる企画展のためのセミナー「具体・ワークショップ」を開催した。尾崎信一郎（鳥取県立博物館副館長）と鈴木勝雄（東京国立近代美術館主任研究員）を講師に迎え、尾崎氏からは「欧米における戦後日本美術展――具体美術協会はいかに受容されたか」、鈴木氏からは「日本の戦後美術再考―グローバルな視点の置き方―」と題してそれぞれご報告をいただいた。また、鈴木氏が担当された「実験場 1950s」展（二〇一二～一三年）、ニューヨーク近代美術館での「東京一九五五―一九七〇」展（二〇一二～一三年）、グッゲンハイム美術館での「具体」展（二〇一三年）等の具体的な事例を検討しながら、今後いかに日本で、欧米が試みる戦後日本美術史の語りを編み直していくかについて意見交換した。

奥平俊六は二年間で、リサーチ・セミナーとディスカッションを経て、展覧会の開催を実現した。二〇一三年度の「土居次義記憶と絵画」のためのリサーチ・セミナーでは、江戸時代の絵画についての土居次義の詳細な資料と関連の絵画を使った、絵画的記憶のリコンストラクションの試み「土居次義記憶と絵画」展を、京都国立博物館、京都工芸繊維大学美術工芸資料館と連携して開催することを企図し、準備講座を行った。京都工芸繊維大学に現在所蔵されている土居次義氏の遺した膨大なノートには、優れた美術史家が作品を実見した記憶が詰まっており、活用方法を探るべく講座を開催した。「絵画資料の整理と活用」や「絵画資料の展示会の企画と運営」をテーマに講座を開き、土居ノートの具体的な活用方法を考え、予定している展覧会の企画についての有効な提案も得た。二〇一四年度には、「土居ノートの展示プラン」と題したワークショップを開催し、土居次義や「土居ノート」に関する講義の後、ディスカッションを行った。その後、展覧会「土居次義　記憶と絵画」展を開催し、展示期間中にもリサーチ・セミナー「土居ノートと美術史研究」を開催し、様々な視点からのレクチャーとディスカッションが行われた。

複合的な芸術ジャンルを取り扱った木ノ下智恵子の講座は主にⅡ参加制作型に該当する。ここでは、様々な芸術ジャンルを含む芸術プロジェクトや芸術祭におけるアートマネジメントの研修を行った。二〇一四年度においては、「Vol.1「名村造船所跡地三〇年の芸術実験プロジェクト　NAMURA ART MEETING '04–'34」」および、「Vol.2「都市魅力創造と社学連携共同事業　アートエリアB1　鉄道芸術祭」」にてイベントの企画制作を行った。本講座では、様々な社会的課題を設立の背景とする、劇場や美術館等の文化施設とは異なる性質をもつ事業に携わった。大阪という同じ都市においても全く異なる歴史・地域性・風土等をもつ、北加賀屋と中之島という二つのエリアにおける事業を対象とした。北加賀屋で実施された「NAMURA ART MEETING '04–'34」では、湾岸地区の工業地帯の不動産事業者とアートマネジメントのプロフェッショナルによる先駆的実例を提示した。また、中之島での「アートエリアB1 鉄道芸術祭」は大阪の中心地区の都市活性化事業に資する企業・大学・NPOの異なる機関の複合によるマネジメントの好例であった。講座では、二つの地域の現地調査（フィールドワーク）、場所性や成立ちなどの文脈に関するレクチャーを経て、各プロジェクトの考察と関連企画の検討を行った二〇一五年度には、水都大阪を象徴する中之島における、都市魅力創造や地域活性を目的の一つとしている「都市魅力創造に寄与する社学連携事業「アートエリアB1 鉄道芸術祭」」にさらに深く携わった。講座では、写真家で「鉄道芸術祭」Vol.5プロデューサーのホンマタカシによるレクチャー、光善寺カメラオブスキュラ体験のほか、プレス内覧会のサポートも行った。また、「鉄道芸術祭」オープニングとクロージングも本講座において実施され、ストリートカルチャーや都市文化論、展覧会インスタレーションなどの考察が行われた。

富田大介はダンスを中心に、Ⅱ参加制作型とⅢ招聘研修型を組み合わせた、複合的な芸術イベントを開催した。二〇一三年度には、「多文化共生と個の記憶」をテーマに、「Vol.1　レジーヌ・ショピノ PACIFIKMELTINGPOT/In Situ Osaka」（ダンス公演）と「Vol.2　クリッシー・ティラー ワークショップ」

（演劇ワークショップ）の二つの催事を実施した。「Vol.1　レジーヌ・ショピノ PACIFIKMELTINGPOT／In Situ Osaka」では、フランス人振付家レジーヌ・ショピノが、サモア、カナック、マオリ、クック、日本というオセアニア地域の踊り手たちと共同制作するダンス公演を行った。公演においては、ライブパフォーマンスを一時間、その後、臨床哲学者を司会として、出演者とオーディエンスとのポストパフォーマンストーク、および、R・ショピノと二人のゲストスピーカーとの対談を行った。また、「Vol.2　クリッシー・ティラー ワークショップ」では「多文化共生と個の記憶をめぐるダンス＆演劇ワークショップ」では、「アートと社会」、「社会的課題解決のツールとしての演劇」、「ワークショップ」を行った。ワークショップにおいては、「アートについて」の流れに沿って、社会をより良くデザインする発想力や指導力、および今後の「多文化共生」社会に向けての国際的感性を養った。続く平成二六年度には、アーティスト・イン・

［上］図7―2「ジョアン・ガルシア エキシビション＆セミナー 映像・写真展『Kamishinden Fantasy 上新田 ゆめまぼろし』」より、みちくさ集団登校

［下］図7―3「クリッシー・ティラー ワークショップ＆プレゼンテーション『Chrissie Tiller Workshop「おみおくり」イベント』」より

レジデンスとして、「Vol.1　ジョアン・ガルシア エキシビション&セミナー　映像・写真展『Kamishinden Fantasy 上新田　ゆめまぼろし』」と、「Vol.2　クリッシー・ティラー ワークショップ&プレゼンテーション『Chrissie Tiller Workshop「おみおくり」イベント』」の二つのイベントを用意した。Vol.1では、大阪府の指定有形文化財でもある旧新田小学校で、ポルトガル人写真家ジョアン・ガルシアの展覧会を開催した。特殊なコンテクストをもつ会場であるため、リサーチを進め、ジョアン・ガルシアと意見を交換しあった。また、受講生のコアメンバーにより四つの関連プログラムが企画開催された。〈7〉Vol.2ではクリッシー・ティラーと近藤春菜を招き、解体の決まった大阪大学旧石橋職員宿舎を主な会場として、またその状況を素材として、ワークショップとプレゼンテーション（「おみおくり」イベント）を行った。保存される建物とは異なる場所で、アートコーディネーターが成し得る仕事として、受講生のコアメンバーは、元住民へのインタビューや、建物ないし環境のリサーチを行いながら、それを招聘アーティストに伝えた。ワークショップとプレゼンテーションの当日は、チームを三つに分けて、記憶セクション、未来広場セクション、セレモニーセクションと、それぞれ自分たちで企画を立て、実施・実演した。〈8〉二〇一四年度の二つのプログラムをコアメンバーとして経験し、企画を遂行したメンバーから、翌二〇一五年度の受講生企画が立案・実施されることとなった。二〇一五年度には、ダンスカンパニー・コルヌコピアエのダンス公演〝PACIFIKMELTINGPOT〟を通し、受講生が国際色豊かなダンス公演の運営に携わった。「アートマネージャー（アートコーディネーター）」に、芸術家の思想やその作品のコンセプトを把捉し一般の人にそれを伝えることが期待されるならば、「アートマネージャー」にもアーティスティックな人であることが望まれるという考えから、イベントの観賞や企画・制作を通して、実践的応用力の習得が求められる講座となった。また、受講生企画の「アーティスト・イン・レジデンス」とも連動させ、企画・制作・運営を完遂できる高度人材の育成を図ることを目指した。

富田大介が監修をし、シニア・フェロー若月万平が代表した「アーティスト・イン・レジデンス」はⅣ発展・実践型で、ここでは、ジュピター・プラダンをメインアーティストに迎え、滞在型の作品制作を企画した。その実現のために、リサーチを重ね、作品制作においては、アーティストと受講生、参加者らでアイデアと技術を共有し合い、共同制作を行った。移民の民族学的考察や日本に暮らすネパール人についての講義や、レジデンス事業の具体例、運営時の注意点についての講義により、リサーチを進めた。アーティストと議論を重ね、「home away home ― journey beyond the time ―」という作品のテーマを決めた。作品では、作家とともに、旅の終点を大阪新美術館建設予定地に設定したジン・リキ・シャの旅に見立てた移動パフォーマンスを中心に行った〈9〉。

田中均が担当した美学は、Ⅲ招聘研修型にあたり、アートを取り巻く諸問題に関する講演と参加者との議論を中心に講座を開催した。二〇一三年度には、「声なき声が集まる場所―それはいかにして可能か?」という標題のもと、アートと社会における「参加」をめぐる諸問題についてリサーチを展開した。政治と芸術との関係についての講演や、参加型の芸術実践をめぐる諸問題についての講演などを開き、受講生や一般参加者との議論が展開された。また、写真作品・舞台作

図7―4　「アーティスト・イン・レジデンス」より、ジン・リキ・シャと竹ブランコ

品において、親密性と公共性の重層化が起こっている事例の紹介もあった。芸術家と研究者との連携する「アーティスティック・リサーチ」についても受講生や一般参加者との議論が展開された。二〇一四年度には、公共的な空間のなかで人々の集団が形成される際に、芸術がどのような役割を担うのか、という観点からワークショップを行った。特に注目したのは、人々の身体が相互作用するなかで生じる「同期」（シンクロナイズ）の現象で、それが芸術において、また広く社会のなかでどのようにして表れるのかを探究した。まず、一般的に同期とは何かについて考察し、身体の内部での同期を感じ取る実践を行った。最後に、複数の身体の同期の事例として、鳥や昆虫の群れの運動を人工的に再現するための規則について学び、それに基づいて実際に群れを形成するプラクティスを行った。また、人々が協力して行為を行う時の即興性についても検討し、演劇の観客が行う即興的行為として、拍手やせきなどの反応について観察し自ら行うことを主題とし、希望者による観劇も行った。

これら二年間の議論を継承、発展させ、本芸術祭のリサーチと人材育成の成果を総括、検証し、未来に役立てるために、三年目には古後奈緒子による「ドキュメンテーション／アーカイヴ」が新設された。これは、Ⅱ参加制作型にあたる。ここでは、「Vol.1　歴史的記録の転用とパブリック・カンバセーションの設計「声が聴かれる場をつくる—クリストフ・シュリンゲンジーフ作品」」、「Vol.2　プログラムの総合アーカイヴ製作と受講生の勉強会」の二つのプログラムを実施した。Vol.1は「声が聴かれる場をつくる—クリストフ・シュリンゲンジーフ作品」と題し、記録映画の上映会とトークを組み合わせた催しを行った。プログラムは、多様な参加者の〝パフォーマンス〟による公共空間の生成の記録観察（上映会）と参加実践（トーク）の機会を提供するものとした。トークでは、様々なパブリック・カンバセーションの試みを紹介、実践した。Vol.2のセミナーでは、経営学の観点から国内外の映画祭の運営についての分析等や、参加者個々のアーカイヴ構想を交換するディスカッションが行われた。また、スザンヌ・フェルマー（ベルリン自由大学）を迎え、「プ

表7−5　2013（平成25）年度「声フェス」プログラム一覧

研修科目名	担当者名	講師
①「フェスティバルの企画運営と実際」	永田靖、伊東信宏、田中均、加藤瑞穂、蓮行、富田大介、渡辺浩司	やなぎみわ（アーティスト、京都造形芸術大学）、佐藤千晴（大阪アーツカウンシル統括責任者）、東學（デザイナー、画家）
②「市民参加型演劇の制作と上演」	蓮行	市原幹也（演出家、のこされ劇場主宰）、高山リサ（演出家、ファシリテーター）、紙本明子（大阪大学コミュニケーションデザイン・センター）
③「国際的パフォーマンスのワークショップと制作」	富田大介	コルヌコピアエ（レジーヌ・ショピノのダンスカンパニー）、オムトン（ミュージックグループ、メンバーはChang-Nong、TKO、わかめーる）、北澤香（ダンサー）、那須誠（ダンサー）、梅原賢一郎（京都造形芸術大学）、山城知佳子（映像作家）、クリッシー・ティラー（演出家、ワークショップリーダー、ロンドン大学ゴールドスミス校）
④「リサーチとしてのアート・ワークショップ」	田中均	仲正昌樹（金沢大学）、高山明（PortB）、林立騎（演劇研究者）、鷲田めるろ（金沢21世紀美術館）、石田圭子（神戸大学）、古後奈緒子（アートファシリテイター）、カイ・ファン・アイケルス（ベルリン自由大学）
⑤「レクチャー・コンサートの企画運営」	伊東信宏	北住淳（ピアニスト、愛知県立芸術大学）、筒井はる香（同志社女子大学）、谷本裕（ザ・フェニックスホール）
⑥「美術と絵画資料の展覧会企画と運営」Aプログラム（西洋美術関連）	加藤瑞穂	尾崎信一郎（鳥取県立博物館）、鈴木勝雄（東京国立近代美術館）
⑥「美術と絵画資料の展覧会企画と運営」Bプログラム（日本美術関連）	奥平俊六	五十嵐公一（兵庫県立歴史博物館）、山下善也（東京国立博物館）、多田羅多起子（京都造形芸術大学）、並木誠士（京都工芸繊維大学）
⑦「サイトスペシフィック・パフォーマンスの方法と実践」	永田靖	松本雄吉（維新派）、松田正弘（能勢浄るりシアター）

表7−6　2014（平成26）年度「声フェス」プログラム一覧

研修科目名	担当者名	講師
①「フェスティバルの理念と運営」	永田靖、伊東信宏、田中均、富田大介、蓮行、木ノ下智恵子、古後奈緒子、渡辺浩司	久野敦子（セゾン文化財団）
②「市民参加型演劇とアウトリーチ」	蓮行	田北雅裕（九州大学）、市原幹也（演出家）、川南恵（舞台芸術コーディネーター）、黒木陽子（俳優）、首藤慎二（俳優）、元林伸雄（俳優）、中田光昭（俳優）、丹下真寿美（俳優）、紙本明子（俳優）
③「AIR（アーティスト・イン・レジデンス）」	富田大介	ジョアン・ガルシア（Antichambre）、クリッシー・ティラー（演出家、ワークショップリーダー、ロンドン大学ゴールドスミス校）、伊藤拓（演出家）、近藤春菜（アシスタント／アジア演劇創造研究センター）
④「国際ワークショップ−芸術と公共性」	田中均	カイ・ファン・アイケルス（ベルリン自由大学客員教授）、伊藤拓（劇作家・演出家）
⑤「レクチャー・コンサートの企画運営」	伊東信宏	井原麗奈（アンサンブル・ラロ・ジャパン代表）、アンサンブル・ラロ＝ダイアナ・ケトラー（Pf）、アレクサンダー・シトコヴェツキー（Vn）、ラズヴァン・ポポヴィッチ（Vla）、ヘーデンボルク・直樹（Vc）
⑥「美術と絵画資料の展覧会企画と運営」	奥平俊六	五十嵐公一（兵庫県立歴史博物館）、川西由里（島根県立石見美術館）、多田羅多起子（美術史家）、山下善也（東京国立博物館）、並木誠士（京都工芸繊維大学美術工芸資料館）、大橋あきつ（京都大学）、波瀬山祥子（大阪大学）
⑦「サイトスペシフィック・アートと都市魅力創造」	木ノ下智恵子	小原啓渡（アートコンプレックス 統括プロデューサー）、松尾惠（MATSUO MEGUMI+VOICE GALLERY pfs/w ディレクター）、港千尋（写真家・写真評論家）、甲斐賢司、大島賛都（NAMURA ART MEETING 実行委員）、樋口貞幸、仲川あい、内山幸子（事務局スタッフ）、下川大史（ART COMPLEX）、加藤文崇（レコンテ）、三田村管打団（11名）、野村誠（作曲家）、竹澤悦子（地歌箏曲家）、尾引浩志（イギル奏者）、宇治野宗輝、江崎將史、八木良太、和田晋侍（アーティスト）、文（ダンスボックス、アートエリアB1運営委員）、川口万喜、菊池航、小西愛子、竹宮華美、宍戸里帆（アートエリアB1事務局）、井上嘉和
⑧「伝統芸術の現代化」	永田靖	林公子（近畿大学）、松田正弘（能勢浄るりシアター）、畠中敏行（能勢人形浄瑠璃実行委員会委員長、43代竹本井筒大夫）、林文中（WC dance）、井口淳子（大阪音楽大学）、鄭蓓蒂（通訳）

表7−7　2015（平成27）年度「声フェス」プログラム一覧

研修科目名	担当者名	講師
①「フェスティバルの理念と運営」	永田靖、伊東信宏、田中均、富田大介、蓮行、木ノ下智恵子、古後奈緒子、渡辺浩司、若月万平（受講生）、高安美帆（受講生）	カイ・ファン・アイケルス（ベルリン自由大学）、森昌槻（NPO法人グリーンバレー理事、神山アーティスト・イン・レジデンス初代会長）
②「市民参加型演劇の企画とアウトリーチ」	蓮行	黒木陽子（劇団衛星）、F・ジャパン（劇団衛星）、大原渉平(劇団しようよ/作家・演出家・デザイナー)、本間広大(ドキドキぼーいず代表/脚本/演出)、佐々木俊一（努力クラブ役者）、柴田惇朗（オルココ2/レモンズ所属/演出/劇作/役者）、ペレイラ宏一郎（プロトテアトル）、森本久美（ユリイカ百貨店）
③「国際イベントの運営ー芸術と共生ー」	富田大介	コルヌコピアエ、文、夏目雅也、砂連尾理
④「アーティスト・イン・レジデンス」	若月万平（シニア・フェロー）	ジュピター・プラダン、南真木人（国立民族学博物館）、山木裕子（福岡アジア美術館）、酒井隆史（大阪府立大学)、佐久間新（ジャワ舞踊家)、黒崎卓（一橋大学経済研究所）
⑤「音／身体／メディアをめぐるワークショップ」	伊東信宏	三輪眞弘（作曲家、情報科学芸術大学院大学[IAMAS]）
⑥「都市魅力創造と芸術祭」	木ノ下智恵子	ホンマタカシ（写真家）、南後由和（社会学者）、蓮沼執太（音楽家）、西谷真理子（編集者、京都精華大学）、千葉雅也（哲学者、立命館大学）、NAZE（アーティスト）、PUGMENT（ファッションブランド）、小山友也（アーティスト）、dot architects（建築ユニット）、三重野龍（グラフィックデザイナー）、contact Gonzo（アーティスト）
⑦「伝統芸術の現代化」	高安美帆（シニア・フェロー）	宮原幸夫（佐備神社宮司・関西雅楽松風会会長・大阪府神社庁研修所講師・神社庁雅楽講師）、冨永光彦（関西雅楽松風会副会長）、宮原洋介（関西雅楽松風会会員）、三上敏視（多摩美術大学芸術）、樋口ミユ（Plant M）、岸本昌也、カタヤマアキコ、MOGURA KAGURA
⑧「ドキュメンテーション／アーカイヴ」	古後奈緒子	カイ・ファン・アイケルス（ベルリン自由大学）、田中均（大阪大学文学研究科）、本間直樹（cscd）、久保田テツ（cscd｜remo［記録と表現とメディアのための組織］）、陸奥賢、伊藤拓、矢澤利弘（広島経済大学教授）、久保田テツ（cscd｜remo［記録と表現とメディアのための組織］）、清水チナツ（せんだいメディアテーク「民話 声の図書室」プロジェクト担当）、松本篤（AHA!世話人｜remo［記録と表現とメディアのための組織］｜東京大学大学院）、神澤真理、スザンヌ・フェルマー（ベルリン自由大学）

ログラムの総合アーカイヴ製作と受講生の勉強会」も開催した。

このように、三年間で演劇、音楽、美術を中心に、様々な芸術ジャンルを取り扱い、多様な講座を開催した。大学教員のもつ芸術における研究成果を活かすだけでなく、実際に最先端の作家を招聘して、上演や展覧会を開催してもいる。特に、芸術プログラムとして小学校へのアウトリーチ活動を芸術祭の初年度から計画・実行していることは、芸術教育を広く一般社会へ提供する方法としても着目すべきであろう。また、アーティスト・イン・レジデンスに焦点をあて、受講生による企画や、外部の事例を紹介していることも本芸術祭の大きな成果といえる。「声フェス」においては、芸術ジャンルの多様さだけでなく、講座の開催方法や実践研修の方法においても多様さがみられており、単に芸術祭としての斬新さだけでなく、芸術を活用した大学教育の一例としても新しさがあったといえるだろう。

4　文化芸術による地域連携

「声フェス」では、三年の間に多様な芸術ジャンルにおける様々なプログラムを用意し、受講生へ提供してきた。そして、本事業はさらなる発展をみせ、大阪大学大学院文学研究科に「芸術計画論演習」として授業化された。この授業は、学生・大学院生だけでなく社会人にも向けて開講されたものであり、「声フェス」で培った成果を活かした授業となった。大学が芸術活動における作家（アーティスト）ではなく、マネジメントや制作を担当する人材を育成することに力を発揮できたのは、大阪大学のもつ芸術ブロックのこれまでの教育や研究における成果の賜物ではないだろうか。このように、教育や研究を主とする機関である大学が芸術に関する講座を開き、さらに人材育成にも寄与したことは注目すべきことである。

「声フェス」のプログラムの内容をみてみると、演劇、音楽、美術、伝統芸能、パフォーマンスなど多領域にわたるだけでなく、それぞれの領域を超えたものであった。また、劇場、音楽堂、美術館等のそれぞれの地域における様々な芸術諸機関の協力も得て行い、実際にその機関を使用したイベントの実践も行った。そのことにより、少しでも地域の文化芸術の振興に大阪大学が役立っていたのではないかと思う。アーティストや講師も同様に多ジャンルに富んでおり、国内外の様々な地域から招聘した。[10] このことは、「声フェス」および事業担当者の広い視野と国際性を表すだけでなく、国際色豊かな講座を受講生に提供できたという面が大きい。受講生は、日本の、しかも大阪において、様々な国の様々な分野の芸術活動を、身を以て体験することができたといえる。「声フェス」を通して、受講生は、「ジェネラリスト」としての知見を得ることができたであろう。ここで得た多様な知見が受講生それぞれの生活やイベントの実施などにおいて活かされればと思う。

「声フェス」の講座の内容そのものは、座学やワークショップなどだけでなく、展覧会や演奏会、演劇公演なども含んでおり、受講生は受け身の受講だけでなく、自らが中に入って、運営などに携わる経験もできた。また、受講生はそれぞれの講座に自主的に参加することで、自然に領域横断的な能力を身につけるだけでなく、芸術祭開催に必要な多様な知識や技術を知り、会得していった。例えば、「市民参加型演劇の制作と上演」や「レクチャー・コンサートの企画運営」、「ＡＩＲ（アーティスト・イン・レジデンス）」などの講座においては、受講生が主体となって、広報宣伝を行う必要があった。また、「国際的パフォーマンスのワークショップと制作」、「リサーチとしてのアート・ワークショップ」、「美術と絵画資料の展覧会企画と運営」などでは、受講生が（その道のプロフェッショナルである）講師に意見を求められたり、批評的意見を要求されたりすることもあった。そのことで、受講生は改めて深く考え、その力を養っていったといえる。また、全体を通して「リサーチ」を行うことは欠かせなかったため、芸術祭の実践に「リサーチ」が重要であり、受講生それぞれが気付き、「リサーチ」を積極的に行うようになったため、「リサーチ」の役割の提示ができたといえる。

特に、二年目のコアメンバーとしての受講生によるプロジェクト運営や、三年目のシニア・フェローによる受講生企画の実現は、「ジェネラリスト」として知見を積んだ受講生が「リサーチ」をしつつ、能動的にアート・イベントを企画運営できる可能性を示すことができた。それには、それ以前までの座学やワークショップなどの積み重ねを欠かすことができない。「声フェス」を通して、座学によって知識を得、ワークショップなどで体を動かすなどの経験をし、企画を立て、予算を管理し、人や物品も手配し、広報も行い、イベントそのものの運営を担い、イベントの振り返りも実施し、報告を行うなどといった、イベントの企画運営に必要な様々を経験し、自分のものとしていった証といえる。自らが企画に携わり実践することで、人と人との信頼関係を築く、相手の仕事へ誠意をもつ、作品に対して誠実にある、作家への敬意をもつなど、アートマネジメントにおける重要なことを肌で体験できたのではないだろうか。もっとも、これらのことはアートマネジメントにかかわらず必要なこととも言えるが、実際に経験をしているかしていないかの差は大きい。そして、それぞれの講座がもつ地域性を肌で感じ、実際にその場所へ行き、イベントを担ってきたことは、地域とのつながりを実感できたであろう。このことは、地域へ向けて視野が広がっていくことにもつながっていくだろう。

さらに、実際に携わった受講生から情報が発信されることもあり、情報を発信すること、情報を察知することの必要性を提示できたことも大きい。また、受講生の手によって、これまで関心の薄かった層へも文化芸術の情報が発信できたことは、それぞれの地域における文化芸術活動への貢献を成したといえるであろう。

このようにして、アートマネジメントの実践を経た受講生のなかには、「声フェス」の講座に留まらず、自ら新しく芸術活動を始める方々も現れた。それは、町内会などでの活動や、講座の内容を深める勉強会の実施やアート・イベントの開催だけに留まらない。ひとつの事業として、作家と作家をつなぐ役割を担い、アート・イベントなども企画運営しようとして、「アートde元気」が立ち上げられたのは、受講生の大きな成果の例といえる。

受講生だけでなく、事業担当者あるいはアーティストや講師が、「声フェス」の講座を通して得たものの最も重要なことは、人と人のつながりではないだろうか。受講生にとっては、「声フェス」がなければ知り得なかったアーティストや講師に出会えたのはもちろんだが、受講生同士も「声フェス」がなければ知り得なかったのも事実である。また、事業担当者やアーティストたちにとっても、普段出会うことの少ない、社会経験豊富な人々と出会い、ともに時間を過ごしたことはかけがえのないものといえる。これらの新しい出会いをさらに密にし、これまでにないようなネットワークが構築され、文化芸術活動につながっていくことを期待したい。多様な知見と強い人的つながりをもった人々が、それぞれの地元において、大小関係なくイベントなどを興していくことができれば、「声フェス」が成した役割は非常に大きいと考える。

現在、日本全国では様々なフェスティバル型の文化芸術イベントが増えている。しかし、それらは、地域に根ざすことを理想としながらも、外部からの来客を見込んでいたり、外部評価を求めたりするものが少なくない。もっと地域・地元に浸透させていくためには、企画運営を担う人々によっているのではないだろうか。あるイベントを立ち上げたとしても、次につながるものでなければ、一過性のものとなってしまい、本当の意味で地域に根ざすということは起きにくいだろう。その地域の人々によって企画運営され、その地域の人々が積極的に参画できるイベントになれば、徐々に定着し、持続していくのではないだろうか。しかし、持続性のあるイベントを実現するには時間がかかり難しいことであるだろう。文化芸術において結果はすぐにはでないものである。だが、「ジェネラル」な知識と「リサーチ」の能力を高めた「声フェス」の受講生のように、文化芸術に関する知識や、様々な人とのつながりをもつ人々が増えることで、結果が生まれる可能性は高まり、持続性は保たれるのではないだろうか。様々なつながりがあれば、イベントにおける作業などを一人で抱える必要はなくなり、分担ができる。また、それぞれの得意分野に合わせて、手分けすることも可能である。そのつながりのなかに、大阪大学や教員が関わりをもつことができれば、お互いを補完しあえるであろう。そのことにより地域における文化芸術の活性化にもつながり、大学と地域の相互交流も生まれやすくなるのではないだろうか。それは、大阪という一地方にある大学であるからこそできることであり、求められることでもあると考える。大学が地域と連携し、地元と協力する第一歩に「声フェス」での成果が活きていけば幸いである。

注

〈1〉二〇一六（平成二八）年六月までは、コミュニケーションデザイン・センター（ＣＳＣＤ）という、芸術における実践的なアートマネジメントやアートプロデュースの研究・教育等の活動を行う機関があった。ＣＯデザインセンターは、発展的なコミュニケーションデザイン・センターの後継的機関である。

〈2〉表におけるそれぞれの所属・肩書等は当時のもの。以下同じ。

〈3〉本芸術祭の英語表記は、"Osaka University Arts Festival: Memory, Democracy and Identity" である。

〈4〉三年間の研修科目名と講師名などは表7―5～表7―7を参照（敬称略）。

〈5〉Ⅰ芸術祭理念運営セミナー（座学）には①「フェスティバルの理念と運営」が、Ⅱ参加制作型には②「市民参加型演劇とアウトリーチ」、⑥「美術と絵画資料の展覧会企画と運営」、⑦「サイトスペシフィック・アートと都市魅力創造」が、Ⅲ招聘研修型には③「AIR（アーティスト・イン・レジデンス）」、④「国際ワークショップ―芸術と公共性」、⑧「伝統芸術の現代化」がそれぞれ該当する。

〈6〉「受講生企画」を実現するために、前年度から受講生から企画を集め、実現可能性や予算規模、企画の妥当性などを事業担当者で議論を進めた。

〈7〉四つのプログラムは、展覧会オープニングトーク、写真ワークショップ、朗読劇、みちくさ集団登校である。

〈8〉この、「おみおくり」イベントが発展し、大阪大学総合学術博物館第八回特別展「待兼山少年」を開催することにつながり、受講生のコアメンバーの一部が展示の準備から開催まで携わることとなった。また、総合学術博物館に併設するカフェ「坂」においても「待兼山少年 annex」として、ジョアン・ガルシアが撮影した石橋教職員宿舎の写真展示が行われた。この写真展示の開催にもコアメンバーから受講生が参画した。

〈9〉関連イベントには、八日間限りの「公園」をつくり上げる、ネパールのミティラー画を展示する、ネパール最大の祭「ダサイン」名物を再現した巨大竹ブランコを制作する、ダンスのワークショップやパフォーマンス、作品「シェルター」の制作などがあった。

〈10〉海外から招聘したアーティストや講師の出身国は、フランス、サモア、ニューカレドニア、ニュージーランド、イギリス、ドイツ、ポルトガル、オーストリア、台湾、ネパールなど多岐にわたっている。

第8章　社会と大学の共創によるソーシャル・イノベーション

佐伯康考

"Be the change you wish to see in the world"
(Mahatma Gandhi, 1869–1948)

1　はじめに

市民や自治体との連携が中核となる社会との連携事業や文系の産学連携は、医療系分野や理工系分野における産学連携に比べて、資金的に潤沢でないことが珍しくない。政府からの運営費交付金の減額に伴い、外部資金獲得の必要性が高まる中で、大学の社会貢献事業のあり方も見直しを迫られているのが実情である。果たして、営利性の低い大学の社会貢献事業は縮小せざるを得ないのであろうか。

これまでの章でも記述されてきたように、大阪大学は歴史的に社会へのアウトリーチ活動に積極的に取り組んでおり、「日経グローカル」が実施している「大学の地域貢献度ランキング二〇一七」において大阪大学は総合ランキングで全国一位であった。こうした歴史的取り組みを踏まえれば社会貢献事業は大阪大

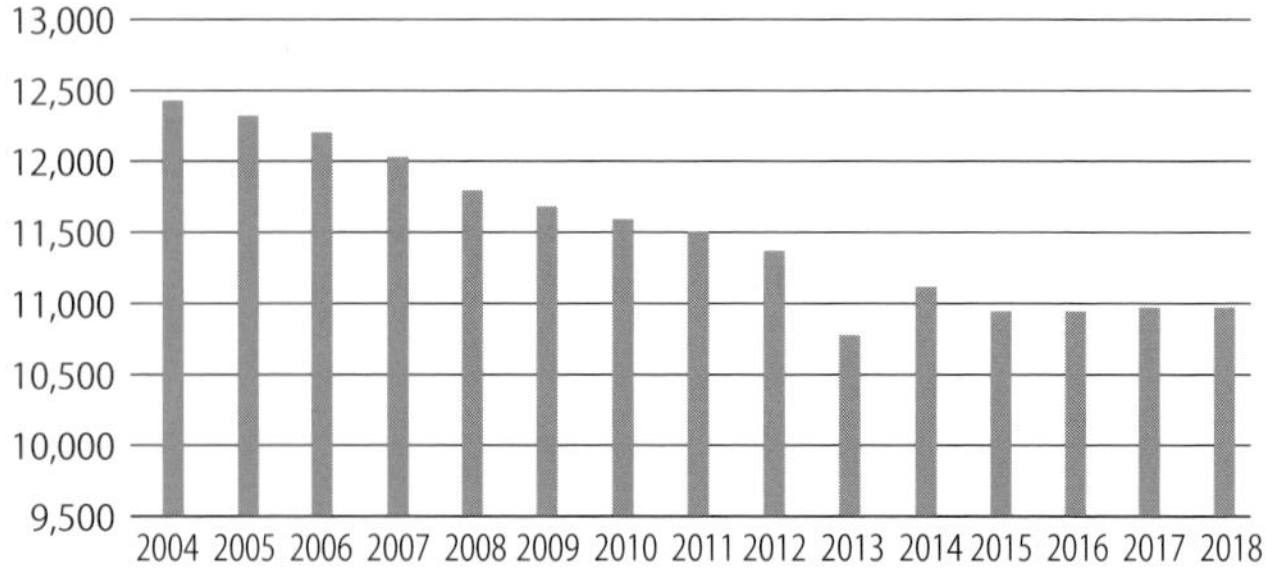

図8―1　国立大学法人運営費交付金予算額推移（単位　億円）
出所　文部科学省作成資料

学にとって重要なものと考えられるが[1]、運営費交付金の減少が続く厳しい財政状況の中、既存事業の効果検証と見直しの議論が重ねられている。文部科学省（二〇一八）によれば、国立大学法人運営費交付金は、国立大学が法人化された平成一六年度の一兆二四一五億円から平成二九年度の一兆九七〇億円まで減少しており、一三年間で約一四四五億円が削減されたことになる（図8―1参照）。大阪大学に国から交付される運営費交付金についても平成一六年度予算では五二九億円であったが、平成二九年予算では四四一億円と、この期間に約八二億円もの減少が生じている（出所　大阪大学「決算報告書」）。

それでは、民間企業における社会貢献活動も厳しい状況に置かれているのであろうか。民間企業では株主をはじめとするステークホルダーへの説明責任がより一層、重要となる中でも、Corporate Social Responsibility（CSR）に取り組む企業は多数存在する[2]。

そもそも日本企業には社会の公器としての企業という意識が強く、経営理念に社会貢献の精神が重んじられる企業が少なくない。例えば、住友グループでは「自利利他公私一如」という考え方を重要視し、自らの利益と公・社会の利益を分けるのではなく、自社と社会をともに利することの重要性を社員の人材育成でも重視している。また、京セラの創業者（現名誉会長）である稲盛和夫氏は「利他」の精神の重要性を提唱し、多数の著書をご執筆されている。こうした日本の伝統的な社会貢献の精神は、企業のＣＳＲ活動として発展を続けてきた。さらにPorter & Kramer（二〇一一）がCreating Shared Value（CSV）の経営における重要性を唱えた論文を発表して以降、株主だけでなく社会の多様なアクターの「共有価値」を創造しようとするＣＳＲを事業戦略に取り入れようとする新たな潮流も生まれている。

本章は、大学の社会貢献事業が直面する困難な状況の打開策を探るべく、大学や民間企業における取り組みや新しい潮流について検討を行い、これからの大学と社会の「共創」のあるべき方向性について提言を行うことを目的とする。

2　企業の社会貢献をめぐる潮流

企業のＣＳＲについては定義や問題領域が非常に広範なものであると多くの研究者（佐久間・田中編（二〇一一）、藤井・新谷（二〇〇八）、ボーゲル（二〇一〇）など）が述べている。また、伊吹（二〇〇五）は、日本のＣＳＲは環境やコンプライアンスなどの個別領域における活動が多く、「守り」の色合いが強いのに対し、欧州ではＣＳＲを「自社の持続的発展を促すチャンス」として位置づけ、「攻めのＣＳＲ」に取り組んでおり、大きな違いがあると指摘している。

これに対し、Porter & Kramer（二〇一一）は、ＣＳＲは社会的価値はあるものの、企業の「社会的責任」としての事業であり、経済的価値を生み出すことへの期待は決して高くなかったと指摘し、社会的価値と経済的価値の両方を同時に実現しようとするCreating Shared Value（CSV）が、より持続可能な経営戦略であると主張した。このＣＳＲの代表的なモデルとなっているのが、食品分野で世界最大手企業のネスレである。一九九七年から同社のＣＥＯを務めたピーター・ブラベック氏（現在は同社名誉会長）は慈善活動としてのＣＳＲの持続可能な発展について疑問を呈し、企業戦略の根幹に社会的価値の創造を位置づけ、株主に対する経済的価値と社会的価値を同時に作り出すことが重要であると主張している。

ピーター・ブラベック氏のポートレート作品としてフリードヘルム・シュヴァルツが発表した『Peter Brabeck-Letmathe and Nestle-a Portrait: Creating Shared Value（邦題　知られざる競争優位—ネスレはなぜＣＳＶに挑戦するのか—）』の序文の最後で、ピーター・ブラベックは以下のように述べている。

> 最後に、企業はその経済的目標を、株主、社員、消費者、取引先、国家経済など、利害関係者（ステイクホルダー）すべてに持続可能な価値が創造されるよう設定する必要がある。この価値は、共に創造しなければならない！（Schwartz, 2010　石原訳、二〇一六、一七頁）

こうした持続可能なかたちで様々なステイクホルダー全てにとっての価値創造を目指すCreating Social Value（CSV）への取り組みは世界からの注目を集めている。ネスレの事業領域でＳＤＧｓにも貢献する栄養、地域開発、水資源の三つの領域に焦点を当て、持続可能なかたちで事業を成長させていることは極めて示唆に富んでいる。

経営学の大家であるピーター・ドラッカーはイノベーションには発想転換が必要不可欠であると述べ、以下の七つの機会があると指摘している。

1　予期せぬことの生起

2　ギャップの存在
3　ニーズの存在
4　産業構造の変化
5　人口構造の変化
6　認識の変化
7　新しい知識の出現

（Drucker, 1985　上田訳、二〇〇七、一五頁―一六頁）

ネスレの取り組みを上記のドラッカーのイノベーションの機会に照らし合わせて考えると、ネスレは消費者の企業のＣＳＲ活動に対する関心の高まりという「認識の変化」を理解するとともに、ＣＳＶという「新しい知識」を自ら生み出し、経営にイノベーションを生み出した事例であると解釈できる。

3　大学とイノベーション―立命館アジア太平洋大学（ＡＰＵ）の事例から―

ネスレの事例などにあるように、イノベーションの機会を見つけ、新しい価値の創造に取り組まなければ、「企業・大学の社会貢献は必要か不要か」といった議論が繰り返され、持続可能なかたちでの発展は望めないであろう。それでは、大学ではどのようなイノベーションが可能なのであろうか。本節では、「構想の当初、周りからその困難性が多く語られた（坂本　二〇一六、一五九頁）」ＡＰＵがイノベーションを実現できた要因の分析から、大学がイノベーションを生み出すための視座について検証を行う。

ＡＰＵの初代学長として構想を推進した坂本和一氏は、ＡＰＵという従来の常識では考えられなかった大学の設立が成功した要因として、「アジア太平洋時代の到来」という「新しい歴史認識」があり、ドラッカーの七つの機会にある「７　新しい知識の出現」を活用したイノベーションであったと述べている（坂本二〇一八、六三頁―六五頁）。

ただし、新しい知識を活用するだけで、イノベーションが実現するわけではない。ＡＰＵが「日本人学生五〇％・国際学生五〇％」という当時の常識では考えられないというコンセプトを実現できたことについて、ＡＰＵ初代学長の坂本和一氏は以下のように述べている。

このコンセプトは必ずしも何かいろいろな状況、条件を細かく、十分検討した上で生まれてきたものというわけではありませんでした。むしろ、「わが国初の、これまでに存在しない大学」として、何よりもこのコンセプトが先に生まれてきたということです。そして、もっといえば関係者がこのコンセプトに「惚れ込んだ」ということです。

（中略）

ＡＰＵという今注目されているグローバル大学は、遡れば、こうしてふと交わした自分たち自身の会話に惚れ込んだ者たちの、人材養成における国際貢献と日本の大学の国際化にかける、いわば、執念が結実していったものと言えます。（坂本　二〇一八、八八頁、八九頁）

このようなイノベーションを実現する上での、関係者たちの「思い」の重要性についてはネスレを率いた上述のピーター・ブラベック氏も以下のように言及している。

私は、企業の真の力は、その規模や事業運営能力ではなく、理念や目標の力にあると確信している。長期にわたって共通価値を創造し続けることを目標に掲げ、営業活動の指針とする人間的な企業で働くことに恵まれたこと、そして何よりも、自分の人生観が会社のそれと一致していることを、夕陽照る山を登りながら幸せに感じている。(Schwartz, 2010　石原訳、二〇一六、一七頁)

APUは「アジア太平洋時代」という、「新しい知識」を活用したイノベーションであるが、新しいコンセプトに関係者たちが「惚れ込む」ことができたことが、不可能を可能にした重要な要因であったと言えるだろう。こうしたネスレやAPUの事例から、関係者たちが心から惚れ込むことができるような理念や新しい価値の創造がイノベーションには必要不可欠であることが分かる。次節では、筆者の勤務する大阪大学をはじめ、日本の企業・大学が重要なビジョンとして掲げている「共創」について概観を行う。

4　共創という潮流

大学と「共創」

大阪大学が二〇一八年一月に共創機構を設立し、九州大学が二〇一八年四月に共創学部を新設するなど、「共創」をテーマとした学部や機構の新設が相次いでいる。筆者の調べでは少なくとも、二〇一八年六月時点で一一の大学に「共創」の名称が付いた大学の学部、学科、またはセンターが設置されている。東北公益文科大学地域共創センターは二〇〇六年五月に設置されるなど、以前から「共創」をテーマとした活動を行っていた大学は存在していたが、二〇一八年に入って四つの大学で「共創」をテーマとした新しい学部や機構

表８−１　「共創」の名称が付いている大学の学部・専攻・機構・センター等

名称	設置時期
九州大学共創学部	2018 年 4 月
広島大学総合科学部国際共創学科	2018 年 4 月
九州学院大学地域共創学部	2018 年 4 月
大阪大学共創機構	2018 年 1 月
大分大学理工学部共創理工学科	2017 年 4 月
大阪大学大学院人間科学研究科附属未来共創センター	2016 年 4 月
愛媛大学社会共創学部	2016 年 4 月
芝浦工業大学地域共創センター	2013 年 10 月
仁愛大学地域共創センター	2013 年 4 月
崇城大学地域共創センター	2011 年 4 月
浜松学院大学現代コミュニケーション学部地域共創学科	2009 年 4 月
東北公益文科大学地域共創センター	2006 年 5 月

出所　筆者作成（2018 年 6 月時点）

が設立されるなど、増加が顕著となっている。

その背景の重要な一つとして考えられるのは社会課題の複雑化である。二〇一八年一月に共創機構を設立した大阪大学の西尾章治郎総長は「二〇一八年度年頭所感　OUビジョン二〇二一の「熟成期」を迎えるにあたって」の中で、社会課題解決を目標とした「専門分野を統合して新たな異分野融合研究を推進する共創イノベーション」の重要性について言及している。そして、「共創」をキーワードとして創立一〇〇周年である二〇三一年に「社会変革に貢献する世界屈指のイノベーティブな大学となる」という目標を掲げている[3]。

そのために、従来の「大学主導型」の研究の推進だけでなく、大学と学外機関が協働してニーズを探り、連携を強めていく「共創型」の共同研究を進めていくという方針となった。そして、国内外の企業や国・自治体、ＮＰＯや市民団体などの多様なアクターとの共創活動における「一元化窓口」として「共創機構」が二〇一八年元日に新設された[4]。大阪大学は、二〇一八年一〇月二三日（火）に大阪大学が文部科学大臣から「指定国立大学法人」としての指定を受けたが、その基本コンセプトとしても、「社会との「共創」を通じ、人材を育成することによって、人類の幸福と社会の持続的成長のためのイノベーションに貢献する」ことが掲げられている。また二〇一八年四月に開設された九州大学共創学部の英語名称は“School of Interdisciplinary Science and Innovation”となっており、同学部が分野横断的なアプローチを通じてイノベーションを生み出すことを目的としていることが分かる。世界的な格差の拡大、地球の限界という地球環境問題など、持続可能な発展を実現するためには、従来の学問領域の枠を超え、企業・市民とも「共創」しながら、新しい社会価値を作り出す必要が生じている。

そうした中、筆者が勤務する共創機構社学共創本部では、二〇一八年三月一七日に大阪大学と三井不動産株式会社が締結した連携協定のもと、大型商業施設ＥＸＰＯＣＩＴＹにおける新しいアウトリーチ活動「はんだいラボ」を二〇一九年一月からスタートすることとなった。この取り組みは、これまで大学のキャンパス内で実施してきたアウトリーチ活動を、ＥＸＰＯＣＩＴＹを新たな活動拠点として拡充させ、多様な子ども・保護者に向けて大阪大学の教員が学びを届けようとするものである。「はんだいラボ」の新規性は、場としての魅力が高い商業施設で実施することにより、保護者も楽しみを見つけることができるため、従来のアウトリーチ活動よりも教育の場に足を運びやすくしている点である（図８－２参照）。この発想は筆者が、三井不動産株式会社の担当者とＳＤＧｓ目標４.「質の高い教育をみんなに」の実現に向けた対話を重ねる中で生まれたものである。

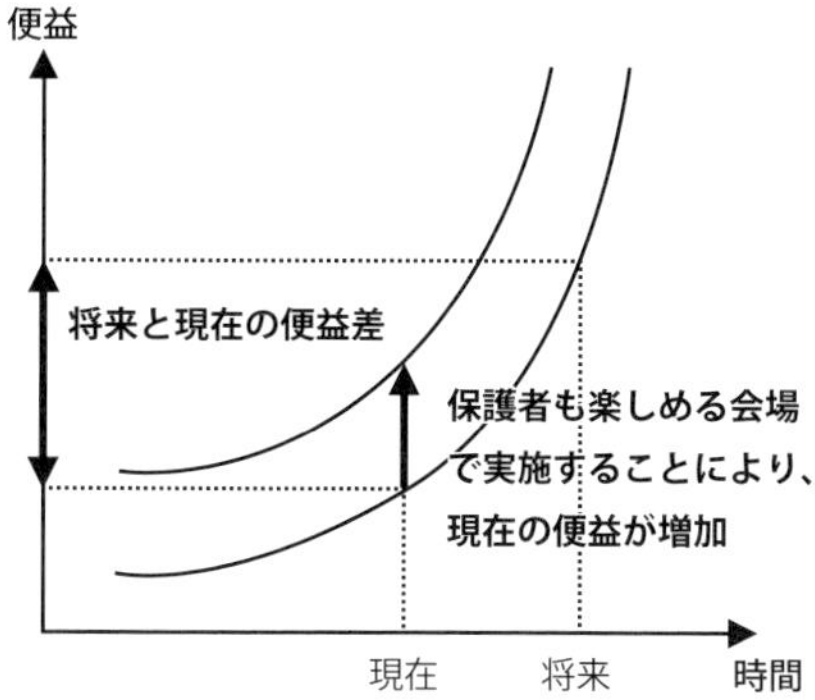

図８－２「はんだいラボ」の狙い
出所　筆者作成

実際、ＳＤＧｓでは、二〇三〇年までに達成を目指す以下の一七の目標が掲

表8－2　SDGs世界を変えるための17の目標

1	No Poverty（貧困をなくそう）
2	Zero Hunger（飢餓をゼロに）
3	Good Health and Well-Being（すべての人に健康と福祉を）
4	Quality Education（質の高い教育をみんなに）
5	Gender Equality（ジェンダー平等を実現しよう）
6	Clean Water and Sanitation（安全な水とトイレを世界中に）
7	Affordable and Clean Energy（エネルギーをみんなにそしてクリーンに）
8	Decent Work and Economic Growth（働きがいも経済成長も）
9	Industry, Innovation and Infrastructure（産業と技術革新の基盤をつくろう）
10	Reduced Inequalities（人や国の不平等をなくそう）
11	Sustainable Cities and Communities（住み続けられるまちづくりを）
12	Responsible Consumption and Production（つくる責任　つかう責任）
13	Clean Action（気候変動に具体的な対策を）
14	Life Below Water（海の豊かさを守ろう）
15	Life on Land（陸の豊かさも守ろう）
16	Peace, Justice and Strong Institutions（平和と公正をすべての人に）
17	Partnerships for the Goals（パートナーシップで目標を達成しよう）

出所　外務省（https://www.mofa.go.jp/mofaj/gaiko/oda/sdgs/index.html（2018年9月15日））

げられている。そして注目すべき点は、一七番目の目標が"Partnership for the Goals"となっており、一六の具体的な目標の解決のためには、それぞれの目標を別々に取り組むのではなく、組織や領域の垣根を超えて、連携・共創することが必要不可欠であるという点である（表8―2参照）。

筆者の勤務する大阪大学も二〇一七年一二月にSDGsの達成を目指して結成された「関西SDGsプラットフォーム」に参画しており、SDGsと「共創」の概念への繋がりについても、後述する。国際連合が二〇三〇年までの目標として合意したSDGsでは、重要な理念として"Leaving No One Behind"（だれ一人、取り残されることのない社会）を掲げており、こうした理想の世界の実現には、性別、年齢、国籍などへの偏見をなくし、共創を通じた新しい価値の創造が必要であろう。

なお「共創」という組織名称は付与されていないものの、立命館大学が一九九五年に企業や社会との連携を深めるための「リエゾンオフィス」を設立した際の、同オフィス広報パンフレットには「共創の時代へ」というスローガンが掲げられていた（坂本二〇一二、一二三頁）。新しい価値を生み出すためのイノベーションの手法として、「産」「官」「学」「民」による「共創」の必要性は以前から存在していたと言えよう。

企業と共創

こうした「共創」を重視する潮流は大学にだけ見られるものではない。C・K・プラハードとベンカト・ラワスワミは著書『コ・イノベーション経営―価値共創の未来に向けて―』において、従来は企業から消費者への一方向であった価値提供が、企業と消費者の「共創経験」によって価値創造が行われるパラダイムシフトが起きていると指摘している（四一頁―五六頁）。またRamaswamy & Ozcan（二〇一四）は、共創（Co-Creation）は手段と目的の両方であり、"Win more-Win more"の好循環に継続的に進化できると主張している。Bhalla（二〇一一）もかつてのように、受身の姿勢で企業から価値提供を受ける姿勢から、主体的な姿勢で企業と共同する「新しい顧客」の登場について指摘している。

実際、日本企業においても、「共創経営」を理念とする株式会社マルイなど、顧客との双方向コミュニケーションを通じて、従来の「常識」では考えられなかったかたちでのサービス提供など、大胆な戦略変更を行っている企業が存在している。二〇一〇年からネスレ日本株式会社の代表取締役社長兼CEOを務めている高岡浩三氏は、著書の中でネスカフェアンバサダーとネスレが共創関係を築き上げることで、思いもよらないアイデアを積み上げることができると指摘している（高岡　二〇一三、一七八頁）。

自動車大手のマツダ株式会社（本社　広島市）の人事室事務・技術研修チームにヒアリング調査をさせて頂いた際にも、「共創」は同社の人材研修における重要な概念として以前から重視してきたことが強調されていた。自動車のように高度な技術の組み合わせによって成り立っているものづくりには、様々な部署の担当者による「擦り合わせ」が必要不可欠であることから、新人研修時代から「共創」することの重要性が徹底して教えられているということである。野中・徳岡（二〇〇九）は同じく自動車産業である日産自動車株式会社の約二〇年にわたる海外開発拠点づくりについて一〇〇名を超える取材を行い、以下のように述べている。

日産の経営者やエンジニアたちには、日本という枠を飛び出して、海外市場と直接対話し、海外の技術も総動員して、グローバルに仕事をしたい、そして世界の市場で認められるいいクルマをつくりたいという強い思いがあった。そのためには既存の枠、日本のしがらみは超えていく。それが彼らには自然で合理的な選択肢に思えた。そこで達成しようとしているのは、「グローバルな知の共創」であり、世界の多様な知を糾合するプロセス作りにほかならない。（野中・徳岡 二〇〇九、一八四頁）

これからの共創

本章では大学と企業における「共創」への取り組みについて概観した。持続可能なかたちで社会貢献事業を発展させていく上では、「共創」を通じた様々なステイクホルダーにとっての共通価値の創造やイノベーションを希求することで、組織内における意見対立を超克できる可能性がある。

例えば、従来は無料であった公開講座を有料化する代わりに、大学の社会講座の社会的地位を高め、修了者へのベネフィットを拡大することで、高い金額を払っても、市民講座を受けたいと考える人を増やし、生涯教育マーケットを拡大するということは選択肢の一つであろう。例えば、国立社会保障・人口問題研究所（二〇一七）の人口推計によれば、二〇二五年の日本の人口全体のうち六五歳以上の割合は三〇％に達する見通しとなっている。こうした社会構造と、人口構造などの変化に必要な大学と地域との関係について想起し、従来の思考の枠を外せば、大学と市民の双方にベネフィットが生まれるかたちで、社会全体が豊かな方向へと進化することも可能かもしれない。「人生一〇〇年時代」と言われる中、人々が生涯にわたって学び続ける必要性が高まっており、様々な年代の人々の学習ニーズや、シニアの人生の豊かさといった社会課題を解決することは社会と大学が共創して取り組むべき方向性であろう。

一般財団法人企業活力研究所が二〇一七年に発表した「社会課題（ＳＤＧｓ等）解決に向けた取り組みと国際機関・政府・産業界の連携のあり方に関する調査研究報告」では、社会課題（ＳＤＧｓ等）解決に向けた取り組みや連携の障害となっている課題の二つめとして、「事業機会としての認識に関する課題」が挙げられており、ＣＳＲが事業に統合されず、ＳＤＧｓが新たな事業機会として十分に認識されていない可能性が指摘されている。企業においても、大学においても、「新しい事業機会」として、ＣＳＲや社会貢献を位置づけることが、社会課題解決への取り組みを加速させるために必要な視点といえよう。

言い換えれば、ＣＳＶという新しいフレームワークで、従来の大学の取り組みを見直し、発想転換をすることで新しいイノベーションが生まれる可能性がある。第3節でも紹介したようにＡＰＵの日本人と留学生が五〇％ずつ、授業の言語も日本語と英語が五〇％ずつという構想は当時の「常識」では考えられないものであったが、「グローバル30」や「スーパーグローバル大学」などの国際化の潮流によって、かつて「常識破り」と言われたＡＰＵの取り組みを学ぼうと多くの大学関係者がＡＰＵを訪問し、新しいスタンダードになっていった。

大学の財政は補助金の削減や少子化の進行など、従来通りの取り組みが不可能な状況になっている。そうした中、前述のＳＤＧｓなど、二〇三〇年の世界からの逆算などによって「発想転換」を促し、新しい価値創造に取り組む必要があるだろう。

おわりに―社会と大学の共創によるソーシャル・イノベーション―

本章ではCSR、CSV、SDGsといった社会貢献を取り巻く世界的潮流についての先行研究を確認するとともに、複雑化する社会課題を解決する上で必要不可欠となっている共創の推進に向けた大学・企業の取り組みについて整理を行った。その結びとして、共創活動を実施する過程の中では避けて通れない「擦り合わせ」について、筆者の胸に強く刻まれている言葉があるので、紹介させて頂きたい。

筆者が二〇一六年から二年間勤務した大阪大学大学院国際公共政策研究科稲盛財団寄附講座「グローバルな公共倫理とソーシャル・イノベーション」では、外部の専門家を招いたソーシャル・イノベーション連続セミナー（全六回）を二〇一六年度に企画・実施し、二〇一六年一〇月九日にケニア・ナッツカンパニー創業者である佐藤芳之氏をキックオフセミナーの基調講演者として大阪大学に招聘した。佐藤芳之氏は単身アフリカへ渡り、年商三〇億を超える世界五大ナッツカンパニーを創業しただけでなく、現在でも公衆衛生事業などの新しい分野でアフリカへの貢献を続けられている著名な社会起業家である。佐藤芳之氏は、「社会的摩擦を超え、グローバル社会の一員として、新たな価値を生み出すためのソーシャル・イノベーション」と題した講演で、アフリカという異国の地で体験した数々の摩擦について振り返った上で、講演の最後に、参加者たちにこのように語りかけた。

摩擦っていうのは温かいものなんだよ。冬の寒い日に手を擦り合わせて温めるでしょ。熱は摩擦から生まれるんだから、悪いものじゃないよ。

近年の世界は、自国第一主義や移民排斥など、自分たちと異なるものを排除しようとする短期的・利己的な風潮が蔓延している。こうした狭窄な視界には、自らと異なるものとの交流や摩擦から、新しい価値を生み出そうとする視点が欠如している。しかし、持続可能なかたちで社会を進歩させていくためには、擦り合わせの中から新しいエネルギーを生み出そうとする未来志向の発想が欠かせない。

自分とは考え方が異なる他者と「共創」することにより、自分たちの常識の枠を意識的に外すことができれば、イノベーションに必要な「発想転換」が生まれやすくなる。大学が社会の多様なアクター（地方自治体、自治会、ＮＰＯなど）と共創する意義は、まさにそこにある。自らの利益だけを考える短期的な利己の発想から脱却し、他者との共有が可能な新しい価値を創造しようとする姿勢が、より良い未来を切り拓こうとするソーシャル・イノベーションの推進には必要不可欠である。

注

〈1〉大阪大学以外でも地域との連携の強化は二〇年前程から本格化しており、坂本和一著『大学の発想転換―体験的イノベーション論二十五年―』一〇三頁―一三六頁（二〇一二、東信堂）などに詳しい。

〈2〉大学にも様々なステークホルダーへの説明責任が存在し、University Social Responsibility 活動に積極的に取り組んでいる大学も存在する。

〈3〉http://www.osaka-u.ac.jp/ja/news/topics/2018/01/20180104_01（二〇一八年九月一五日）

〈4〉前述の立命館大学リエゾン・オフィスも同様の問題意識で設立されており、学外の方々に、大学のどの部署に相談するべきか分かりにくいという課題を解消するためには、「窓口の一元化」が重要であると言えよう。

〔参考文献〕
Bhalla, G. (2010). Collaboration and co-creation. In *Collaboration and co-creation: New platforms for marketing and innovation*. Springer, New York, NY.
Drucker, P. F. (1985). *Innovation and entrepreneurship*. HarperCollins Publishers, New York, NY.（上田惇生訳（二〇〇七）『イノベーションと企業家精神』ダイヤモンド社）
Hill, L. A., Brandeau, G., Truelove, E., & Lineback, K. (2014). *Collective genius: The art and practice of leading innovation*. Harvard Business Review Press, Boston, MA.（リンダ・ヒル ＆ グレッグ・ブランドー（二〇一五）「ハーバード流 逆転のリーダーシップ」日本経済新聞出版社）
Porter, M. E., & Kramer, M. R. (2011). *The big idea: Creating shared value*. Harvard business review, 89(1), 2.
Prahalad, C. K., & Ramaswamy, V. (2004). *The future of competition: Co-creating unique value with customers*. Harvard Business Press, Boston, MA.（プラハード ＆ ラワスワミ（二〇一三）『コ・イノベーション経営—価値共創の未来に向けて—』東洋経済新報社）
Ramaswamy, V., & Ozcan, K. (2014). *The co-creation paradigm*. Stanford University Press, Stanford, CA.
Schwarz, F. (2010). *Peter Brabeck-Letmathe and Nestle–a Portrait: Creating shared value*. Stämpfli, Bern.（石原薫訳（二〇一六）『知られざる競争優位』ダイヤモンド社）
Vogel, D. (2007). *The market for virtue: The potential and limits of corporate social responsibility*. Brookings Institution Press, Washington, D.C.（小松由紀子・村上美智子・田村勝省訳（二〇一〇）『企業の社会的責任（ＣＳＲ）の徹底研究 利益の追求と美徳のバランス—その事例による検証—』一灯舎）
一般財団法人企業活力研究所（二〇一七）社会課題（ＳＤＧｓ等）解決に向けた取り組みと国際機関・政府・産業界の連携のあり方に関する調査研究報告書
伊吹英子（二〇〇五）『ＣＳＲ経営戦略「社会的責任」で競争力を高める』東洋経済新報者
大阪大学（二〇〇五）「平成一六年度 決算報告書」
大阪大学（二〇一八）「平成二九事業年度 決算報告書」
大阪大学大学院人間科学研究科附属未来共創センター（二〇一六）「年次報告書二〇一六」
大阪大学大学院人間科学研究科附属未来共創センター（二〇一七）「年次報告書二〇一七」
国立社会保障・人口問題研究所（二〇一七）日本の将来推計人口・人口問題研究資料、三三六
坂本和一（二〇一二）『大学の発想転換—体験的イノベーション論二十五年—』東信堂

坂本和一（二〇一八）『ドラッカー「イノベーションと起業家精神」で学ぶ発想転換戦略：私の経験』東信堂
佐久間信夫、田中信弘編著（二〇一一）『現代ＣＳＲ経営要論』創成社
住友グループ広報委員会、自利利他公私一如（二〇一八年九月一八日参照）https://www.sumitomo.gr.jp/history/analects/07/
高岡浩三（二〇一三）『ゲームのルールを変えろ―ネスレ日本トップが明かす新・日本的経営―』ダイヤモンド社
日経グローカル（二〇一七）「大学の地域貢献度ランキング二〇一七」三二七号、日本経済新聞社
野中郁次郎・徳岡晃一郎（二〇〇九）『世界の知で創る【日産のグローバル共創戦略】』東洋経済新報社
藤井敏彦・新谷大輔（二〇〇八）『アジアのＣＳＲと日本のＣＳＲ』日科技連出版社

浜渦辰二（はまうず・しんじ）

静岡大学人文学部教授、大阪大学大学院文学研究科教授を経て、現在は大阪大学名誉教授・招へい教授。専門は哲学・倫理学、特に間主観性の現象学、ケアの臨床哲学。著書に『可能性としてのフッサール現象学—他者とともに生きるために—』（晃洋書房、2018年）、編著書に『〈ケアの人間学〉入門』（知泉書館、2005年）、『北欧ケアの思想的基盤を掘り起こす』（大阪大学出版会、2018年）。ドイツ、北欧、東アジアの研究者とのグローバルな活動、京都、大阪、神戸の研究者・実践者とのローカルな活動を行いつつ、社学共創活動として中之島センターで「ケアの臨床哲学」研究会を運営して来た。

橋爪節也（はしづめ・せつや）

東京藝術大学美術学部助手から大阪市立近代美術館建設準備室主任学芸員を経て大阪大学総合学術博物館・大学院文学研究科教授（兼任）。前総合学術博物館長、現共創機構社学共創本部教授。専門は日本・東洋美術史。編著『大大阪イメージ—増殖するマンモス／モダン都市の幻像—』（創元社、2007年）、監修『木村蒹葭堂全集』（藝華書院）、監修『写真アルバム 大阪市の昭和』（樹林舎、2018年）など。

木ノ下智恵子（きのした・ちえこ）

神戸アートビレッジセンター美術プロデューサー、大阪大学コミュニケーションデザイン・センター特任准教授等を経て、共創機構社学共創本部准教授。専門は現代芸術、文化政策、事業プロデュース等。企業とNPOとの共創事業「アートエリアB1」や文化庁事業「クリエイティブ・アイランド・ラボ・中之島」などに従事。近年の主な事業企画・編著作物には、JST科学技術コミュニケーション推進事業「科学リテラシーに資する複眼思考と知と感性のネットワーク」、『OSAKA ART TOURISM BOOK 大阪観考』（京阪神エルマガジン社、2011年）、『知のジムナスティックス—学問の臨床、人間力の鍛錬とは何か—』（大阪大学出版会、2012年）などがある。

山﨑達哉（やまざき・たつや）

大阪大学総合学術博物館特任研究員。専門は芸能史。対象は神楽や箱まわし、えびすかき、ちんどん屋などの民俗芸能。論文に「佐陀神能の変化とその要因に関する研究：神事と芸能の二面性」（『待兼山論叢　文化動態論篇』、2016年）、共著に『待兼山少年—大学と地域をアートでつなぐ《記憶》の実験室—』（大阪大学出版会、2016年）。アートマネジメント講座の事務局を担当しながら、「TELESOPHIA」プロジェクトにて、震災、芸能、音楽などをテーマにイベントなどを企画運営している。

佐伯康考（さえき・やすたか）

東京大学大学院医学系研究科国際保健政策学教室特任助教などを経て、大阪大学共創機構社学共創本部特任助教。博士（経済学）。外国人労働者を中心とした国際的な人の移動について研究を行っている。著書に『国際的な人の移動の経済学』（明石書店、2019年）、共編著に『グローバルな公共倫理とソーシャル・イノベーション』（金子書房、2018年）がある。移民政策学会国際交流委員・社会連携委員。

執筆者紹介

永田靖（ながた・やすし）

鳥取女子短期大学助教授を経て、現在、大阪大学大学院文学研究科教授、副学長、共創機構社学共創本部長。専門は演劇学、近現代演劇史。主に日本・アジア地域の演劇接触の研究とそのネットワーク構築を行っている。共編著に『歌舞伎と革命ロシア』（森話社、2017年）、*Modernization of Asian Theatres: Process and Tradition*（Springer, 2019）、共著に *Transnational Performance, Identity and Mobility in Asia*（Palgrave, 2018）他多数。IFTR国際演劇学会アジア演劇ＷＧ代表、日本演劇学会会長。大学を活かし、地域連携を軸にしたアート・芸術関係の社会人教育プログラムを実施中。

菅真城（かん・まさき）

広島大学文書館助手等を経て、大阪大学共創機構社学共創本部教授。博士（学術）。日本アーカイブズ学会登録アーキビスト。専門はアーカイブズ学、記録管理学、日本史学。大阪大学アーカイブズにおいて、大学アーカイブズの実務と研究を行っている。著書に『大学アーカイブズの世界』（大阪大学出版会、2013年）、共編著に『アーカイブ基礎資料集』（大阪大学出版会、2015年）他多数。記録管理学会会長。

松永和浩（まつなが・かずひろ）

大阪大学総合学術博物館助教、同適塾記念センター准教授を経て同共創機構社学共創本部准教授。専門は日本史学・大阪学・酒史学。共著に『室町・戦国期研究を読みなおす』（思文閣出版、2007年）、編著に『ものづくり　上方“酒”ばなし―先駆・革新の系譜と大阪高等工業学校醸造科―』（大阪大学出版会、2012年）、著書に『室町期公武関係と南北朝内乱』（吉川弘文館、2013年）等がある。

肥後楽（ひご・このみ）

大阪大学大学院文学研究科博士前期課程修了。2015年より大阪大学21世紀懐徳堂特任研究員。自治体・企業・NPO法人等と連携した社学連携事業の企画運営を担う。2018年より大阪大学大学院文学研究科博士後期課程在籍。

ほんまなほ（ほんま・なほ）

大阪大学大学院文学研究科講師、准教授を経て、現在COデザインセンター准教授（文学研究科兼任）。専門は臨床哲学。同センターにて、ひととひとがつながるための新しい大学・大学院教育プログラム創成に従事し、哲学プラクティス、対話、こどもの哲学、多様なひとびとが参加する身体・音楽表現についての教育研究を行う。著書『ドキュメント臨床哲学』（2010年）、『哲学カフェのつくりかた』（2014年）、『こどものてつがく』（2018年）（いずれも共編著、大阪大学出版会）ほか、『アートミーツケア叢書』を監修。

大阪大学社学共創叢書 1

街に拓く大学

大阪大学の社学共創

発　行　日	2019 年 3 月 29 日　初版第 1 刷	〔検印廃止〕
編　　　者	永田靖・佐伯康考	
発　行　所	大阪大学出版会 代表者　三成賢次 〒 565-0871 大阪府吹田市山田丘 2-7　大阪大学ウエストフロント 電話：06-6877-1614（直通）　FAX：06-6877-1617 URL　http://www.osaka-up.or.jp	
ブックデザイン	佐藤大介 sato design.	
カバー・表紙作品	手塚愛子	
本　文　組　版	小山茂樹 bookpocket	
印刷・製本	株式会社 遊文舎	

ISBN 978-4-87259-682-3　C1037